HERA LIND

Die Sehnsuchtsfalle

Das Buch

Rita Rosario ist Anfang dreißig, als sie in Spanien ein neues Leben beginnt. Die alleinerziehende Mutter ging in Deutschland jahrelang durch die Hölle: Tony, der ghanesische Vater ihres Sohnes Benni verließ sie noch während der Schwangerschaft, Familie und Freunde wandten sich von ihr ab. Torremolinos ist für sie eine neue Heimat geworden. Das kleine Strandcafé läuft gut, Benni wird in der Schule nicht mehr wegen seiner Hautfarbe gehänselt. Doch dann steht eines Tages Tony vor der Tür. Ihre Liebe flammt wieder auf, bis er unter mysteriösen Umständen tödlich verunglückt. Die Trauer wird Rita zum Verhängnis: Zwielichtige Freunde schicken sie auf Tonys Spuren nach São Paulo. Aber kann es sein, dass er überlebt hat? Statt Antworten zu finden, landet Rita im brasilianischen Gefängnis wegen Drogenschmuggels. Ohne Aussicht auf Freilassung und Hoffnung, ihren minderjährigen Sohn je wiederzusehen …

Die Autorin

Hera Lind studierte Germanistik, Musik und Theologie und war Sängerin, bevor sie mit ihren zahlreichen Romanen von *Die Champagner-Diät* und *Verwechseljahre* bis *Eine Handvoll Heldinnen* sensationellen Erfolg hatte. Auch mit ihren Tatsachenromanen *Der Mann, der wirklich liebte, Die Frau, die zu sehr liebte* und *Kuckucksnest* eroberte sie die *SPIEGEL*-Bestsellerliste. Hera Lind lebt mit ihrer Familie in Salzburg.

HERA LIND

Die Sehnsuchtsfalle

Roman nach einer wahren Geschichte

DIANA

Vorbemerkung

Dieses Buch erhebt keinen Faktizitätsanspruch. Es basiert zwar zum Teil auf wahren Begebenheiten und behandelt typisierte Personen, die es so oder so ähnlich gegeben haben könnte. Diese Urbilder wurden jedoch durch künstlerische Gestaltung des Stoffs und dessen Ein- und Unterordnung in den Gesamtorganismus dieses Kunstwerks gegenüber den im Text beschriebenen Abbildern so stark verselbstständigt, dass das Individuelle, Persönlich-Intime zugunsten des Allgemeinen, Zeichenhaften der Figuren objektiviert ist.

Für alle Leser erkennbar erschöpft sich der Text nicht in einer reportagehaften Schilderung von realen Personen und Ereignissen, sondern besitzt eine zweite Ebene hinter der realistischen Ebene. Es findet ein Spiel der Autorin mit der Verschränkung von Wahrheit und Fiktion statt. Sie lässt bewusst Grenzen verschwimmen.

Der Verlag weist ausdrücklich darauf hin, dass im Text enthaltene externe Links vom Verlag nur bis zum Zeitpunkt der Buchveröffentlichung eingesehen werden konnten. Auf spätere Veränderungen hat der Verlag keinerlei Einfluss. Eine Haftung des Verlags ist daher ausgeschlossen.

Von Hera Lind sind im Diana Verlag bisher erschienen:

Die Champagner-Diät – Schleuderprogramm – Herzgesteuert – Die Erfolgsmasche – Der Mann, der wirklich liebte – Himmel und Hölle – Der Überraschungsmann – Wenn nur dein Lächeln bleibt – Männer sind wie Schuhe – Gefangen in Afrika – Verwechseljahre – Drachenkinder – Verwandt in alle Ewigkeit – Tausendundein Tag – Eine Handvoll Heldinnen – Die Frau, die zu sehr liebte – Kuckucksnest

MIX
Papier aus verantwortungsvollen Quellen
FSC® C014496
FSC www.fsc.org

Verlagsgruppe Random House FSC® N001967

3. Auflage

in der Verlagsgruppe Random House GmbH,
Neumarkter Straße 28, 81673 München
Umschlaggestaltung: t.mutzenbach design, München
Umschlagmotive: © Natalie Faye/Gettyimages;
Iakov Kalinin, Galyna Andrushko/Shutterstock
Satz: Leingärtner, Nabburg
Druck und Bindung: GGP Media GmbH, Pößneck
Printed in Germany

ISBN 978-3-453-35783-9

www.diana-verlag.de
Besuchen Sie uns auch auf www.herzenszeilen.de
Dieses Buch ist auch als E-Book lieferbar.

Für meinen Sohn

I

Torremolinos, Spanien, 5. Mai 2005

»Nebenan wohnt Raúl. Warum schläfst du nicht bei ihm? Seine Mutter hat sicher nichts dagegen!«

»Kein Bock. Die haben keinen Platz.« Benni kickte seinen Fußball an die Hausmauer.

»Aber ich wäre deutlich beruhigter!«

»Mama, ich schlafe bei Raymond!«

Jetzt klang die Stimme meines Sohnes eindeutig genervt.

Mein Bauchgefühl sagte mir, dass ich meinen Zwölfjährigen während meiner Brasilienreise lieber bei seinem Schulfreund und dessen netter Mutter Marta parken sollte als bei meinem ehemaligen Lebensgefährten Raymond.

»Benni, bitte. Mir zuliebe.«

Benni zuckte nur mit den Schultern. »Reg dich ab, Mama. Ich bin schließlich kein Baby mehr.«

Er dribbelte den Ball auf der Strandpromenade vor sich her und kehrte mir demonstrativ den Rücken zu. Seine schwarzen Rastalocken hüpften ihm um den Kopf und flirrten in der spanischen Mittagssonne. Er war ein bildschöner Junge, der jetzt schon größer war als ich, und ich liebte ihn so sehr, dass es körperlich wehtat.

Nein. Mein bevorstehender Abschied tat mir weh. Auf was hatte ich mich da nur eingelassen? War ich noch ganz bei Trost, nur auf Verdacht mal eben nach São Paulo zu fliegen, um – was zu finden? Das große Glück? Womöglich schon wieder auf Bennis Kosten?

Das Ziehen in meiner Magengegend verstärkte sich, und eine undefinierbare dumpfe Angst fraß sich in meine Eingeweide.

»Benni. Marta nimmt dich sicher gerne auf. Du hast doch schon öfter bei Raúl geschlafen!«

»Mama, LASS es!«

Das Kicken gegen den Ball wurde aggressiver. Das dumpfe Plopp-Plopp ging mir auf die Nerven.

»Ich hätte einfach ein besseres Gefühl …«

»Ich hab keinen Bock, bei denen auf der Luftmatratze zu schlafen! Klar?« Benni wirbelte herum und funkelte mich mit seinen fast schwarzen Augen an. »Bei Raymond kann ich fernsehen, und er lässt mich an seinen Computer, wann immer ich will!«

»Aber er hat neuerdings ständig diesen Friday im Schlepp. Dem traue ich nicht über den Weg.«

»Dann musst du eben hierbleiben, Mama. Ist mir egal.«

Grausam-gelassen trat er das Leder in die Luft und fing es wahlweise mit Bein oder Fuß wieder auf. Vorbeiflanierende Urlauber blieben stehen und bewunderten sein Ballgeschick. Ein paar Rentner in kurzärmligen, kleinkarierten Hemden klatschten oder gaben fachmännische Kommentare ab. »Asamoah«, murmelten sie und zogen Vergleiche zum schwarzen Fußballspieler Hans Sarpei.

Ja, ich war wahnsinnig stolz auf meinen einzigen Sohn. Aber es brannte mir etwas anderes auf der Seele.

»Ich muss wirklich dringend nach Brasilien. Es ist wichtig für mich.«

»Dann flieg halt.«

»Wirst du auch ganz bestimmt zur Schule gehen?«

»Mama! Können wir jetzt endlich das Thema wechseln!«

Ich seufzte und ließ die Schultern sinken. Ich konnte und wollte Benni nicht die Wahrheit sagen. Warum ich ausgerechnet jetzt so dringend dieses Paradies verlassen musste. Um nach São Paulo zu fliegen. Morgen.

Ich war verrückt! Komplett wahnsinnig! Nur um vielleicht Tony zu finden? Der ja längst tot war? Aber was, wenn er doch noch lebte? Wenn es stimmte, was Raymond sagte?

Eine Gänsehaut überzog meine Unterarme. Nachdenklich musterte ich die kleinen, weiß gestrichenen Häuser mit den sandfarbenen Fensterläden, die sich eng aneinanderschmiegten. Die Strandcafés, in denen ich mir morgens nach meinen langen Strandläufen mit unserem übermütig in den Wellen tobenden Zwergschnauzer Max meine zwei *café con leche* gönnte. Die bunten Geschäfte, vor denen preiswerte, luftige Kleider im warmen Wind flatterten, als würden sie einen zum Tanzen auffordern. Die schlendernden Touristen, die alle Zeit der Welt hatten. Ich dachte an meine spanischen Freunde, die ich inzwischen gefunden hatte. An meine Bar, das »Pepe loco.«

Hier gehörte ich hin.

Hier ging Benni zur Schule und hatte Freunde. Er sprach inzwischen besser Spanisch als ich. Mein deutscher Akzent war ihm so peinlich, dass er immer das Weite suchte, wenn ich mit Einheimischen sprach.

Da war ich schmerzfrei. So wie damals, als ich einfach Englisch gesprochen hatte.

Mit Tony.

Ich schluckte.

Nicht drüber nachdenken. Verschieben wir es doch auf morgen. Schon morgen würde ich vielleicht bei ihm sein. Nicht nur in Gedanken, sondern ganz real. Wenn Tony noch lebte, war der ganze Albtraum der letzten Wochen vielleicht gar nicht passiert?

2

Sechs Wochen zuvor
Torremolinos, Spanien, März 2005

»Tony, fahr vorsichtig, ich liebe dich!«

»Baby, es war wunderschön mit dir. Du bist meine absolute Traumfrau.«

»Ich freu mich so, wenn wir Benni nach den Osterferien abholen! Er wird Augen machen, wenn er seinen wirklichen Vater endlich kennenlernt!«

»Alles wird gut, Baby. Heute Nachmittag bin ich zurück, und dann helfe ich dir in der Bar.«

An diesem Morgen war ich wunschlos glücklich, im siebten Himmel, als ich meiner großen Liebe Tony nachwinkte. Er fuhr mit seinem Jaguar-Cabrio nach Málaga, wo er als Ingenieur arbeitete. Ich zog meinen Morgenmantel enger um die Schultern, denn zu dieser frühen Stunde war es noch frisch. Ich spürte ihn noch in mir, seine Hände auf mir, seine Küsse, hörte seine heiser geflüsterten Worte: *»Call my name, Baby, call my name!«*

Hoffentlich rast er nicht wieder so schnell. Ich hätte ihn heute Nacht schlafen lassen müssen!, dachte ich ein wenig schuldbewusst.

Ich duschte, zog mich an und machte meinen morgendlichen Strandspaziergang mit Max. Die Sonne ging gerade auf, und die Wellen spiegelten das grandiose Naturschauspiel in Zartrosa bis Blutrot.

Überwältigt blieb ich stehen und atmete tief durch. Gott, war ich verliebt!

»Max, so kann es immer bleiben. Nie hätte ich gedacht, dass ich noch mal so glücklich werde!«

Max wedelte mit dem Schwanz und wollte, dass ich ihm ein Stöckchen warf. Mein Glücksrausch interessierte ihn wenig.

»Jetzt müssen wir nur noch Benni zurückkriegen!« Ich kraulte meinen kleinen Hund zwischen den Ohren. Meine Lippen wurden schmal. »Dass die mir meinen Sohn wegnehmen wollen, Max! Meine eigenen Eltern! Und meine eigene Schwester! Haben meinen Jungen einfach in Höxter in der Gesamtschule angemeldet, nur weil er sich hier im Winter gelangweilt hat! Kindesentführung ist das!«

Max hechelte erwartungsvoll. Er hopste rückwärts, fixierte mit seinen schwarzen Knopfaugen das Stöckchen und kläffte ungeduldig: Rede nicht, Frau. Wirf!

Voller Wut auf meine Eltern und meine Schwester Tanja warf ich das Stöckchen ins Meer. Max sauste mit wehenden Ohren hinterher, warf sich in die Fluten und kämpfte knurrend mit den Wellen. Die Lektion, dass man Salzwasser nicht trinken kann, hatte er inzwischen gelernt.

Er warf mir das nasse Stöckchen vor die Füße, aber als ich mich danach bückte, kaute er besitzergreifend darauf herum. Dabei sah er mich herausfordernd an.

»Aber jetzt wo der nasskalte Winter vorbei ist, wird Benni bestimmt zurückwollen«, teilte ich dem Hund meine Hoffnungen mit. »Der Junge wird Augen machen, wenn er Tony sieht!« Jetzt strahlte ich wieder übers ganze Gesicht. »Sein Vater ist wieder da! Den er noch nie kennengelernt hat! Jetzt wird alles gut, Max.«

Glücklich und zufrieden trabten wir weiter, mein kleiner Hund und ich.

Später fuhr ich in meine Bar und stellte die Sonnenschirme auf die Promenade. Die ersten Gäste strömten bereits herbei. Am Strand spielten ein paar Jungs Fußball. Wie schade, dass Benni jetzt nicht hier war! Er saß im verregneten Höxter. Selber schuld!

»Wie immer *café con leche?*«, begrüßte ich eine Gruppe Deutscher, die hier jeden Tag saßen und Karten spielten.

»Kann auch ruhig schon ein Bier sein, Rita!«

»Für mich wie immer *vino tinto*. Bring was von diesen Knabbernüssen, bitte.«

»Gibt es schon Tapas?«

»Marta kommt später mit ihren selbst gemachten. Jetzt kann ich euch nur Oliven anbieten.«

Lachend und plaudernd bediente ich meine Stammgäste.

»Rita, bist du verliebt?«

»Und wie!« Schwungvoll ließ ich mich zu meinen Rentnern auf die Bank fallen.

»In das Leben! Ihr etwa nicht?«

»Doch«, beteuerten sie laut. »Nur so jung sein wie du müsste man noch mal!«

»Man müsste noch mal zwanzig sein«, pflichteten ihnen ein paar ältere Frauen bei, und ich lachte: »Mädels, ich bin fünfunddreißig!«

Plötzlich sah ich aus dem Augenwinkel den baumlangen Schwarzen Raymond, der an seinem Auto lehnte und mit dem Schlüssel spielte. Sein komischer Kompagnon Friday war leider auch dabei. Was wollten die denn jetzt schon hier? Normalerweise kam Raymond nachts in meine Bar und gab seine berühmten Whiskey-Runden aus.

Spontan drehte ich mich weg. Auf Raymond und seine Bagage hatte ich echt noch keine Lust.

»Café con leche?« Ich schob dem einheimischen Gast seine Tasse hin. Die Spanier liebten es auch und gerade am helllichten Tag, drinnen zu sitzen und auf den Fernseher zu starren, während die Deutschen grundsätzlich draußen in der Sonne saßen. In diesem Moment klingelte das Telefon.

»Dígame?«, schnarrte ich auf Spanisch hinein.

Es war ein Mann von einem Polizeirevier in Málaga. Mir wurde ganz mulmig, als dieser Typ fragte, ob ich Rita sei und etwas von einem *accidente* erzählte.

»Ja. Ich bin Rita.«

Der Mann ratterte in machinengewehrschnellem Amtsspanisch weiter, und mir wurden die Knie weich, als ich den Namen Tony Kwabena heraushörte.

»*Conoce usted a Tony Kwabena?* Ihre Nummer war in seinem Handy eingespeichert, unter ›Baby‹.«

»Was ist mit Tony?« Ich fasste mir an die Stirn, auf der kalter Schweiß stand. »Tony hatte einen Unfall? Wie … Wie geht es ihm? Kann ich ihn sehen?«

»Lo siento mucho. Está lastimosamente muerto.«

Tony. Tot. Leider.

Der Spanier an der Theke konnte mich gerade noch auffangen, als ich zusammenbrach.

Plötzlich spritzte Kaffee über die Bar, Tassen klirrten, ein schriller Schrei gellte durch den Raum. War ich das, die so schrie? Mehrere hilfreiche Hände versuchten, mich zu stützen, aber ich schlug nach ihnen.

»Sagt, dass das nicht wahr ist«, schrie ich verzweifelt. »Sagt, dass das ein Irrtum ist! Tony kann nicht tot sein! Tony kommt gleich wieder!«

Ich schrie und schluchzte mir die Seele aus dem Leib: »Tony! Tony, komm zurück, ich liebe dich! Du hast es mir heute Morgen versprochen!«

Betroffen und verstört umringten mich meine Gäste. Mehrere Frauen tätschelten mir die Hand, jemand flößte mir Whiskey ein: »Beruhige dich, Rita. Du musst dich beruhigen!«

Unaufhaltsam wimmerte ich wie ein waidwundes Tier und rief immer wieder Tonys Namen.

»Call my name, Baby, call my name …«

Irgendwo zwischen den bestürzten Gesichtern, die ich nur als verzerrte Fratzen wahrnahm, glaubte ich, auch Raymond zu erkennen. War er gestern auch hier gewesen, als ich mit Tony in der Bar getanzt hatte? Zu sinnlicher Soul Music, eng aneinandergeschmiegt? Als wir uns geküsst und gestreichelt hatten, bevor wir …

Hatte Raymond etwas mit dem Unfall zu tun? Ich war kurz davor, wahnsinnig zu werden.

Draußen ertönte das spanische Tatütata. Ein Wagen hielt auf der Promenade, zwei Polizisten betraten das Lokal.

Ich hockte innerlich wie tot in einer Ecke, vor mir ein zweiter Whiskey, und starrte ins Leere.

»Der Unfall hat sich in den frühen Morgenstunden ereignet, auf der Autobahn in Höhe von Arroyo de la Miel. Der Jaguar ist offenbar von der Fahrbahn abgekommen und einen der steilen Abhänge hinuntergestürzt. Er hat sich mehrfach überschlagen und ist achtzig Meter tiefer auf eine Felsplatte geknallt. Auf der Straße konnten keinerlei Bremsspuren gefunden werden. Señor Kwabena war auf der Stelle tot.«

Ich holte tief Luft und schrie wie ein angeschossenes Tier: »NOOOOOOOO! Tony ist nicht TOOOOOOOOT! Noch heute Morgen hat er mir geschworen, dass er mich immer lieben wird! Er kommt gleich zurück. Ihr müsst euch irren! Das muss eine Verwechslung sein. Nicht mein Tony!«

Jemand füllte mein Glas zum dritten Mal und führte es mir an die Lippen:

»Trink!«

Es dauerte nicht lange, bis der Whiskey seine Wirkung tat. Ich fühlte mich wie in einem schlechten Film, als der spanische Polizist weiterschnarrte:

»Die Kollegen haben einen Führerschein und einen Personalausweis gefunden, beide ausgestellt auf einen Tony Kwabena Okoruego, wohnhaft in Accra, Ghana. Außerdem ein funktionsfähiges Handy. Gleich unter drei verschiedenen Nummern stand »Baby« ganz oben auf der Anrufliste, sodass wir auf Sie gekommen sind.«

Ich starrte stumm vor mich hin und malte mit den Whiskey- und Kaffeeresten Muster auf der Tischplatte.

»Tony ist nicht tot«, wiederholte ich stur. »Er kommt gleich. Er hat es mir versprochen.« Zitternd griff ich nach meinem Whiskey.

»Alkohol wurde nicht im Blut festgestellt, trotzdem müssen wir davon ausgehen, dass er mit überhöhter Geschwindigkeit gefahren ist und durch den Wind oder eine andere Ursache die Kontrolle über den Wagen verloren hat. Ob es Fremdeinwirkungen gegeben hat, können wir leider nicht mehr feststellen, da die Fahrzeugteile bis zu fünfhundert Meter weit verstreut liegen.«

Fremdeinwirkung!, dröhnte es in meinem Kopf. Aber wer sollte, bitte schön, Tonys Wagen manipulieren? Und warum?

»Immer wieder habe ich ihn angefleht, langsamer zu fahren, sogar heute Morgen noch!«, schrie ich verzweifelt. Meine Faust krachte auf den Tisch, dass das Glas wackelte.

»Ich wusste gar nicht, dass ihr euch so nahegestanden seid, Rita«, murmelte John, der fliegende Händler, der auf der Strandpromenade gefakte Handtaschen, Sonnenbrillen und

Uhren verkaufte. Er war ein guter Freund von mir und gleich herbeigeeilt. Dass er auch jetzt nicht das Weite suchte, obwohl Polizei da war, sprach für seine Loyalität.

»Ich dachte immer, du bist mit Raymond Ngorongo zusammen!«

Ja, das dachten leider viele.

»Tony und ich waren ein Paar! Wir hatten sogar schon ein Haus gefunden und eingerichtet, weil wir Benni zurückholen wollten … Tony ist Bennis leiblicher Vater!«

Schon wieder schüttelte mich ein Weinkrampf, und jemand flößte mir meinen vierten Whiskey ein. John bat die Polizisten, mich erst mal in Ruhe zu lassen. »Sie steht unter Schock, Männer, merkt ihr das denn nicht?«

Willenlos ließ ich mich von John in meinem Auto nach Hause fahren.

Das Bett, zu dem John mich führte, war noch immer zerwühlt von unserer heißen Liebesnacht. Tonys T-Shirt lag noch zwischen den Laken! Ich presste es an mich, inhalierte seinen Duft und weinte, bis ich keine Tränen mehr hatte.

Irgendwann nahm ich drei Schlaftabletten und fiel in einen komatösen Schlaf, der drei Tage und drei Nächte dauerte.

Als ich wieder aufwachte, saß Raymond an meinem Bett. In seiner Not hatte John ihn wohl angerufen und gebeten zu kommen, schließlich hatte er mich jahrelang mit Raymond gesehen und geglaubt, wir wären ein Paar.

»Baby, es tut mir so leid …«

»Nenn mich nicht ›Baby‹!«, kreischte ich hysterisch und brach schon wieder in Tränen aus.

»Sorry, Rita. Kommt nicht wieder vor. John hat mir alles erzählt, *I'm so sorry!* Ich wusste nicht, dass er dir so viel bedeutet hat …«

»Er ist Bennis Vater!«, brüllte ich ihn an. »Er war immer meine große Liebe, du warst doch nur eine Notlösung, hau ab, lass mich in Ruhe!« Raymond zuckte zurück.

»Beruhige dich doch, Rita! Scheiße, es tut mir leid …«

»Nach vierzehn Jahren ist er wieder aufgetaucht, hat seinen Sohn noch nie gesehen, und jetzt soll er tot sein? Das GIBT'S doch gar nicht, da ist doch was faul! DU SCHWEIN, was hast du damit zu tun?!«

Ich weinte und schluchzte, und Raymond packte meine Handgelenke und zischte, dass er gar nicht wisse, wovon ich rede. Dann flößte er mir etwas ein, und wieder fiel ich in einen erlösenden Schlaf.

Am nächsten Morgen hielt Raymond mir ein Tablett mit Essen und einem starken Kaffee unter die Nase: »Du musst essen, Babe … Rita. Und sei es nur Benni zuliebe.«

»Benni hat mich doch auch verlassen«, schrie ich in blinder Verzweiflung und schlug auf das Kopfkissen ein. »Alle Menschen, die ich liebe, haben mich verlassen! Warum, Raymond? Was stimmt bloß nicht mit mir?« Inzwischen war ich doch froh, dass Raymond sich um mich kümmerte. Immerhin war ich auch mal in ihn verknallt gewesen, vor lauter Einsamkeit. Doch Raymond hatte meine anfängliche Liebe nicht erwidert und war mir immer wieder aus dem Weg gegangen. Er war nur nett zu mir gewesen, wenn er mich brauchte.

Raymond zündete eine Zigarette an und steckte sie mir in den Mund.

Eine vertraute Geste, die mich früher elektrisiert hätte. Bevor ich Tony wiedergefunden hatte, natürlich.

»Pssst, Rita! Ich weiß, dass das schlimm für dich ist, aber Benni ist dein Kind! Er hat dich nicht verlassen! Du musst dich nur durchsetzen, du bist seine Mutter! Wir holen ihn zurück, du brauchst ihn jetzt!«

Entschlossen griff Raymond zum Telefon, und kurz darauf hörte ich, wie er mit meiner Schwester Tanja sprach.

Danach redete er mit Benni. Er erklärte ihm, dass ich mit einem Nervenzusammenbruch im Bett lag und mich umbringen würde, wenn er nicht zurückkam.

Na super!

Ich lag noch immer kraftlos im Bett und schaffte es nicht, mit meinem Sohn zu telefonieren.

Er war einfach nicht mehr aus den Weihnachtsferien bei seinen Großeltern und seiner Tante in Deutschland zurückgekommen. Mit der laschen Begründung, hier in Spanien wäre es langweilig, außerdem hätte ich ohnehin nie Zeit für ihn, weil ich immer nur in der Bar arbeiten würde. Nach vier gemeinsamen Jahren in Spanien! Nur weil der Winter diesmal kalt und verregnet gewesen war und er nicht draußen Fußball spielen konnte!

Schluchzend drehte ich mich auf den Bauch und vergrub mein Gesicht im Kopfkissen, das immer noch nach Tony roch. Nach wie vor sah ich Tonys vertrautes Gesicht über mir und hörte, wie er mir ewige Liebe schwor. Ich sah seine dunklen Augen ganz dicht vor mir wie in unserer letzten leidenschaftlichen Liebesnacht. Fast glaubte ich seine Schweißtropfen zu schmecken, aber es waren nur meine eigenen Tränen. Ich spürte seine zärtlichen Hände, seine muskulösen Arme, die mich hielten, als ich mit ihm in den siebten Himmel flog …

»Call my name, Baby, call my name …«

Tony! Geliebter Tony! Komm zurück! Sei am Leben! Ich flehe dich an! Weinend umklammerte ich sein Kopfkissen, als Raymond vom Telefonieren zurückkehrte.

»Benni kommt zurück«, sagte er. »Noch diese Woche.«

3

Vier Wochen später
Torremolinos, Spanien, 5. Mai 2005

Es war der fünfte Fünfte Zweitausendfünf. Ein Glückstag? Benni war wieder da! Alles war wie früher, wenn nicht die Sache mit Tony passiert wäre, die mir keine Ruhe ließ. Er war möglicherweise doch noch am Leben! Dieses Fitzelchen Hoffnung hatte sich mir eingebrannt und ließ mich keinen klaren Gedanken mehr fassen.

»Willst du nicht mitkommen nach São Paulo?« Ich nahm all meinen Mut zusammen und biss mir in die Fäuste vor Anspannung. »Benni. Ich brauche dich!«

»Nö. Was soll ich denn da?« Benni dribbelte unentwegt weiter. »Erst willst du, dass ich nach Spanien zurückkomme, und jetzt soll ich auf einmal nach Brasilien!«

»Benni, es würde mir wahnsinnig viel bedeuten!«

»Ich denke, ich soll hier wieder in die Schule gehen, damit ich den Anschluss bekomme?«

Passend zum Datum hatte mein Sprössling nach seiner Rückkehr erst mal eine Fünf geschrieben. Na super! Meine Eltern würden ihn glatt wieder zurückholen.

Benni wechselte ins Spanische.

»*No tengo ganas, Mama! São Paulo es aburrido!* Voll langweilig! *No conozco a nadie!* Außerdem findet hier nächste Woche das Fußballturnier gegen die Jugend von Málaga statt. Ich kann froh sein, dass die mich sofort wieder aufgestellt haben!

Meinst du, ich flieg jetzt mal eben nach Brasilien, nur weil du dazu Bock hast?«

Ich zog die Schultern hoch und rieb mir die fröstelnden Arme. »*Naturalmente no, mi tesoro.*«

Ich war so unendlich glücklich, dass mein geliebter Sohn wieder da war. Ausgerechnet dem unzuverlässigen Raymond war gelungen, was mir seit Weihnachten nicht gelungen war: ihn zurückzuholen. Allerdings mit der fürchterlichen Drohung, dass ich mich sonst umbringen würde. Das hätte ich meinem Benni niemals angetan. Aber der Zweck heiligt manchmal die Mittel … Ich hatte ihn wieder, meinen geliebten Schatz! Ich seufzte und ließ die Schultern sinken. Okay. Ich würde also ohne Benni fliegen. Morgen. In ein ungewisses Abenteuer. Auf eine völlig verrückte Mission. Es war ein Strohhalm, an den ich mich klammerte. Eine winzige Chance, die ich unbedingt nutzen musste. Denn wenn stimmte, was Raymond behauptete, war Tony in eine Rauschgiftsache verwickelt gewesen und hatte seinen Tod vortäuschen müssen. Er hatte dringend Geld gebraucht, für ein todkrankes Familienmitglied. Raymond wusste davon, weil Tony Friday dafür hatte einspannen wollen. Ausgerechnet diesen zwielichtigen Kerl?!

Wie grauenvoll! Andererseits: Gab es vielleicht doch noch eine Zukunft für uns? Lebte mein Geliebter? Wo war er die vierzehn langen Jahre gewesen, in denen er mich mit unserem Sohn alleingelassen hatte? Was wusste ich wirklich von ihm? Vielleicht hatte er wirklich untertauchen müssen und versteckte sich jetzt in São Paulo? Aber wieso ausgerechnet dort? Vielleicht war er in Not und brauchte mich?

Raymond hatte gesagt, dass ich dort Tonys Bruder treffen würde. Der würde mich dann zu meinem Liebsten führen. Mein Herz machte einen Sprung. Dann hätte mein Albtraum ein Ende! Ich würde alles für Tony tun. Alles! Ich musste die Wahrheit wissen. Ich musste einfach.

»Okay, Benni. Ich fliege allein. Pass einfach gut auf dich auf, ja? Es ist ja nur für wenige Tage.«

Endlich sah mich Benni versöhnlich mit seinen großen, dunklen Augen an.

»Hauptsache, du heulst nicht mehr, Mama. Und willst dich nicht mehr umbringen.«

»Ich versprech's. Du bist ja jetzt wieder da.«

Vorsichtshalber hatte ich Benni kein Sterbenswörtchen vom Auftauchen seines leiblichen Vaters erzählt. Wenn Tony noch lebte, würde alles gut werden. Ansonsten musste ich allein mit dem erneuten und diesmal endgültigen Verlust meiner großen Liebe fertigwerden.

»Benni? Ich bin bald wieder da, versprochen.«

»Können wir jetzt endlich was essen gehen?«

»Zuerst müssen wir Max in die Tierpension bringen.«

Meinen halbwüchsigen Sohn konnte ich, wenn auch widerwillig, bei Raymond lassen, schließlich kannte Benni ihn seit Jahren, hatte hier in Spanien eine Art Ersatzvater in ihm gefunden.

Aber nicht meinen heiß geliebten, knopfäugigen Zwergschnauzer: Raymond hatte schon mal aus Wut nach Max getreten. Für ihn, den Nigerianer, waren Hunde keine Haustiere, er mochte sie nicht.

Dabei liebte ich Max wie ein zweites Kind. Auch dieser kleine, treue Lebensgefährte war auf mich angewiesen und brauchte mich. Hoffentlich tat ich das Richtige. Mit meiner spontanen Art hatte ich mich schon in so manche Katastrophe hineinmanövriert. Aber auch Unglaubliches geschafft. Ich war schon immer aufgeschlossener gewesen als andere Frauen. Wagemutiger. Verrückter. Ausgeflippter. Mit meinen gerade mal hundertsiebenundfünfzig Zentimetern, meiner mädchenhaften Figur und meinen langen, blonden Haaren sah ich viel jünger aus, als ich eigentlich war. Und war nach wie vor das abenteuerlustige, liebebedürftige, lebenshungrige Mädchen, das sich niemals in eine Schublade stecken lassen will. Schon mit achtzehn hatte ich unserer Kleinstadtsiedlung so schnell wie möglich entfliehen wollen. Ich wollte allen zeigen, was in mir steckte. Ich war schon als Gymnasiastin eine trotzige Rebellin, die sich nicht unterbuttern ließ. Ich trug ausgeflippte Klamotten und tanzte in jeder Hinsicht aus der Reihe, nur um nicht zu diesen Spießern zu gehören, aus denen sich meine Familie zusammensetzte.

Also trampte ich 1988 trotzig allein nach Köln zum Karneval, um endlich den Mief der Provinz abzustreifen. Und traf Tony. In einer Altstadtkneipe. Noch am selben Abend versackten wir in einer Soul-Disco und verliebten uns unsterblich ineinander.

So verschreckte ich bereits als achtzehnjährige Schülerin meine Familie im westfälischen Höxter mit einem Schwarzen. Man hatte meinen Eltern zugetragen, dass ich mich mit einem »baumlangen Neger herumtrieb«. Das war für Elfriede und Horst, Hausfrau und Beamter im mittleren Dienst, eine schreckliche Schande. Sie trauten sich gar nicht mehr zum Kurkonzert nach Bad Driburg! Sie waren fest davon überzeugt, dass ich sie damit nur demütigen wollte. Einmal war ich schon sitzen geblieben, und jetzt auch noch das! Meine Mutter beschimpfte mich sogar als »Schlampe«, »Flittchen« und »Negerhure«.

Meine Eltern gaben Tony keine Chance und wollten ihn nicht mal kennenlernen. Was mich dazu brachte, ein Jahr vor dem Abitur die Schule zu schmeißen, um mit meinem geliebten Tony in Köln zusammenzuziehen.

Er zog sein Studium durch, und ich jobbte. Schließlich wurde ich von Tony schwanger. Tony, der gerade mitten in den Prüfungen steckte, war hin- und hergerissen. Er wollte und musste doch als Ingenieur zurück nach Ghana! Seine Eltern und der Rest seiner Großfamilie hatten ihr letztes Geld zusammengekratzt, um ihm das Studium zu finanzieren. Ich flehte ihn an, mich mitzunehmen. Ich wollte mit ihm und unserem Kind in Ghana leben und nie wieder nach Höxter zurückkehren. Er legte mir stattdessen nahe, das Abitur zu machen, zu studieren, erst mal an mich zu denken, ich sei doch noch so jung!

Ein Mischlingskind würde keine Chance haben, in die Gesellschaft integriert zu werden – weder in Höxter noch in Ghana. Es würde nie irgendwo hingehören. Ich sollte den bitteren Schritt wagen, mich von ihm und unserem Kind zu trennen, auch wenn es noch so wehtat. Hier und heute würde ich das noch nicht verstehen. Aber eines Tages würde ich ihm dankbar dafür sein, dass er mir die Freiheit wiedergegeben hatte. Er schwor mir ewige Liebe, gab mir all seine Ersparnisse: Ich sollte Benni abtreiben. Ich heulte mir die Augen aus und klammerte mich an ihn. Doch eines Morgens war er verschwunden.

»Mama?«, holte mich mein Sohn ins Hier und Jetzt zurück.

»Ja?«

»Wir sind da. Hier ist die Hundepension.«

»Oh. Natürlich. Klar. Ich war mit meinen Gedanken …«

»In Brasilien? Bei deinem Lover?«

Errötend setzte ich den Blinker und bog in den Schotterweg ein, der durch Olivenhaine führte. Benni drückte Max an sich und vergrub das Gesicht in seinem kuscheligen Fell. Benni wusste nur, dass jemand gestorben war, den ich sehr gemocht hatte. Den ich von früher kannte. Mehr nicht.

»Hier sind wir, alter Knabe. Das sieht mir nach einem prächtigen Hundehotel aus«, versuchte Benni seinen tierischen

Gefährten zu überzeugen. Max stieß fiepende Laute aus, bei denen man nicht wusste, ob es ein freudiges Quietschen oder ein ahnungsvolles Wimmern war.

Hinter eisernen Gitterzäunen trotteten Vierbeiner in der Hitze hin und her. Im Schatten lagen mehrere Zwinger, in denen Hunde aller Größen und Rassen vor sich hin dösten. Manchen entrang sich heiseres Bellen, als sie uns gewahr wurden, andere ignorierten uns stoisch.

Benni ließ Max auf den heißen Sandboden plumpsen und machte ihm das Tierheim schmackhaft, indem er ihm spielerisch ein paar Steinchen wegkickte. Artig und ahnungslos hoppelte Max mit wehenden Ohren hinterher.

Mir wollte das Herz brechen. Die beiden liebsten Wesen dieser Welt wollte ich morgen verlassen. Mich schon wieder von Benni trennen. Mit unbekanntem Ziel.

»Schau, Dicker, jede Menge Kumpels warten hier auf dich!«

Max ging in Deckung, als zwei Riesenkaliber bellend an den Zaun kamen. Im tiefsten Bass, während Max seine Begrüßung im zweiten Sopran anstimmte.

»So hab ich mich am ersten Tag in der Gesamtschule Höxter auch gefühlt, Alter.« Benni ging in die Hocke und streichelte den kleinen Hund, der halb ängstlich, halb freudig mit dem Stummelschwanz wedelte, als wollte er seinen Artgenossen Entwarnung geben. Ich bin's nur, Leute. Der harmlose, verspielte Max.

Die Betreiberin kam uns laut palavernd und gestenreich entgegen und hieß unseren kleinen Liebling mit heiserer Stimme im Reich der Zwinger willkommen.

Da begriff Max, dass wir ihn verraten hatten. Ohne sich noch einmal zu uns umzudrehen, ließ er sich von Señora Perro wegführen. Sein Stummelschwanz war stolz erhoben, als wollte er uns den Stinkefinger zeigen.

»Ist doch nur für eine Woche, Max«, rief ich ihm mit brüchiger Stimme nach.

»Komm Mama, jetzt heul hier bloß nicht los.« Benni legte den Arm um mich und schob mich Richtung Auto. »Ich sterbe vor Hunger.«

Dann fuhren wir endlich nach El Palo, wo ich ihn in seinem Lieblingsrestaurant auf eine Riesenportion Crêpes einlud.

»Jetzt sag mal ehrlich, Mama.« Benni nahm einen Riesenhappen von seinem hauchdünnen, dick bestrichenen Pfannkuchen, und Nutella tropfte ihm aufs Kinn. Ich musste mich schwer beherrschen, es ihm nicht abzutupfen.

»Was willst du wirklich in Brasilien?«

»Ich … ähm … Es könnte sein, also, ich hab eine Nachricht erhalten, da ist jemand, mit dem ich mich treffen möchte.«

Benni sah mich abwartend an und schmatzte genüsslich. »Geht es also wieder los mit deinen Männergeschichten.«

»Was denn für Männergeschichten?!«, regte ich mich auf. Vor lauter Aufregung und Schmerz um meinen Verrat an Max hatte ich keinerlei Appetit. Deshalb nippte ich nur an meiner Cola light.

»Na ja, erst Raymond, dann dieser geheimnisvolle Typ, von dem du mir am Telefon vorgeschwärmt hast und den ich unbedingt kennenlernen soll, dann wieder Raymond, aber der geht dir auf den Zeiger … Wer ist es denn diesmal?«

»Es ist nichts, was spruchreif wäre«, zog ich mich hastig aus der Affäre. »Wenn es was zu berichten gibt, erfährst du es als Erster.«

»Mama, mir egal«, quoll es schokoladig aus dem Mund meines Sohnes. »Du bist erwachsen und musst wissen, was du tust. Nur, so, wie du in letzter Zeit geheult hast wegen diesem verschwundenen Typen, sollst du nicht wieder in ein Loch fallen, wenn es mit diesem Kerl in Brasilien auch nix wird.«

»Ich verspreche dir, dass ich nicht traurig sein werde.«

»Also, wenn du mich anrufst, heulst du nicht und willst dich auch nicht umbringen?«

Zugegeben. Bei unseren letzten Telefonaten hatte ich wirklich NUR geheult. Dass meine eigenen Eltern und meine Schwester mir meinen Jungen weggenommen hatten, den einzigen Menschen, den ich auf dieser Welt hatte, darüber war ich immer noch nicht hinweg.

»Versprochen.« Ich nickte tapfer. Mein Herz raste. »Bitte lass immer dein Handy an. Nicht vergessen!«

»Ja, ja.«

»Hast du dein Ladegerät?«

»*Sí. No soy un bebé,* Mama.«

»Vergiss nicht, dein Handy immer bei dir zu tragen.«

»Gulp.« Benni spülte mit einem großen Schluck Cola nach.

»Mama, eines will ich dir noch sagen.«

»Ja?« Verstohlen wischte ich mir eine Träne aus dem Augenwinkel und schaute meinen Sohn an, der Tony in diesem Moment wie aus dem Gesicht geschnitten war.

»*Te quiero,* Mama. Ich hab dich lieb.«

Verlegen ließ er sich von mir in den Arm nehmen und schielte über meine Schulter, ob auch ja niemand diese durchgeknallte kleine Frau bemerkte, die ihm nun auch noch leise schluchzend einen feuchten Kuss auf die Wange drückte. Peinlich berührt wischte er sie mit dem Handrücken ab.

»Mama. Ist gut jetzt.«

»Ich bin ein bisschen durch den Wind.«

»Mama, wann bist du nicht durch den Wind?« Benni grinste gequält. »Können wir jetzt zu Raymond fahren?«

»Natürlich. Wie du meinst, mein Großer.«

Als wir vor dem Haus angekommen waren, das einmal mir gehört hatte, konnte ich mich nicht mehr beherrschen.

»Würdest du nicht doch mir zuliebe bei Raúl und Marta …« Ich zeigte auf das Nachbarhaus, in dem er seine halbe Kindheit verbracht hatte.

Benni winkte nur ab und verschwand.

Ich sollte ihn fünf lange Jahre nicht wiedersehen.

4

São Paulo, Brasilien, 7. Mai 2005

Nach über vierzehn Stunden Flug landete der vollgestopfte Flieger nach brasilianischer Zeit frühmorgens in Guarulhos. Mein Mund war ausgetrocknet, und meine Glieder fühlten sich so steif an, als hätte mich jemand in einen Sack gesteckt und durchgeprügelt. Ich nahm mir ein Taxi und bat den Taxifahrer auf Spanisch, mich in ein möglichst günstiges Hotel in der Nähe der Avenida Paulista zu bringen. Portugiesisch konnte ich zu diesem Zeitpunkt noch nicht. Ich ahnte ja nicht, wie bald und wie schnell ich diese dem Spanischen ähnliche Sprache lernen sollte.

São Paulo, diese Riesenmetropole mit den Hochhaustürmen und schmucklosen Betonklötzen, erwachte gerade aus einer nicht gerade erholsamen und stillen Nacht. Die Avenida Paulista zeichnete sich am Horizont ab wie eine schwarze Schnur. Ich wusste, dass sie auf einem lang gestreckten Hügelzug lag. Schon nach kurzer Zeit standen wir im Stau. Hier war Brasilien alles andere als leidenschaftlich oder romantisch, und leider war es auch nicht besonders warm.

Benni hätte nach kurzer Zeit genervt gefragt: »Wann kommt endlich das Meer?«

Ach, mein Großer!, dachte ich wehmütig. Hoffentlich geht es dir gut. Bei dir ist es jetzt schon später Nachmittag. Sitzt du bei Raymond am Tisch und isst zu Abend? Wahrscheinlich lümmelst du eher auf der Couch rum und mampfst Pizza, während du in die Glotze starrst.

Der Taxifahrer, an dessen Rückspiegel eine Heiligenfigur baumelte, trommelte nervös und leise fluchend aufs Lenkrad. Rasch kontrollierte ich mein Handy, vielleicht hatte Benni sich ja schon gemeldet? Natürlich nicht. Welcher Dreizehnjährige telefoniert seiner Mutter hinterher? Ich probierte es selbst. Nichts. Es klingelte durch. Fehlanzeige. Die Mailbox ging dran.

»*Tesoro,* ich bin gut angekommen«, krächzte ich müde. »Bitte melde dich oder lass wenigstens dein Handy an, damit ich dich erreichen kann. Ich versuch's wieder. Grüß Raymond, er soll nett zu dir sein. Hoffentlich überlässt Friday dir dein altes Zimmer.«

Seufzend lehnte ich mich im Fond des nach Diesel stinkenden Wagens zurück.

Ich war übermüdet und hungrig, aber vor lauter Aufregung über das, was mich hier vielleicht erwartete, konnte ich weder schlafen noch essen. Wenn Tony wirklich noch am Leben war – was hatte er ausgefressen? Warum hatte er fliehen müssen? Das war alles so merkwürdig und dubios! Noch nie zuvor hatte Tony was mit Drogen zu tun gehabt. Was für eine hanebüchene Geschichte hatte mir Raymond da eigentlich aufgetischt? Wie blind war ich eigentlich? Raymond konnte mir viel erzählen! Der hatte doch selbst mit Drogen zu tun!

Erst vor Kurzem war ich ihm auf die Schliche gekommen. Raymond arbeitete nämlich nicht ausschließlich auf dem Schrottplatz, um Autos zu reparieren und Ersatzteile nach Nigeria zu schicken, wo er angeblich einen regen Handel betrieb. Er schmuggelte auch andere Sachen über die Grenze. Wenn er von einer seiner wochenlangen Reisen zurückkam, roch er immer so süßlich, hatte gelbe Augen und war irgendwie anders als sonst. Dann herrschte in meinem Haus ein Kommen und Gehen von angeblichen Freunden, die auch immer einen reichlich bekifften Eindruck machten. Besonders dieser Friday, der angeblich sein Cousin war. Das passte mir gar nicht, und ich hatte Raymond immer wieder Vorhaltungen deswegen gemacht, schon allein wegen Benni. War es ein Fehler, Benni wieder dorthin zurückzuschicken? Aber mein dickköpfiger Sohn wollte einfach in seine vertraute Umgebung zurück, und das war nun mal unser ehemaliges Haus! In das erst Raymond und dann später Friday eingezogen waren! Bis Tony gekommen war und ein neues Leben mit mir anfangen wollte.

Ich biss mir auf die Lippen und lehnte meine Stirn an das verschmierte Autofenster. Draußen ragten die Fernsehantennen und Satellitenschüsseln wie kahle Bäume in den versmogten Himmel, als wollten sie diesen Betonschluchten entfliehen, und ich sehnte mich auf einmal heftig nach Benni, Max und unserem sonnigen Paradies in Torremolinos zurück. Nach unserer neuen Wohnung. Nach Ruhe und Behaglichkeit. Ich Riesen-Hornochse! Was machte ich eigentlich hier? Welcher sinnlosen Hoffnung war ich nur gefolgt? Raymond hatte mir gesagt, ich solle in ein Hotel in der Innenstadt einchecken und auf einen Anruf warten. Im Laufe der nächsten Tage würde sich jemand aus Tonys Umfeld bei mir melden. Sein Bruder.

Komisch. Tony hatte mir nie erzählt, dass er einen Bruder hatte! Was wusste ich eigentlich von ihm?

Nach gut einer Stunde hatten wir die Innenstadt erreicht. Hupkonzerte und ständiges Stop-and-Go hatten die Fahrt nicht gerade erholsam gemacht. Der Chauffeur hielt vor einem unspektakulär aussehenden grauen Klotz und wuchtete meinen Koffer auf den Bürgersteig.

»Das ist ein Mittelklassehotel, in dem viele europäische Touristen absteigen. Hier wird Englisch gesprochen.«

»Danke.« Dabei hatte ich mir mit meinem Spanisch doch so Mühe gegeben! Müde rollte ich meinen Koffer in die schlichte Lobby und buchte ein Zimmer für eine Woche. An der Rezeption lagen Konzertankündigungen für eine bunte Salsa-Show aus, was mein Herz wieder ein wenig höherschlagen ließ. Ich würde mich jetzt ein bisschen ausruhen und dann das Beste aus meiner Woche hier machen. Bloß nicht in Selbstmitleid versinken – stattdessen die Situation bei den Hörnern packen. Wer wusste schon, was ich hier noch Spannendes erleben würde!

Das Zimmer roch muffig. Ein schwerer dunkelgrüner Brokatüberwurf bedeckte ein durchgelegenes Doppelbett, und als ich meinen Koffer darauf fallen ließ, stob mir eine Staubwolke entgegen. Die Fenster waren vergittert und ließen sich nur einen Spaltbreit öffnen. Als Benzingestank und ohrenbetäubender Lärm hereindrangen, schloss ich sie gleich wieder. Die schweren Vorhänge und das dazugehörige Rollo aus schwarzem Lederimitat hüllten die Bude in völlige Dunkelheit, und nur das Brummen der Klimaanlage kündete davon, dass man noch nicht tot im Sarg lag.

Mein Versuch, ein bisschen zu schlafen, scheiterte. Die Klimaanlage setzte eine Weile aus, während meine Gedanken in die jüngste Vergangenheit abdrifteten. Mir brach der Schweiß aus. Uff, ich musste hier raus. Ich würde sonst noch verrückt.

Ich duschte in der Fünfzigerjahre-Badewanne mit nicht gerade appetitlichem Duschvorhang, zog mir frische Klamotten an und ließ mich vom alten, wackligen Aufzug nach unten bringen.

São Paulo, ich komme!

5

São Paulo, Brasilien, 8. Mai 2005

»Das ist ja hier voll die geile Mucke!«

»Wie?«

»Sprichst du Englisch?«

»Português!«

»Okay, ich versuch's auf Spanisch! DAS IST HIER VOLL DIE GEILE MUCKE! *Música grandiosa, me gusta mucho!*«

»He, du bist gar nicht zwölf! Von hinten siehst du aus wie ein kleines Mädchen! Ich hab mich schon gewundert, wieso deine Mutter dir erlaubt hat, hier nach Mitternacht so sexy zu tanzen!«

»Hahaha, sehr witzig!«

»Willst du was trinken?«

»Cómo?«

»WILLST DU WAS TRINKEN???«

»Sí por favor!«, übertönte ich begeistert den Lärm dieses Salsa-Clubs, in dem die Post abging.

»Caipirinha!«

»Gut, komm mit, du bist eingeladen!«

Der sympathische Bandleader war verschwitzt von der Bühne gesprungen, mir geradewegs vor die Füße. Er machte gerade Pause. Tätowiert, Rastalocken, muskulöser Oberkörper, Bandana, Piercing – also wieder mal genau mein Typ. Er hatte eine samtweiche Stimme und spielte virtuos Piano und

Gitarre. Seine Kumpels versanken ebenso in Ekstase wie er, was wiederum die Tanzenden im zuckenden Licht in Ekstase versetzte. Auch ich hatte mich von den heißen brasilianischen Rhythmen mitreißen lassen, mir die Angst von der Seele getanzt. Der Bandleader hatte mich schon die ganze Zeit wohlwollend gemustert und sich offensichtlich an meinem Anblick erfreut.

»Woher kommst du?«

»Europa! Spanien«, brüllte ich ihm ins Ohr. »Ich lebe seit vier Jahren dort, bin aber eigentlich Deutsche!«

»Du tanzt wahnsinnig gut! Dein Hüftschwung ist der Hammer!«

»Ihr solltet eine Europa-Tournee machen! Eure Musik ist genau das, was die verstaubten Spießer dort brauchen!«

»Echt? Hätten wir eine Chance?«

»Ja! Mein voller Ernst!« Ich konnte gar nicht mehr aufhören, mit den Hüften zu kreisen. Aufgeregt nippte ich an meinem Drink. »Bei uns in Torremolinos gibt es im Sommer einige hochkarätige Diskotheken mit Livemusik. Immer brechend voll, aber beschissene Mucke!«

»Echt?«, freute sich der gut aussehende Bandleader, der sich mir als Jesús vorgestellt hatte.

Er winkte seine Freundin herbei, eine bildschöne glutäugige Latina mit Bauchnabelpiercing, die sich mir strahlend und ohne eine Spur von Eifersucht als Clara vorstellte.

»Hi! Du tanzt toll!«

»Eure Musik ist ja auch Hammer!«

»Willst du uns managen?«

»Ich könnte es versuchen!«

»Sie sagt, sie hat Kontakte zur spanischen Musikszene!«

Nach und nach gesellten sich alle Bandmitglieder zu uns an die Bar. Ich wusste gar nicht, wie mir geschah! Ihre Freundlichkeit und Gastfreundschaft hüllten, mich ein wie eine warme, weiche Decke. Auf einmal fühlte ich mich in São Paulo gar nicht mehr so fehl am Platz, und meine Ängste und Zweifel wichen einer trügerischen Euphorie.

Sie überhäuften mich mit Komplimenten, und ich spürte, wie mir vor Freude die Wangen glühten.

Nach der Pause, als die Band wieder zu spielen begann und Jesús mit seiner melodischen Stimme traurige Balladen sang, unterhielt ich mich weiter mit Clara. Sie erzählte mir von den bisher recht erfolglosen Bemühungen der Salsa-Band, professionell Fuß zu fassen.

»Ich werde mich sofort nach meiner Rückkehr mit Freunden in Torremolinos in Verbindung setzen«, versprach ich. »Ich kann mir vorstellen, eine tolle Tournee durch alle Urlaubsorte Spaniens für euch zu organisieren.«

Ich sah mich schon als Entdeckerin dieser grandiosen Band eine goldene Nase verdienen. Damit wäre die Zukunft gesichert, auch für meinen heiß geliebten Benni!

Wenn ich die Augen schloss und mir noch dazu vorstellte, wie Tony in dieser Zukunftsvision mit mir zu erotischen Rhythmen tanzte, erfasste mich eine Glückslawine nach der anderen.

Ich hatte Freunde gefunden! Brasilianische Freunde, die an mich glaubten, die mich hübsch und sexy fanden, die mich eingeladen hatten, den Rest der Woche mit ihnen zu verbringen!

Gegen vier Uhr morgens taumelte ich fröhlich summend in meine »dunkle Gruft« zurück.

Ach Rita!, dachte ich, bevor ich die Schuhe abstreifte und auf das Staubwolkenbett fiel. Eines muss man dir lassen: Egal, wo du hinkommst, du machst das Beste draus!

Am nächsten Tag bummelte ich ziemlich verkatert über die Avenida Paulista. Die Straße hatte eindeutig schon bessere Zeiten gesehen, aber es gab immer noch genug Geschäfte, Cafés und Restaurants, in denen man sich die Zeit vertreiben konnte. Ich kaufte Benni ein paar Fußballtrikots mit Namen von brasilianischen Fußballspielern, für die er schwärmte.

Die Band würde ich am Abend wiedersehen, diesmal in einem anderen Club. Ich würde für den Rest der Woche ihr Gast sein, einschließlich Essen und Trinken. Da konnte ich mir doch die eine oder andere sexy Abendklamotte gönnen. Ich kaufte also einige sündhaft kurze Hängerchen sowie hochhackige Stiefelchen im Lederfransenlook, freute mich, dass alles so bezahlbar war, und wartete einfach auf – DEN ANRUF.

Schließlich landete ich in einem Internetcafé, wo ich mein Handy aufladen konnte und einen dringend benötigten doppelten Espresso trank.

Während ich die Fotos von gestern mit der brasilianischen Band hochlud, probierte ich es bei Benni. Bei ihm musste es jetzt Abend sein. Bestimmt saß er bei Raymond vor dem Fernseher oder spielte ein Computerspiel. Bestimmt war alles ganz harmlos. Schließlich hatten wir fast zwei Jahre lang zusammengelebt, Raymond, Benni und ich! Nur dieser dubiose »Cousin« Friday hatte Misstrauen bei mir gesät. Benni, geh ran, geh ran, geh ran. Sag, dass alles gut ist!

Seine Mailbox sprang an. Sollte ich mir wieder den Mund fusselig reden und ihn anflehen zurückzurufen? Wie ich das hasste! Verärgert schlug ich mit der Faust auf den Tisch. Er wusste doch, wie viele Sorgen ich mir um ihn machte! Auch Raymond ging nicht an sein Handy! Scheißkerl!

Entschlossen wählte ich die Festnetznummer von Marta, der Mutter von Raúl.

Sie meldete sich sofort und klang genauso müde und

erschöpft wie jede alleinerziehende Mutter eines Dreizehnjährigen, die gerade zwölf Stunden lang Zimmer geputzt und Betten gemacht hat. Marta war Zimmermädchen in einem Hotel und lieferte mir obendrein selbstgemachte Tapas für die Bar.

»Oh, hi, sorry, dass ich dich störe, Marta. Ich bin's, Rita. *Qué tal?* Ich will nur kurz wissen, wo Benni ist.«

»Ah, hola Rita, dónde estás?«

Ich konnte unmöglich sagen, dass ich mich in São Paulo herumtrieb. Mit einer Salsa-Band. Und noch einen Kater von zu vielen Caipirinhas hatte. Dass ich nach meinem toten Geliebten suchte.

»Ich bin gerade bei einem Lieferanten in Madrid und schaffe es heute nicht mehr nach Hause!«

»Ah, no te preocupes. Benni ist mit Raúl auf der *feria* in Rincón de la Victoria«, kam es krächzend aus dem Mund der Kettenraucherin. »Sie sind mit dem Bus hingefahren.«

Die *feria* war eine Art Volksfest mit Karussells, Schießbuden und Feuerwerk zu Ehren irgendeines Heiligen. *Feria* war immer gut, eine Pflichtübung für jeden Dreizehnjährigen im Umkreis von hundert Kilometern. Bei uns war das früher die Kirmes in Höxter gewesen

»Kann Benni eventuell bei euch schlafen?«, fragte ich hoffnungsfroh, den Finger aufs Ohr gepresst, weil es hier im Internetcafé so laut war. Ich schrie die rosa getünchte Wand an. »Ich weiß nicht, ob ich es in den nächsten Tagen nach Hause schaffe!«

»Meinetwegen gern«, schnaufte Marta, die offensichtlich gleichzeitig putzte oder kochte, auf jeden Fall aber dabei rauchte. »Ich hab ihn allerdings noch gar nicht zu Gesicht gekriegt.«

»Marta!«, brüllte ich beunruhigt. »BITTE schnapp ihn dir und zwing ihn, bei dir zu übernachten! Okay?«

»Wie gesagt, wenn er auftaucht, jederzeit! Du weißt doch, wie gern ich ihn hab!«

»*Gracias, hasta luego.*«

Erleichtert lehnte ich mich zurück. Ich wollte gerade die Señora Perro im Hundeheim anrufen, um mich nach Max zu erkundigen, als die Fotos von der Band aufploppten.

Wow, sie sahen hinreißend aus. Mit meiner kleinen Kamera war es mir gelungen, sie *in action* einzufangen. Ich hatte auch gleich noch einen kleinen Werbefilm gedreht, den ich ebenfalls ins Internet stellen wollte. Im Organisieren war ich schon immer gut gewesen! So machte diese Reise auf jeden Fall Sinn. Nur ein cooler Bandname fehlte noch – ja, genau, »Salsa Som«, der haute doch rein! In einer Woche würde ich mit einer Menge neuer Erfahrungen nach Hause zurückfliegen. Und nie wieder auf die zweifelhaften Versprechungen eines gewissen Raymond Ngorongo reinfallen. Tony war tot, und damit musste ich leben. Ich war dem Schicksal dankbar, dass es uns noch einmal zusammengeführt hatte. Und dass er noch hatte erfahren dürfen, dass er einen Sohn hatte.

Während ich den kleinen Werbefilm mit Untertiteln versah und auf meine Website stellte, klingelte mein Handy. Benni!, ging es mir sofort durch den Kopf. Endlich!

»Hi, Cowboy«, meldete ich mich. »Cool, dass du anrufst. Was geht ab?«

»*Hello, Rita, how are you?*«

Oh. Das war eindeutig NICHT Benni. Mein Herz begann augenblicklich zu rasen.

Sollte Tony etwa doch …? Mir schnürte sich die Kehle zu. Der Bruder? Hatte Raymond recht gehabt?

»Hallo, wer ist da?«, krächzte ich zögerlich.

»*Rita. Please talk English to me. Where are you? Let's meet.*«

Auf einmal hatte ich Gänsehaut. Die Stimme gehörte

definitiv nicht Tony, war aber weich und melodisch mit eindeutig afrikanischem Akzent.

»*Who is speaking?*« Ich presste das Handy ans Ohr, weil mein Herz so laut schlug, dass ich dagegen anschreien musste.

»*Hello, Rita. Don't worry*. Du kennst mich nicht. Aber ich bin der Bruder von jemandem, den du kennst.«

O Gott. Raymond hatte nicht gelogen! Ich klammerte mich an meinen Stuhl, denn bunte Sternchen tanzten vor meinen Augen.

»Hello? Rita?«

»Wo ist Tony?«, quietschte ich schließlich.

»*Keep cool, Rita. People are watching you!*«

»Wo bist du?« Erschrocken sah ich mich um. Gehörte diese schrille Stimme mir?

Konnte mich mein Anrufer sehen? Stand er hier irgendwo? Mein Kopf ruckte herum wie bei einem verrückt gewordenen Roboter. Ich sprang auf und warf meinen Stuhl um.

»*Shut the fuck up!*«

Ich presste die Fäuste an die Schläfen und zwang mich, tief durchzuatmen.

»Okay«, presste ich schließlich hervor. »Wo ist er?«

»*I'll take you there!*«

Ich schluckte. Es war wahr! Tony lebte! Kalter Schweiß bedeckte meinen Rücken.

»Wann kann ich ihn sehen?«, schrie ich hysterisch.

»Ich ruf dich gleich wieder an.« Klick, aufgelegt.

Fassungslos starrte ich auf mein Handy.

Er war hier! Er war in meiner Nähe!

Zumindest der Anrufer. Tonys Bruder. O Gott, in welchen Schwierigkeiten steckte Tony? Sofort lief der reinste Actionthriller vor meinem inneren Auge ab. Was war wirklich passiert, nachdem er mich an jenem Aprilmorgen verlassen hatte?

In welcher Not steckte er? Wie konnte ich ihm helfen? Ich würde alles für ihn tun. Wenn er Geld brauchte – ich würde es besorgen. Ich würde zu ihm halten. Er war der Vater meines Kindes. Und ich hatte ihn immer geliebt. Nur ihn. Erleichtert stellte ich meinen Stuhl wieder auf und wartete, bis mein Herzrasen sich beruhigt hatte. Bis mein Handy wieder klingeln würde. Ich starrte es an wie ein seltenes Insekt.

Dann schaute ich auf mein Facebookprofil. Inzwischen hatten schon mehrere Freunde meinen Beitrag geliked.

»Cool, Rita!«

»Du bist die Größte, Kleine!«

»Du rockst das Showgeschäft!«

»Wer ist der heiße Typ am Schlagzeug?«

Mein Herz wummerte.

Es war passiert. Es war wirklich passiert! Tonys Bruder hatte angerufen! Genau wie Raymond gesagt hatte! Meine Güte, wieso steckten die beiden unter einer Decke? War Tony etwa deshalb in Spanien aufgetaucht? Dabei hatte er mir doch erzählt, er hätte mich zufällig auf Facebook gefunden! Tony war verheiratet gewesen, mit der Frau, die seine Familie vor vielen Jahren für ihn ausgesucht hatte. Aber er hatte mich ebenso wenig vergessen können wie ich ihn! Tony hatte Raymond doch erst über mich kennengelernt! Oder bestand da schon vorher eine Verbindung? Mich fröstelte.

Hatte Tony etwa für Raymond …? Oder war das alles nur eine Verkettung unglaublicher Zufälle? In meinem Kopf drehte sich alles. Aber eines wusste ich sicher: Tony liebte mich! Und ich ihn. Wir gehörten zusammen.

Warum rief der Bruder nicht gleich wieder an? Dieses Warten war unerträglich!

Ich verharrte noch gefühlt zwei Stunden vor dem Bildschirm. Biss mir auf die Unterlippe, knibbelte an meinen Fingernägeln herum, starrte ins Leere. Und begann schließlich einen belanglosen Chat mit meinen Freunden.

Sogar Tanja, meine kleine Schwester, klinkte sich plötzlich ein. Wir hatten seit Jahren kein Wort miteinander gesprochen. Erst recht nicht, seit sie mir meinen Benni nicht mehr aus den Weihnachtsferien zurückgeschickt hatte, die blöde Kuh. Auf einmal war sie da und schickte mir einen Smiley. Ich zögerte lange und schickte ihr schließlich einen mit Sonnenbrille zurück. Sollte sie ruhig neidisch werden!

»Bist du echt in Brasilien?«, schrieb sie.

»Claro.« Grinsender Smiley mit Schweißtropfen auf der Stirn. Die sollte bloß nicht denken, dass sie mich kleingekriegt hatte. SIE war in Höxter mit ihrem Balg. Hing bei unseren Eltern rum und hatte es zu nichts gebracht. ICH war in der großen, weiten Welt und hatte mir meinen Traum erfüllt.

»Liegst du am Strand rum, du faule Nuss?«

»Nee. Business. Zieh gerade 'ne geile Salsa-Band an Land. Siehst du ja. Und du?«

»Bin mit Mama und Charity bei Thorsten und Ilka zum Kaffee. Zum Kotzen langweilig.«

Ich gönnte es ihr von Herzen.

»Wie geht's ihnen allen so?«

»Nichts Neues. Alle werden nur älter und fetter. Was man von dir nicht gerade behaupten kann, Schwesterherz. Siehst gut aus.«

Ich schluckte. Schwesterherz. Und das von dieser intriganten Verräterin!

Babysitten sollte sie damals. Sonst nichts. Dafür hatte ich sie sogar bezahlt! Und was hatte sie stattdessen getan? Meine eigene Schwester!

Ich biss mir auf die Fäuste. Wollte schon wütend in die Tasten hacken: »Schleich dich nicht wieder in mein Leben ein,

Tanja! Nimm mir nie wieder meinen Mann weg! Oder meinen Sohn!«

Aber ich ließ es bleiben.

Mein Zorn war verraucht.

»Was machen unsere Brüder?«

»Thorsten ist in Frührente gegangen, und Karsten säuft sich zu Tode.«

»Und unsere Eltern?«

»Mama schmiert Schnittchen und tut so, als ob alles wunderbar wäre, und Papa sitzt nur noch vor der Glotze und hat Rücken.«

Ich schluckte wieder. Dass ich ausgerechnet in diesem Moment meines Lebens ein Update von meiner Familie bekam!

Viel lieber wäre mir gewesen, dass Tonys Bruder zurückrief. Oder Benni!

»Wie geht's Charity?«, schrieb ich, um meine Ungeduld zu zügeln.

»Die Maus ist total aufgeregt! Oma bastelt mit ihr was zum Muttertag, und ich darf es nicht sehen :-)«

Ich spielte mit einer Haarsträhne und rechnete nach.

War die Sache mit Thiago und Tanja schon wieder so lange her?

Benni hatte es GEWUSST. Und geschwiegen. Um mir nicht wehzutun. Wie alle in meinem Freundeskreis. Zuerst wollte ich es gar nicht glauben.

Aber neun Monate später glaubte ich es.

Denn Charity hatte die gleiche Hautfarbe wie Benni.

6

São Paulo, Brasilien, 9. Mai 2005

Auch an diesem Abend traf ich mich wieder mit den Leuten von der Salsa-Band. Sie hatten schon eine Menge positive Reaktionen bekommen, was für mich ein wirklicher Lichtblick war. Unter wildem Freudengeheul nahmen sie mich in ihre Mitte und luden mich feudal zum Essen ein.

Obwohl mir der Hals vor Aufregung wie zugeschnürt war, ließ ich mich anstecken von ihrer Lebensfreude. Wieder floss die Caipirinha in Strömen, und irgendwann beschlich mich das Gefühl, ich hätte diesen dubiosen Anruf nur geträumt.

Auch in dieser Nacht kam ich erst gegen vier Uhr früh in meine dunkle Gruft zurück und versuchte zu schlafen, was mir allerdings nicht gelingen wollte.

Ich hatte mich vergeblich um ein besseres Hotelzimmer bemüht, doch ganz São Paulo schien ausgebucht zu sein. Jedenfalls in meiner Preisklasse.

Wütend wälzte ich mich hin und her, kämpfte mit dem Laken, dessen Enden aus mir unerfindlichen Gründen von eifrigen Zimmermädchen unter der Matratze festzementiert worden waren, sodass man sich kaum bewegen konnte.

Die Klimaanlage sprang rumpelnd an. Ich setzte mich auf, machte Licht und wählte Bennis Handynummer. Seit unserem Abschied vor über fünfzig Stunden hatte ich noch kein Lebenszeichen von ihm erhalten.

Nichts. Es klingelt durch. Mailbox. Mistkerl!

»Benni, ich flehe dich an, melde dich! Bitte! Es ist irre wichtig! Ich mach mir wahnsinnige Sorgen und kann nicht schlafen! Ach so, und noch etwas: Ich hab dich lieb.«

Frustriert ließ ich mich wieder aufs Bett fallen und starrte an die Decke.

Der riesige braune Ventilator stand still. So, wie auch ich zum Stillhalten verdammt war!

Marta. Ich wählte ihre Festnetznummer.

»Digame?«

»Sorry, Marta. Ich bin's, Rita. Ich will nur wissen, wo Benni ist.«

»No tengo ni idea.«

»Marta, du hast mir doch versprochen, dass Benni bei dir pennen kann!«

»Hab ihn nicht zu Gesicht bekommen.«

»Aber er war doch mit Raúl auf der *feria* in Rincón de la Victoria!«

»Raúl war um zehn wieder da, aber ohne Benni.« Das Herz sprang mir polternd aus der Brust und drohte, unter das Bett zu rollen. Mühsam rang ich nach Luft.

»Und wo ist Benni?«

»*Dios mío,* woher soll ich das wissen?«

»Marta, ich flehe dich an. Geh rüber und klingel bei Raymond.«

»Du weißt doch, dass ich den Typen nicht ausstehen kann. Dieser Friday ist mir unheimlich.«

»Bitte, Marta, tu es mir zuliebe.«

»Espera.« Der Hörer wurde auf den Tisch geknallt, und Marta zog sich fluchend die Schuhe an.

Ich wartete.

Die Klimaanlage, die lange stillgestanden hatte, als wollte

sie nichts verpassen, sprang polternd an, sodass ich zusammenzuckte. Plötzlich wehte ein kalter Wind. Ich verkroch mich unter dem Laken. Verdammt. Das Ding spannte über der Schulter, dass man wahnsinnig werden konnte!

»*Hola?* Rita?«

»Ja?«

»Er ist nicht da.«

Ich schluckte, sammelte mich.

»Wer ist nicht da?«

»Raymond.«

»Und – Benni?«

»Keine Ahnung. Es macht keiner auf. Und Licht brennt auch keines.«

»Oh Marta ... Ich mach mir solche Sorgen ...« Mir kamen die Tränen.

»Bist du denn immer noch in Madrid?«

»Marta«, entfuhr es mir. »Ich hab dich angelogen. Ich bin in São Paulo.«

»DAS São Paulo? Brasilien?«

»Sí.« Ich atmete heftig aus. *»Lo siento mucho!* Ich wollte dich nicht belügen. Aber ich bin jetzt ECHT am anderen Ende der Welt und kann nichts machen! Ich kann nicht mal eben ins Auto steigen und meinen Herrn Sohn suchen wie sonst, wenn er beim Fußballspielen die Zeit vergessen hat.«

»Soll ich die Polizei rufen?«

Ich presste die Lippen zusammen und zermarterte mir den Kopf. Ich hatte Raymond kurz vor meinem Auszug GEDROHT, die Polizei zu holen. Und Friday zu verpfeifen. Im Zorn. Obwohl ich ihn anschließend sofort wieder beschwichtigt hatte. Wie KONNTE ich mein Ein und Alles, das ich gerade erst meinen Eltern und Tanja entrissen hatte, sofort wieder bei anderen lassen?

Aber Raymond war schließlich kein Fremder. Benni hatte darauf bestanden, während meiner Abwesenheit bei ihm zu wohnen. Außerdem war es Raymond gewesen, der Benni zurückgeholt hatte.

»Marta, ich melde mich einfach morgen wieder, okay? Morgen Abend um dieselbe Zeit.«

»Gut, tu das. Und viel Glück bei was immer du da machst, du verrückte Deutsche, du!«

»Rita?«

»Ja …?« Meine Hand zitterte, mein Ohr glühte. Da war er wieder. Der BRUDER. Er sprach Englisch mit mir. Englisch mit diesem mir bekannten ghanaischen Akzent.

»Hast du dich inzwischen beruhigt?«

Ich schluckte. Zählte innerlich bis drei. »Ja. Sorry, dass ich gestern so ausgeflippt bin.«

»Dann können wir uns also treffen?«

»*Yes. Sure.*«

»Wo bist du gerade?«

»Im Paraíso-Viertel.«

Nach dem Frühstück hatte ich mich ins Gewühl der Megacity gestürzt – alles war besser als wartend herumzusitzen.

»Okay. Dann springst du jetzt in ein Taxi und lässt dich zur Shopping Paulista bringen. Kennst du die Mall?«

»Ja. Da war ich gestern.«

»Weiß ich. Im Internetcafé im Untergeschoss.«

Ich schluckte schwer. Er war also gestern in meiner Nähe gewesen. Hatte mich beobachtet. Musste mich also kennen. Oder zumindest eine Beschreibung von mir haben. Von Tony? Von Raymond? Von Friday? Sie ist ungewöhnlich klein und blond und wirkt mädchenhaft, lässt sich aber nicht die Butter vom Brot nehmen.

Und jetzt? Suchend schaute ich mich um. Niemand schien mich zu beobachten. Dunkelhäutige gab es viele. Menschen mit allen möglichen Hautfarben befanden sich unter den Passanten. Einige schauten mich an. Aber dann auch wieder weg.

»Ich ... Ich komme dann jetzt.«

»Wir treffen uns im McDonald's im Untergeschoss. Sagen wir, in einer Stunde.«

»Okay«, krächzte ich in den Hörer, aber da hatte der Anrufer schon aufgelegt.

Ich schloss die Augen und versuchte, seine mit Tonys Stimme zu vergleichen.

Haben Brüder am Telefon nicht die gleiche Stimme?

Dieser Mann ... Ja, er kam mir stimmlich bekannt vor. Ich hatte viel mit Afrikanern zu tun gehabt – fast mehr als mit Europäern. Sie faszinierten mich. Ich liebte ihre Exotik, ihren federnden Gang, ihr weiches Lachen, ihre lässige, lebensfrohe Art. Wahrscheinlich liebte ich sie auch deshalb, weil sie so erfrischend anders waren als meine Verwandten in Höxter.

Wie in Trance stand ich auf und nahm ein Taxi.

Das McDonald's im Shopping Paulista fand ich auf Anhieb. Mit zitternden Knien ließ ich mich auf einen Barhocker sinken, die sich vorbeiwälzende Menschenmenge fest im Blick. Ich saugte an meinem Milkshake und musterte jeden ganz genau. Ich fühlte mich ein bisschen wie eine Privatdetektivin, aber leider war nicht ich die Beobachterin, sondern WURDE beobachtet. Das spürte ich genau.

Wie aus dem Nichts tauchte plötzlich ein recht gut aussehender, schlanker Schwarzer auf und gab mir die Hand. Ich schlug zögernd ein.

»Du bist Rita, nicht wahr?«

»Und du bist – der Bruder?«

»Genau.« Er lachte verschmitzt. *»Big brother is watching*

you«. Er zog ein Unterlid herunter und ließ mich das Weiße in seinem Auge sehen. »*Nice to meet you.*« Der Mann trug einen olivgrünen Parka und hatte eine schwarze Mütze auf dem Kopf, obwohl es im brasilianischen Mai gar nicht so kalt war. War das Tarnung? Oder einfach nur sein Markenzeichen? Er ließ sich katzengleich neben mich gleiten und sah sich gehetzt um. Seine langen Finger trommelten nervös auf die Tischplatte. Ich musterte ihn mit Argusaugen. Hatte er Ähnlichkeit mit Tony? Außer dass er schwarz war? Gut, er war auch ziemlich groß. Aber seine Gesichtszüge waren anders. Spitzer irgendwie. Nicht so weich. Aber das musste ja nichts heißen.

»Was weißt du von Tony? Lebt er?« Ich konnte mich vor Aufregung kaum noch auf dem Hocker halten.

Der Bruder sah mich lauernd an.

»Warum bist du in Brasilien, Rita?«

»Ähm … Weil du mir eine Nachricht zukommen lassen willst?«, krächzte ich. »Von Tony!«

»Ja?« Er sah sich wieder suchend um. »Wenn das deine Info ist, gern.«

»Ja, was willst du denn sonst von mir?«

»Ich will dir was geben.«

»Von Tony?« Mein Herz setzte einen Schlag aus!

»Ja, von Tony. Aber nicht hier.«

»Ähm … Kannst du mir mehr über Tony erzählen?«

»*Oh. Sure.* Er – lässt dich herzlich grüßen, Babe. Danke, dass du das machst.«

Babe. Er nannte mich Babe. Das ließ ich jetzt mal so stehen.

»Mehr nicht?« Ich starrte ihn mit offenem Mund an. »Kann ich ihn sehen?«

»Ähm, das ist wohl so nicht vorgesehen. Also meine Info ist …« Er schaute auf sein Handy und scrollte sich durch irgendwelche Nachrichten. »… du nimmst das Paket mit.«

»Welches Paket?«

»Und stellst keine Fragen.« Er sah mich aus rot geäderten Riesenaugen an und legte vielsagend den Finger auf den Mund.

»Raymond hat auch so was gesagt«, erwiderte ich. »Aber ich steig da nicht durch.«

Verwirrt starrte ich ihn an, und plötzlich änderten sich Blick und Tonfall.

»Deinem Sohn geht es gut, oder?«

»Ja.« Ratlos strich ich mir die Haare aus dem Gesicht. »Also, ich habe zumindest nichts Gegenteiliges gehört.«

Wieso fragte mich der Kerl auf einmal nach meinem Sohn? Marta!, dachte ich. Ich muss heute Abend unbedingt Marta anrufen.

»Ist ja auch *fucking shit* egal.« Eine unglaublich dicke Bedienstete räumte gerade stoisch Essensreste der Vorgänger weg und kippte alles in eine große Plastiktonne. Dann wischte sie routiniert über die Tischplatte, ohne uns eines Blickes zu würdigen.

»Wenn du der Bruder bist ...« Ich starrte den Mann an. »Wie heißt du überhaupt?«

»Nenn mich Frank.«

»Okay, Frank. Habe ich dich nicht damals in Ghana gesehen?« Ich kniff die Augen zusammen. Damals, als ich in Ghana war, um nach Tony zu suchen. Da hatte ich mit ziemlich vielen Typen zu tun gehabt, die mir alle weismachen wollten, Tony zu kennen. Und die mich alle heiraten wollten.

»Nee, Babe, das glaube ich nicht.«

Ich schluckte. Wieso war dieser Frank mir nicht geheuer? Und wieso wich er immer aus, wenn ich auf Tony zu sprechen kam?

»Bist du nun sein Bruder, oder nicht?!«

»Klar. Ich bin der Bruder. Ich schwör's!« Er hob zwei Finger und grinste. »Jetzt genug rumgequatscht. Wir haben was zu erledigen.«

Schon verließ er das Schnellrestaurant. Ich schluckte und fühlte mich wahnsinnig gedemütigt, als ich hinter dem großen Mann mit der Mütze herrannte, der mich keines Blickes mehr würdigte und durch die Menge davoneilte.

»Fuck!«, brüllte er plötzlich, als Polizisten mit Maschinengewehren im Anschlag durch die Shoppingmeile patrouillierten. Und schneller, als ich gucken konnte, war der lange Kerl im olivgrünen Parka mit der schwarzen Mütze im U-Bahnschacht verschwunden.

»Du bist so blass, Rita. Ist irgendwas nicht in Ordnung?«

Langbeinig saß die hübsche Clara im briefmarkenkurzen Röckchen neben mir auf dem Barhocker und nippte mit geschürzten Lippen an ihrem Drink. Oben auf der Bühne gab Jesús einen Soloabend am Piano. Die Leute lauschten andächtig.

Fast hätte ich ihr all mein Elend erzählt:

Dass ich Benni immer noch nicht erreicht hatte. Meinen heiß geliebten, hart erkämpften Sohn, der gerade erst aus den Fängen meiner mir feindlich gesinnten Familie entrissen worden und ausgerechnet bei Raymond geparkt war, dem ich seit Auftauchen seines »Cousins« Friday nicht mehr über den Weg traute.

Dass ich wahnsinnige Angst um Benni hatte.

Dass Raymond nicht an sein Handy ging.

Dass ich diesem Frank hier genauso wenig traute. Und vor dem heutigen Konzert schon versucht hatte, einen Rückflug nach Spanien zu bekommen.

Dass ich bescheuert gewesen war, Raymond zu glauben,

dass Tony noch lebte. Das war doch eine Falle, in die man mich locken wollte! Ich wusste nur noch nicht, in welche!

Aber das alles sagte ich Clara nicht. Ich kannte das hübsche, junge Ding schließlich erst seit drei Tagen. Sie hielt mich für eine toughe Managerin, die sich ihrer Sorgen annehmen würde.

Nicht umgekehrt.

»Ist Jesús nicht großartig?« Ihr strahlendes Lächeln war hinreißend.

»Ja. Das ist er.« An diesem Abend tanzte ich nur halbherzig, taumelte immer wieder zur Toilette, weil mir so schwindelig war. Ich spürte, dass ich blind in mein Unglück rannte. Und wurde trotzdem die Hoffnung nicht los, vielleicht bald schon vor Tony zu stehen.

Kaum im Hotelzimmer angekommen, riss ich das Handy heraus, um es zum hundertsten Mal bei Benni zu probieren. Wieder ohne Erfolg. Stattdessen blinkte mir eine SMS entgegen:

»Morgen, gleiche Zeit, gleicher Ort. Und keine Fragen.«

Sofort rief ich Marta an, die nach wie vor kein Lebenszeichen von Benni hatte.

»War er denn nicht in der Schule?«, schrie ich verzweifelt.

»Nein. Du weißt doch, dass die Jungs heute beim Fußballturnier in Málaga sind!«

»Oh. Ja. das hatte ich ganz vergessen.« Ich schluckte. »Und meldet sich Raúl auch nicht?«

»Raúl ist übers Wochenende zu seinem Vater nach Murcia gefahren. Sie haben ihn nicht aufgestellt, darüber ist er total sauer.«

»Kannst du ihn da erreichen?«

»Sie sind im Kino. Sein Handy ist aus.«

Es war zum Verzweifeln!

»Marta«, schluchzte ich. »Ich mache mir fürchterliche Sorgen. Irgendwas läuft da schief.«

»*Cálmate,* Rita, *cálmate.* Bestimmt ist Benni völlig in seiner Fußballsache gefangen. Der taucht schon wieder auf.«

»Mach's gut, Marta. Danke für deine tröstenden Worte.« Ein kleines bisschen beruhigter legte ich auf. Vielleicht hatte sie recht, und Benni hatte das Siegestor geschossen, wurde gerade gefeiert wie ein Held. Ich kniff die Augen zusammen und stellte mir vor, wie er auf Knien übers Gras rutschte und sich bekreuzigte, während sich zehn Sportsfreunde jubelnd auf ihn warfen. Wie sie ihn auf den Schultern einmal um den Platz trugen, ihm einen Pokal überreichten. Wie das Publikum ihm applaudierte. Und ich als seine Mutter war wieder mal nicht dabei. Er hatte allen Grund, meiner Familie in Deutschland zu erzählen, wie wenig ich mich um ihn kümmerte. Ich erstickte fast an Schuldgefühlen. Es war zum Verrücktwerden. Bestimmt hatte er auch deshalb »null Bock«, mich anzurufen.

Aber vielleicht würde ich morgen doch noch ein Lebenszeichen von Tony bekommen, der schließlich Bennis Vater war. Ich tat das hier schließlich auch für Benni, für unsere gemeinsame Zukunft.

Mich an diesen letzten Hoffnungszipfel klammernd, schlief ich irgendwann erschöpft ein.

7

São Paulo, Brasilien, 10. Mai 2005

Am nächsten Tag saß ich auf die Minute genau wieder im McDonald's im Shopping Paulista und schlürfte meinen Milkshake – das einzige Nahrungsmittel, bei dem sich mir nicht sofort der Magen umdrehte. Ich kam mir vor wie in »Und täglich grüßt das Murmeltier«, wo alles immer haargenau so abläuft wie am Vortag, als auf einmal wieder wie aus dem Nichts DER BRUDER vor mir stand. Wieder im olivgrünen Parka und mit seiner schwarzen Mütze auf dem Kopf.

»Rita. How are you?«

»Fine.«

»Let's go.«

»Wohin?«

»Keine Fragen.«

Diesmal folgte ich ihm in den U-Bahnschacht, in dem er vor vierundzwanzig Stunden fluchend verschwunden war. Er löste für mich ein Ticket mit, und ich schwang mich eilig durch das Drehkreuz. Er zerrte mich hinter sich her wie ein kleines Kind, das nicht Schritt halten kann. Im letzten Moment sprangen wir in ein quietschendes Ungeheuer, das in einem schwarzen Tunnel verschwand. Während der ganzen ruckeligen Fahrt beachtete mich Frank nicht und tat so, als würde er mich nicht kennen. Ich musterte scheu die anderen Reisenden, die sich aber keinen Deut um uns scherten. Alle starrten ins Leere oder auf ihre Handys. Die meisten hatten Kopfhörer auf. Nur die Älteren unterhielten sich noch miteinander. Oder auch mit sich selbst.

Schließlich sprang der Bruder giraffengleich aus der Bahn und bedeutete mir mit einem Kopfnicken, ihm schnellstens zu folgen. Kurz bevor sich die Türen schlossen, schlüpfte ich hinaus. Wir standen auf einem leeren Bahnsteig irgendwo in der Peripherie. Die Wände waren mit Graffitis besprüht, und überall türmten sich Abfall und Dreck.

»Mitkommen!«

Wieder eilte er langbeinig vor mir her und nahm immer drei Stufen auf einmal, während ich nervös hinter ihm her hoppelte.

»Warte hier.«

Der Bruder wies auf eine schmutzige Bank an einer verlassenen Bushaltestelle. Ein Ziegeldach bot Schutz gegen den Regen, der gerade eingesetzt hatte. Auf der anderen Straßenseite standen einige Schwarze mit Plastiktüten herum, aus denen sie sich gegenseitig Gegenstände reichten, die sie rasch in ihren wattierten Jacken verschwinden ließen. Sie musterten mich unauffällig, und ich tat so, als wäre ich mit meinem Handy beschäftigt. Frank eilte mit langen Schritten davon, und ganz gegen meine Gewohnheit suchte ich nervös in meiner Handtasche nach einer Zigarette. Ich war Gelegenheitsraucherin, gestattete mir höchstens ein, zwei Zigaretten am Tag, aber jetzt wusste ich mich nicht anders zu beruhigen.

Ob Frank jetzt Tony aus seinem Versteck holte? Ich kniff die Augen zusammen und betete inständig zu allen Mächten, dass es so sein möge. Dass gleich zwei schwarze Gestalten vor dem gleißenden Horizont auf mich zukommen würden, von denen einer Tony sein würde.

Wir würden uns weinend vor Glück in die Arme fallen,

und Tony würde mir sofort erklären, warum er sich und mich in diese Lage gebracht hatte.

Nach einer gefühlten Ewigkeit kam der Bruder allein zurück. Er mühte sich mit einer riesigen Plastiktüte ab, die den knallroten Aufdruck einer Billigmöbelfirma trug.

»Schlafen wie im Paradies« stand auf Portugiesisch darauf. Das Firmenlogo bestand aus einem Flamingo, der seinen Schnabel in seinem Federkleid vergraben hatte und auf einem Bein stand. Über seinem Kopf schwebten grelle Wölkchen und grinsende Smileys.

Ja, das würde ich auch mal wieder gern: sorglos durchschlafen.

Wo war Tony?

Der Bruder näherte sich keuchend und ließ seine schwere Last zu Boden fallen.

»Hier. Kannst du das tragen?«

»Wo ist Tony?«

»*Fuck you* mit deinem Tony. Ich hab den Auftrag, dir das hier zu übergeben. Für deinen Sohn. Mehr weiß ich nicht, okay?«

»Für meinen Sohn?«

Also war das Paket sehr wohl von Tony? Familienfotos? Ahnengeschichte?! Ein geheimnisvoller Schatz aus dem Familienerbe?

Vorsichtig stand ich auf und riskierte einen Blick in die riesige Tüte.

»Das ist – originalverpackte Bettwäsche!«

»Du hast es erfasst.«

»Uff. Das sind mindestens zehn Sets!«

»Schlaues Mädchen.«

»Aber was soll ich damit?«

»Die sind für deinen Sohn. Er wartet schon sehnsüchtig darauf.«

»Benni? Aber was soll der denn mit der ganzen Bettwäsche?« Kurz dachte ich, dass er es vielleicht für seine Fußballmannschaft brauchen konnte. Mannschaftsbettwäsche mit einem Fußball-Logo. Ein Männertraum, von dem ich keine Ahnung hatte.

»Keine Fragen.« Frank ließ sich auf die Bank fallen, die einmal grün gewesen war. »Hier sind deine neuen Flugtickets.«

»Wie bitte?« Ich starrte darauf. »Ich hab aber doch schon ein Rückflugticket.« In drei Tagen war es so weit. Nur noch drei Tage!! Heute Abend war ich wieder mit »Salsa Som« verabredet.

»Du fliegst noch heute.«

»Ja?« Mein Herz hüpfte höher. »Ich fliege heute? Nach Spanien?«

»Nach Amsterdam.«

Ich zuckte zusammen. »Was soll ich denn da?«

»Tony ...?« Frank lächelte.

Mir blieb der Mund offen stehen. Tony war in Amsterdam? Also doch? Er lebte?!

»Ich verstehe nicht ...«

»Du sollst auch gar nichts verstehen, Rita. Du sollst einfach nur tun, was ich dir sage. Klar?«

Er suchte seinerseits nach einer Zigarette und zündete sie sich an. Ich sah, wie seine Finger zitterten.

»Tony ist in Amsterdam!«, murmelte ich fassungslos. »Warum habt ihr mich dann nach São Paulo bestellt?«

»Das weiß ich nicht. Es ist mir auch scheißegal. So.« Er breitete das neue Flugticket vor mir aus und tippte mit seinem schwarzen Finger darauf, der mich so an Tonys vertraute Hand erinnerte. »Du fliegst erster Klasse. Einladung vom Boss.«

»Aber ...« Ich schluckte. Tatsächlich. Es war ein First-Class-

Ticket. Über Zürich nach Brüssel, wo ich dann einen Zug nach Amsterdam besteigen sollte.

»Warum ... Ich meine, so ein Umstand ... Ich denke, das Paket ist für Benni.«

»Du stellst ja schon wieder Fragen! Wenn du erster Klasse fliegst, stehst du nicht stundenlang für jeden sichtbar in der Schlange!«, schnauzte er mich sauer an. »Dann musst du nicht durch diese ganzen Scheiß-Kontrollen, okay?!« Er fuchtelte ungeduldig vor mir herum wie ein Springteufel.

»Du meinst, ich muss nicht durch den Zoll?« Ich tippte mir an die Stirn. »Jeder muss durch den Zoll! Auch First-Class-Passagiere!«

»Aber so geht es schneller, kapiert? Du checkst ein, peng, zack, die holen deinen Koffer ab, und du setzt dich gemütlich in die Lounge!«

»Ich bin doch nicht auf der Nudelsuppe dahergeschwommen ...« Misstrauisch starrte ich ihn an. »Da ist doch was faul!«

»Freu dich lieber, dass du deinem Sohn ein Geschenk mitbringen kannst«, sagte Frank mit drohendem Unterton.

Ich presste die Lippen zusammen und schlotterte. Nicht nur vor Angst, sondern auch vor Kälte. Hier blies ein sehr ungemütlicher Wind.

Das war keine Bettwäsche. Jedenfalls nicht NUR.

Wer ist der Boss?, schoss es mir plötzlich durch den Kopf.

Raymond. Das war alles auf seinem Mist gewachsen. Die dumpfe Ahnung, die mich schon die ganze Zeit verfolgt hatte, wurde Gewissheit.

Okay. Aber nicht mit mir. Auf diese Bettwäsche konnte ich gut verzichten.

Raymond sollte mich kennenlernen. Ich würde das Zeug in der nächsten Mülltonne entsorgen. Aber den First-Class-Flug zurück zu meinem Kind nahm ich dankend an.

»Und wehe, du ›vergisst‹ das Geschenk irgendwo! Dann wird es deinem Sohn sehr schlecht gehen! Ist das klar?!«

Der Kerl konnte Gedanken lesen. Natürlich hatte ich diese Tüte unauffällig stehen lassen wollen. Genau das war mein Plan gewesen! Heute abhauen. Oder mich noch drei Tage bei meinen neuen Freunden verstecken. Um dann mit meinem ursprünglichen Ticket wie geplant nach Hause zu fliegen. Es musste doch möglich sein, mich aus den Fängen dieser Rauschgiftbande zu befreien!

»Wenn du es nicht tragen kannst, verteil es auf zwei Tüten.« Frank zog eine weitere Riesentüte aus der Parkatasche und pfefferte sie mir hin.

»So! Und jetzt pack deinen Arsch zum Flughafen und zieh das Ding durch!«

Er stopfte die Hände in die Parkataschen und stapfte davon.

»Frank«, schrie ich verzweifelt hinter ihm her. »Hilf mir, bitte! Lass mich mit dieser Scheiße nicht allein!«

Er blieb stehen, drehte sich langsam um und lachte. »Ich bin nicht Frank.«

»Aber du hast doch gesagt, du bist Tonys Bruder …« Ich glaubte schon selbst nicht mehr daran. Meine Illusion, an die ich mich geklammert hatte wie eine Ertrinkende an einen Strohhalm, löste sich in Luft auf. Zurück blieb die hässliche Vorstadt am Horizont. Die Wirklichkeit. Die grausame Realität.

Ich war in eine entsetzliche Falle hineingeraten. Sie hatten meinen Sohn!

Der Kerl kam zurückgeschlendert und grinste mich an wie ein Schakal.

»Ich habe nie gesagt, dass ich Tonys Bruder bin. Und ich heiße auch nicht Frank.«

»Aber wer bist du dann?«

»Mein Name ist Monday.« Er lachte wie eine Hyäne. »Jetzt weiß du also, wessen Bruder ich bin. Und übrigens: Deinem Sohn geht es gut. NOCH.« Er kicherte wie ein Mädchen und war im Nu verschwunden.

Auf meiner mühsamen Rückfahrt in die Innenstadt war ich mehrmals versucht, diese verdammten sperrigen Riesentüten mit dem zweifelhaften Inhalt irgendwo »zu entsorgen«.

Aber Mondays eindrückliche Warnung hielt mich davon ab.

Sie hatten Benni. Nur deshalb hatte ihn Raymond zurückgeholt. Das Ganze war von langer Hand geplant gewesen.

Zitternd und schluchzend schleppte ich das schwere Zeug in die Hotelhalle, fuhr mit dem ruckelnden Aufzug nach oben, packte meine Siebensachen, warf noch einen letzten Blick auf das Display meines Handys, das einen geradezu scheintoten Eindruck machte, und ließ mich zum Flughafen fahren.

Einer Eingebung folgend, hatte ich unterwegs noch einen ganzen Stapel Hotelhandtücher, Bettvorleger, Saunatücher und Bademäntel gekauft, dazu einen zweiten großen Rollkoffer, in den ich all meine »Hotelzubehör-Einkäufe« verstaute. Meine Quittungen lagen offen obenauf.

Hoch erhobenen Hauptes betrat ich um halb neun Uhr abends den Flughafen. Ich war eine Business Lady aus der gehobenen Gastronomie, die hier in São Paulo für ihr kleines Strandhotel in Torremolinos günstig eingekauft hatte. So! Das Gegenteil sollte mir erst mal einer beweisen.

Außerdem hatte ich die Flyer von »Salsa Som« in der Handtasche, denn als Hotelbesitzerin hatte ich diese Band für die nächste Sommersaison engagiert, wie sie der Polizei gegenüber zweifellos bestätigen würden. Ich würde das schaffen. Wer war ich denn?! Rita aus Höxter – klein, aber oho!

So rollte ich meine bombenschweren Koffer direkt vor den First-Class-Schalter, während sich rechts von mir zwei lange Economy-Schlangen zentimeterweise vorwärtsschoben. Gott sei Dank muss ich da jetzt nicht zwei Stunden in aller Öffentlichkeit rumstehen!, dachte ich und spähte nervös über die Schulter. Schließlich patrouillierten überall Polizisten mit Suchhunden, die an den Koffern schnüffelten.

Ich warf meine blonde Mähne lässig nach hinten und riskierte einen bewusst herablassenden Seitenblick. Ab sofort würde ich meine Rolle perfekt spielen.

Dass mir das Herz buchstäblich aus der Brust sprang und in meinen Ohren ein schriller Dauerton gellte, ging hier schließlich keinen was an.

Uff! Den ersten schweren Koffer hatte ich bereits aufs Band gewuchtet. Mein Gott, es konnte doch wohl jeder sehen, dass ich kaum mehr wog als dieses Monstrum hier!

Hallo? Das war der Erste-Klasse-Schalter, da war es doch wohl nicht zu viel verlangt, dass einer so zierlichen Frau wie mir mal geholfen wurde, oder?

Mein Puls raste. Ob vor Anstrengung oder innerer Anspannung vermochte ich nicht mehr zu unterscheiden.

Die Dame am Schalter stellte mir gerade eine Bordkarte aus.

»Wir setzen Sie in die erste Reihe und lassen den Nebensitz frei.«

Na bitte. Geht doch. Ich trat einen Schritt zurück, um auch noch DEN ANDEREN KOFFER aufs Band zu wuchten. Da sprang endlich ein hilfsbereiter Mann herbei.

Ganz dicht an meinem Ohr sagte er leise irgendwas.

»Polish?« Wie jetzt? Sollte das eine Anmache sein? Kein Bedarf.

»Nix Polish. Aber Sie können mir trotzdem gern helfen, danke.«

Jetzt die Rolle der reichen Business-Lady in Würde weiterspielen! Hielt der mich für eine polnische Escort-Lady, oder was? Na gut, ich hatte meine hochhackigen Stiefel an, die mir einfach ein wenig mehr Würde verliehen und mich etwas größer erscheinen ließen. In wenigen Minuten würde ich relaxt in der Lounge sitzen und SCHWOR mir, das mit einem Glas Champagner zu feiern.

Ich trat beiseite, um dem Mann meinen Koffer zu überlassen. »Bitte sehr. Vielen Dank.«

Tatsächlich nahm der Mann den Koffer.

Doch er legte ihn nicht aufs Band, sondern …

»He! Was soll das?«

»Police«, sagte der Kerl, und plötzlich begann sich alles um mich herum zu drehen.

»Ich habe schon auf Sie gewartet.«

Eine goldene Dienstmarke blitzte vor meinen Augen auf.

»Wir haben einen Hinweis erhalten«, radebrechte er in schlechtem Englisch. »Mit Ihrer genauen Personenbeschreibung.«

Der Mann beugte sich vor und sprach leise Portugiesisch mit der Angestellten, die meinen ersten Koffer bereits auf das Förderband geschickt hatte. Mit fragendem Blick stand sie auf und ließ das Band rückwärts fahren. Mit einem merkwürdigen Seitenblick auf mich händigte sie dem Mann auch diesen Koffer aus. Dann zerriss sie meine Bordkarte. Mir wurde augenblicklich schlecht. Der schrille Ton in meinen Ohren schwoll an, mein Atem ging flach, und vor meinen Augen tanzten Sterne.

»Folgen Sie mir unauffällig.«

Der Mann stapelte meine beiden Koffer auf einen Gepäckwagen und schob mit ihnen ab.

Ich warf der Frau einen hilfesuchenden Blick zu, doch sie griff zum Telefon und schien sich nicht mit mir verbünden zu wollen.

Mir wollten die Tränen kommen. Alle Leute in der Economy-Schlange starrten mich an! Ich wäre am liebsten im Erdboden versunken.

Dennoch riss ich mich zusammen, drückte das Kreuz durch und stiefelte hoch erhobenen Hauptes hinter diesem Mann her.

Er ist einfach nur mein Ehemann, der mich noch auf einen Kaffee einladen will. So! Das sollt ihr denken. Und nichts anderes.

Plötzlich tauchten wie aus dem Nichts mehrere uniformierte Polizisten auf, die Schäferhunde an der Leine führten.

Die Hunde schnüffelten an den Koffern und stießen ein ohrenbetäubendes Bellen aus. O Gott! Alle Leute guckten, tuschelten und zeigten auf mich!

Ich wollte tot umfallen!

Hatte er nicht gesagt, »unauffällig«?

Lieber Gott, bitte lass mich sterben.

Oder mach, dass das nur ein fürchterlicher Albtraum ist. Mach, dass ich gleich unter diesem bretharten Laken erwache. Nein, lass mich zu Hause aufwachen, in meinem Apartment in Torremolinos! Auch wenn Tony tot ist: Ich will es hinnehmen und einfach nur normal weiterleben!

Der Polizist öffnete eine Eisentür und schob mich mitsamt dem Gepäckwagen in einen kahlen Raum, in dessen Mitte ein langer Tisch stand.

Die Hunde jaulten draußen weiter, als würde man ihnen eine fette Fleischwurst vorenthalten.

Meine Knie zitterten so sehr, dass ich gegen die nackte Wand taumelte. Das Rauschen in meinem Kopf war zu einem Orkan angeschwollen. Ein stechender Schmerz wie von einem Messer fuhr mir zwischen die Augen.

Doch das Messer hatte der Mann in der Hand.

Ohne mit der Wimper zu zucken, ließ er den richtigen Koffer aufschnappen, zog die Bettwäsche-Sets heraus und schnitt sie zielsicher auf.

Sofort rieselte weißes Kokain heraus wie Mehl. Es häufte sich auf dem Tisch und auf dem gefliesten Fußboden, als hätte jemand beim Backen eine Schweinerei gemacht.

Draußen warfen sich die Hunde gegen die Tür, als würde hier ihr Festmahl verspeist. Der surrende Ton in meinem Kopf schwoll zu einer Sirene an, oder hatte jemand auf den Alarmknopf an der Wand gedrückt?

Mehrere uniformierte Personen tauchten plötzlich auf.

Kameras klickten, oder waren es Handschellen? Doch. Sie fotografierten mich. Auf frischer Tat ertappt.

Ich kam mir vor wie in einem schlechten Film. Kaltes Metall schnitt mir in die Handgelenke. Ich starrte tränenblind darauf, ließ in meinem Schockzustand alles passiv über mich ergehen. Täuschte ich mich, oder begann eine Polizistin hämisch zu grinsen?

Ich war kurz davor, mir vor Angst in die Hose zu machen.

Plötzlich hörte ich eine innere Stimme. Die Stimme der Gerechtigkeit. Du hast nichts Böses getan, Rita! Du kannst alles erklären. Lass dir das hier nicht gefallen. Lass es nicht einfach so geschehen. Du musst jetzt stark sein. Für Benni.

Ich öffnete den Mund und hörte mich heiser krächzen: »Davon habe ich nichts gewusst!«

Die Polizisten redeten miteinander und schenkten mir keinerlei Beachtung.

»Hier. Unterschreiben Sie das!«

Jemand knallte mir ein Klemmbrett mit einer Liste auf den Tisch.

»Wie? Was ist das?« Ich versuchte, die hingekrakelten portugiesischen Worte zu entziffern.

»Das ist eine Liste mit Ihren persönlichen Gegenständen. Vierhundert Euro, dreißig Reais, eine Digitalkamera und ein Handy.«

»Das ist aber nur ein kleiner Teil meines Gepäcks …«

»Unterschreiben Sie!«

Ein Kugelschreiber zielte auf meine Stirn wie ein Revolver.

Als ich endlich realisierte, dass ich in der Falle saß wie ein Tier und keine Chance hatte, diesem Albtraum zu entkommen, brach ich in verzweifeltes Schluchzen aus.

»Ich bin unschuldig! Ich weiß nichts von dem Zeug! Bitte lasst mich nach Hause fliegen! Ich lasse euch das Gepäck hier, lasst mich gehen! Ich habe einen Sohn, ich habe nichts getan!«

Doch es half alles nichts.

Wie in Trance nahm ich wahr, dass ich an den Schultern gepackt und vor aller Augen durch die Flughafenhalle ins Freie geführt wurde, wo schon ein vergittertes Polizeifahrzeug auf mich wartete. Ich fühlte mich so gedemütigt wie noch nie in meinem Leben.

8

São Paulo, Brasilien, 10. Mai 2005,
irgendwann gegen Mitternacht

In rasender Geschwindigkeit ging es nun durchs nächtliche São Paulo.

Ich saß neben der hämisch grinsenden Polizistin von vorhin. Wahrscheinlich war sie nur dabei, um irgendwann auszusagen, man habe mich als Frau nicht unsittlich angefasst oder sonst wie belästigt.

Der Polizist, der mich überführt hatte, saß am Steuer und fuhr wie ein Henker.

Auf dem Beifahrersitz saß ein Kollege mit bulliger Statur und Vollglatze. Er drehte sich zu mir um: »Flavio ist ein Tier. Wenn der einmal Kokain gerochen hat, gehen mit ihm die Pferde durch.«

Ich schluchzte und versuchte, mich mit gefesselten Händen an einer Schlaufe festzuhalten. Die Frau neben mir roch unangenehm. Meinen eigenen Angstschweiß roch ich auch. Und ich war mir nicht sicher, ob ich mir inzwischen nicht doch in die Hose gemacht hatte.

Sirenen heulten, Ampeln schalteten von Grün auf Gelb auf Rot, und Flavio wechselte zwischen Höchstgeschwindigkeit und Vollbremsung. Mein Oberkörper wurde nach vorn in den Gurt geschleudert, um Sekunden später wieder gegen die Rückbank gepresst zu werden.

O Gott!, ging es mir immer wieder durch den Kopf. Lass

mich auf der Stelle sterben. Lass ein Auto in uns reinkrachen und mach diesem Albtraum ein Ende. Lass mich genauso sterben wie Tony. Dann hab ich es hinter mir.

»Eh, Flavio, sie kotzt gleich!«

Der Beifahrer hatte wieder einen Blick nach hinten riskiert. »Sie ist weiß wie die Wand. Wenn du sie lebend abliefern willst, fahr gefälligst langsamer.«

Nach gefühlten Stunden – ich bildete mir bereits ein, die Morgendämmerung am Horizont zu sehen – hielt Flavio mit quietschenden Reifen auf einem Parkplatz. Auf dem schäbigen Gebäude, in dem nur zwei Fenster von weißgrünem Licht erhellt waren, prangten die Buchstaben »DENARC.«

»Drogenbekämpfungsstelle São Paulo«, übersetzte der bullige Beifahrer. »Alles aussteigen.«

Die Polizistin hüpfte raus und steckte sich sofort eine Zigarette an. Sie holte ihr Handy aus der Tasche und sprach aufgeregt hinein.

»Was ist?« Flavio riss die hintere Tür auf. »Braucht die gnädige Frau eine Extraeinladung?«

Mit Brechreiz kämpfend, glitt ich von meinem feuchten Sitz. War das mein Schweiß oder doch das, was ich befürchtete?

Meine Beine schlotterten wie Espenlaub, während der Beifahrer meine beiden Koffer aus dem Kofferraum wuchtete.

»Die trägt sie selbst.« Flavio warf sie mir vor die Füße.

»Aber Flavio, sie kann doch nicht …«

»Ich bin hier der Boss!«

Die Frau steckte ihr Handy ein, griff nach meiner Handtasche und hängte sie sich um.

O Gott, nein, das war mein letzter Halt, mein Geld, meine Identität …

»Los! Schneller!« Flavio versetzte mir einen Stoß, und bibbernd vor Angst und Kälte zerrte ich einen Rollkoffer mit

Handschellen über den schmuddeligen Parkplatz. Eine Ratte huschte vorbei.

»Hier! Den anderen auch!«

»Aber Flavio, wie soll sie denn …«

»Halt's Maul! Wer Rauschgift schmuggeln kann, kann auch sein Gepäck selber ziehen!«

Halb zog ich ihn, halb sank ich hin. Der bullige Beifahrer, von dem ich inzwischen wusste, dass er Manuel hieß, half mir. Ich kam mir vor wie Jesus mit dem Kreuz. Fehlte nur noch Veronica mit dem Schweißtuch, aber die interessierte sich mehr für meine Handtasche, in der sie eifrig herumwühlte.

Im dunklen Flur des Gebäudes roch es nach Metall und Urin. Eine milchige Uhr an der grün gestrichenen Wand zeigte, dass es kurz vor vier Uhr morgens war. Ich hatte entsetzlichen Durst.

»Hier rein.« Flavio stieß mich in einen Vernehmungsraum, zwang mich in die Hocke und kettete mich mit den Handschellen an einen Heizkörper.

Es begannen endlose Verhöre, die mich jedes Zeitgefühl verlieren ließen.

Flavio schnauzte mich an, erst auf Portugiesisch, was mich zwang, auf Spanisch zu antworten, das er angeblich nicht verstand.

Dann in sehr schlechtem Englisch, das ich wiederum kaum verstand.

Ich stammelte weinend, dass ich nichts von dem Rauschgift gewusst habe. *»I did not know anything about the stuff! Somebody gave it to me as a gift!«*

»Wer?«

Ich biss mir auf die Lippen. Raymonds Namen würde ich hier nicht nennen. Er hatte schließlich Benni in seiner Gewalt.

»Wer hat dir die Bettwäschesets gegeben?«, brüllte Flavio.

»Ein Schwarzer namens Frank.«

»Frank weiter?«

»Keine Ahnung!«

Plötzlich fiel mir ein, dass er ja gar nicht Frank hieß!

»Er hieß Monday!«, platzte es aus mir heraus.

Flavio hieb mit der Faust auf den Tisch.

»Ja, was denn jetzt? Rede, Frau! Sonst prügel ich es aus dir heraus!«

»Er hieß Frank«, wiederholte ich tapfer. »Er war Schwarzafrikaner. Mehr weiß ich nicht.«

»Wieso hast du mit ihm geredet?«

»Er hat mich angesprochen.«

»Wieso bist du mit ihm in den Vorort gefahren?«

»Ich … Ich weiß es nicht!«

»Da ist doch was faul! Da stinkt doch was zum Himmel!« Flavio brüllte, dass die Wände wackelten. »Ich lass mich doch hier nicht verscheißern!«

»Flavio!«

»Halt's Maul, Manuel! Sie lügt wie gedruckt!«

Flavio sprang auf, machte ein paar wütende Schritte auf mich zu und holte aus, als wolle er mir eine scheuern.

Wimmernd zog ich den Kopf ein.

»Flavio!« Der bullige Manuel spuckte auf den Boden. »Beherrsch dich!«

»Verdammt! Ich mach's ja nicht! SIE haben selbst gesehen, dass ich sie nicht angerührt habe!«, brüllte er die Polizistin an.

Die nickte und scrollte sich neugierig durch mein Handy.

Schnaufend ließ Flavio sich in seinen Schreibtischstuhl fallen und zeigte auf meine protokollierten Aussagen.

»Also noch mal von vorn. Wo haben Sie den Typen getroffen?«

»Bei McDonald's.«

»Zufällig, oder was?!«

»Er hat mich vorher angerufen.«

»Woher hatte er Ihre Nummer?«

»Weiß ich auch nicht, ich war selber ganz überrascht!«

»Was hat er gesagt?«

»Er hätte eine Nachricht von Tony.«

»Wer zum Himmel ist Tony?«

»Mein Freund«, wimmerte ich nun doch los. »Der vor drei Monaten tödlich verunglückt ist!«

»Ja, wie denn jetzt? Ist er tot, oder kann er noch Nachrichten verschicken?«

»Ich weiß es nicht! Ich habe gehofft, dass er noch lebt!«

»Die Frau ist doch komplett bescheuert«, schrie Flavio. »Die verarscht uns doch hier die ganze Zeit!«

»Ich wurde selber verarscht«, brüllte ich verzweifelt.

»Und dann?!«

»Bin ich ihm in die Vorstadt gefolgt.«

»Und dann?!«

»Habe ich auf ihn gewartet. An einer Bushaltestelle.«

»Und weiter?!«

»Dann kam er zurück und brachte die Bettwäsche.«

»Die Sie dann genommen haben.«

»Ja. Aber ich habe nicht gewusst ...« Ich biss mir auf die Lippen. »Er hat gesagt, das sei ein Geschenk von Tony für meinen Sohn ...«

»Und Sie sind treudoof damit zum Flughafen, schön an den Erste-Klasse-Schalter?!«

»Ich dachte wirklich, dass es Bettwäsche ist!« O Gott, ich glaubte es ja selber nicht!

»Ja, halten Sie mich für BLÖD?«

»Es tut mir wahnsinnig leid, ich habe nicht nachgedacht!«

»Dazu werden Sie noch reichlich Gelegenheit haben!«

So ging es stundenlang hin und her. Ich hockte wimmernd vor der Heizung und stumpfte irgendwann so ab, dass aus Angst Trotz wurde.

»Ich sage gar nichts mehr. Ich will einen Anwalt.«

Flavio sprang auf und bedeutete seinem Untergebenen, mitzukommen.

Meine Hoffnung, losgekettet zu werden, schwand, als die beiden meine Koffer wegschleppten.

»Die Kollegen dürften inzwischen da sein.«

Die Uhr an der Wand zeigte inzwischen kurz nach acht an.

Die Polizistin nahm lässig auf Flavios Drehstuhl Platz, zog einen Kaugummi aus meiner Handtasche und begann, lasziv zu schmatzen und Blasen zu machen. Peng!, ließ sie sie zerplatzen und kaute weiter. Ihr Blick auf mich kleines Häufchen Elend schien zu sagen: Du dämliche Kuh hast es echt nicht besser verdient.

»Ich hab es nicht getan«, stammelte ich überflüssigerweise. »Der Typ hat gesagt, es ist ein Geschenk für meinen Sohn.«

Sie verdrehte genervt die Augen.

Die Erschöpfung lähmte Körper und Geist. Dass ich nicht auf die Toilette musste, sagte mir, dass ich das tatsächlich unbewusst schon erledigt hatte. Meine Klamotten waren kalt und klamm, und ich hatte Angst, wahnsinnig zu werden.

Ich hatte Schüttelfrost. Ich brauchte einen Arzt. Ich würde hier noch kollabieren.

»Helfen Sie mir!«, flehte ich die Polizistin an, aber die feilte sich inzwischen mit meiner Nagelfeile die Nägel.

Ich hätte ihr fünfzig Euro für einen Kaugummi gegeben, nur um diesen trockenen Mund loszuwerden. Ich konnte meinen eigenen schlechten Atem riechen. Doch ich hatte kein Geld mehr bei mir.

Plötzlich öffnete sich die Tür erneut. Es war der bullige Manuel, der erstaunlich wendig hereinschlüpfte.

Er bückte sich, löste meine Handschellen und half mir auf. Ich taumelte, als hätte ich keine Beine mehr. Manuel trug mich mehr, als dass er mich führte, und setzte mich auf einen Stuhl. Er bedeutete seiner Kollegin zu schweigen und verschwand genauso schnell, wie er gekommen war.

Jetzt saß ich der Polizistin gegenüber, die bisher noch kein einziges Wort mit mir gesprochen hatte.

Auf ihrem Schoß stand meine Handtasche. Plötzlich fiel mir ein, dass eine Dose Cola drin war. Und eine Packung Kekse für den Flug!

»Kannst du mir meine Handtasche geben?«

Bittend sah ich sie an. Keine Reaktion. Hatte sie mich nicht verstanden?

»Coca Cola«, sagte ich und deutete darauf. *»Please.«*

Ich leckte mir über die ausgedörrten Lippen.

Wie in Zeitlupe ließ sie die Schlösser der Handtasche aufschnappen. Sie nahm die Dose Cola heraus und stellte die Packung Kekse auf den Tisch. Ohne den Blick von mir abzuwenden, öffnete sie die Cola und setzte sie an ihre Lippen. Vor meinen Augen trank sie die ganze Dose aus, glucksend und schmatzend.

Dann riss sie die Kekspackung auf und verspeiste einen Keks nach dem anderen. Schweigend. Ohne mich aus den Augen zu lassen.

Laute Schritte auf dem Gang ließen mich zusammenzucken.

Flavio riss die Tür auf und brüllte die Frau an: »Was soll das? Hast du sie etwa losgebunden?«

Die Polizistin zuckte nur mit den Schultern und setzte eine Unschuldsmine auf.

»Los! Sofort wieder runter an die Heizung!«

Er zwang mich wieder auf den Fußboden. Ganz unten am Heizungsrohr kettete er mich wieder an.

»Ja, wo sind wir denn hier?! Das ist kein Damenkränzchen!« Wütend fegte er die Kekspackung und die leere Dose vom Schreibtisch. Er hatte fast Schaum vor dem Mund, als er mit der Faust vor meinem Gesicht herumfuchtelte:

»Drei Kilo reines Kokain! Dafür kommst du mindestens fünf Jahre in den Knast! Gewöhn dich schon mal dran, dass es da kein Kaffeekränzchen gibt!«

Ich wimmerte wie ein getretenes Tier. Tränen und Rotz schossen mir aus Augen und Nase, ohne dass ich sie abwischen konnte.

Flavio wandte sich angewidert ab, schaute auf die Uhr und sagte plötzlich: »So. Frühstückspause.«

Tatsächlich glaubte ich Kaffeeduft wahrzunehmen. Ich hoffte auf ein bisschen Menschlichkeit, doch die drei Gestalten schienen mich überhaupt nicht wahrzunehmen. Wie auf Kommando verließen sie den Raum und schlossen von außen ab.

Ich hörte sie plaudernd und lachend den Gang hinuntergehen.

Ich war der einsamste Mensch der Welt. Beim Gedanken an Benni presste ich meine Stirn auf den kalten Fußboden und weinte, bis ich keine Tränen mehr hatte.

Stunden später kam erneut der bullige Manuel herein, half mir auf und schleifte mich in einen anderen Raum, wo er stumm auf einen Stuhl deutete. Völlig apathisch sank ich darauf. Es war inzwischen bestimmt Mittag oder Nachmittag. Vielleicht hatte Manuel NOCH Dienst, vielleicht aber auch SCHON WIEDER. Er nahm jeden meiner Finger und rollte sie über ein Stempelkissen, bevor er sie auf ein vorbereitetes Blatt Papier drückte.

»Darf ich telefonieren?«, hauchte ich.

Keine Reaktion. Manuel tat so, als hätte er nichts gehört.

»Bitte, bitte?« Ich wimmerte. »Ich habe einen Sohn!«

In Manuels Gesicht zuckte ein Muskel. Er sah prüfend zur Tür.

»Um minuto.«

Er reichte mir sein Handy.

Ich konnte es gar nicht bedienen, meine Finger gehorchten mir nicht mehr.

»Número.«

Ich diktierte sie ihm auf Spanisch.

»No alemão!«, befahl er, als das erlösende Freizeichen ertönte.

»Digame!«

Oh, Martas warme Stimme schmiegte sich mir an die Wange wie ein weiches Kissen.

»Marta, ich bin's, Rita!« Hatte ich geglaubt, keine Tränen mehr zu haben – jetzt flossen sie wieder.

»Rita! Ich habe mir Sorgen gemacht! Du wolltest doch gestern schon anrufen!«

»Marta, ich stecke in entsetzlichen Schwierigkeiten«, schluchzte ich, dass es mich nur so schüttelte.

»Qué ha pasado?!«

»Man hat mich mit Kokain erwischt. Das hat mir jemand untergeschoben, Marta, sie stecken mich ins Gefängnis …«

Manuel streckte bereits fordernd die Hand nach seinem Handy aus.

»Marta, ich flehe dich an, hol Benni zu dir! Lass ihn nicht mehr zu Raymond! Und hüte dich vor diesem Friday! Sein Bruder Monday hat mir …«

»Ich hol die Polizei!«

»Marta, Raymond ist gefährlich, er hat mir eine Falle …«

Manuel riss mir das Handy aus der Hand.

»Ich tue, was ich kann«, war das Letzte, was ich noch hörte, bevor Manuel das Handy hastig in seine Hosentasche gleiten ließ und Flavio die Tür aufriss.

»Wieso hat sie keine Handschellen?«

Manuel wies stumm auf die frischen Fingerabdrücke.

»Mitkommen!« Flavio befahl mich mit einer herrischen Kopfbewegung zurück in den ersten Vernehmungsraum. Schon stellte ich mich wieder darauf ein, erneut an die Heizung gekettet zu werden, aber er pfefferte nur ein mehrseitiges Protokoll auf den Schreibtisch.

»Unterschreiben!«

»Darf ich es zuerst lesen?«

Nur in Anbetracht der Tatsache, dass Manuel und seine Kollegin wieder im Türrahmen erschienen waren, willigte er gnädig ein.

Ich überflog die eng beschriebenen Seiten, auf denen meine angeblichen Aussagen auf Portugiesisch festgehalten waren.

»Kannst du sowieso nicht lesen, *alemã!*«

Ich kniff die Augen zusammen und entzifferte Wort für Wort das Schreiben. *Português* ist in geschriebener Form dem Spanischen nicht unähnlich. Nur die weiche Aussprache hat mit dem eher harten Spanisch nicht viel gemein.

Was da stand, war eine einzige Katastrophe.

»Hiermit erkläre ich, Rita Rosario, dass ich auf jeden Kontakt mit dem deutschen Konsulat verzichte, keine Hilfe von Anwälten in Anspruch nehme und keine Gespräche mit Verwandten oder Freunden in der Heimat führen werde.«

»Das unterschreibe ich nicht«, stieß ich empört aus.

Und brachte Flavio endgültig zur Weißglut.

In den höchsten Tönen brüllte er auf mich ein, hob die Faust und ließ sie knapp neben meinem Kopf auf den Schreibtisch krachen. Sein Mund war ganz nah an meinem Gesicht, und ich spürte Spucketröpfchen auf der Stirn.

»Wenn du meinst, dass wir uns stundenlang mit dir abgemüht haben, nur weil es uns Spaß macht, du dumme Gans, dann zeige ich dir, was mir wirklich Spaß macht!«

Dieses ohrenbetäubende Gebrüll schüchterte mich dermaßen ein, dass ich heulend über dem Protokoll zusammenbrach.

»Hier!!« Er riss meine Hand hoch und drückte einen Kugelschreiber hinein.

Wie durch Zauberei waren Manuel und die Polizistin auf einmal verschwunden.

»Oder du verbringst den Rest deines Lebens an diesem Heizungsrohr!«

Tränenblind und mit klappernden Zähnen unterschrieb ich.

Was hatte ich noch zu verlieren?

Wiederum Stunden später – mein Zeitgefühl hatte mich inzwischen endgültig verlassen – schob mir ein inzwischen gemäßigter Flavio, der vielleicht seine Frau verprügelt oder eine Runde Squash gespielt hatte, einen alten Telefonapparat mit Wählscheibe vor die Brust.

»So. Du kannst das deutsche Konsulat anrufen. Fünf Minuten.«

Manuel hatte bereits für mich gewählt und drückte mir den Hörer in die Hand.

Eine Sekretärin meldete sich, erst auf Portugiesisch, dann auf Deutsch. »Deutsches Konsulat São Paulo, Silvia Heller, was kann ich für Sie tun?«

Als ich die deutsche Frauenstimme hörte, quoll ein erneuter Tränenschwall aus mir heraus.

»Rita Rosario, man hält mich hier wegen Rauschgiftschmuggels fest, aber ich bin unschuldig! Bitte helfen Sie mir!«, heulte ich und klammerte mich an die Telefonschnur. »Ich habe einen Sohn, der ist doch erst dreizehn!«

»Beruhigen Sie sich erst mal! Hallo! Sie sollen sich beruhigen!«

»Bitte kommen Sie sofort und holen mich hier raus!«, schrie ich schluchzend.

»So einfach geht das nicht!«

»Ich brauche den Konsul!«

»Der Konsul ist nicht im Haus.«

»Bitte, bitte, bitte … Sie wollen mich für vier Jahre ins Gefängnis stecken, aber ich habe nichts getan …«

»Sie müssen sich wohl damit abfinden, daran ist jetzt nichts zu ändern.«

»Bitte! Schicken Sie mir irgendjemanden, der mir hilft«, flehte ich mit letzter Kraft.

»Sie scheinen für Ihre Lage selbst verantwortlich zu sein.« Ihre Stimme war eiskalt.

»Ich brauche einen Anwalt! Bitte lassen Sie mich nicht allein …«

»Welche Angehörigen in Deutschland soll ich denn verständigen.«

»Wie? Ich habe keinen Kontakt mehr zu meinen Angehörigen in Deutschland.«

Kurz überlegte ich, Martas Namen und Telefonnummer anzugeben. Aber sie konnte kein Wort Deutsch und war ohnehin schon überfordert.

»Frau Rosario. Nennen Sie mir einen Namen. Eltern. Geschwister. Sonst kann ich nichts für Sie tun.«

Mir brummte der Kopf. Mit meiner gesamten Familie war ich nachhaltig verkracht. Sie hatten mir Benni weggenommen. Und meine schwarzen Freunde immer abgelehnt. Sie waren für mich gestorben. Oder? »Schwesterherz«, blinkte vor meinen Augen ihr Facebook-Eintrag.

Flavio machte bereits Anstalten, mit der Faust auf die Gabel zu hauen.

»Tanja«, hörte ich mich schließlich wie aus weiter Ferne sagen. »Tanja Fuchs. Wohnhaft in Höxter. Efeuweg 15 a.« Ich leierte die Telefonnummer meines Elternhauses herunter, in dem Tanja mit Charity wohnte. Seit sie ein Kind von meinem Exmann Thiago Rosario hatte. Den ich zwar nie geliebt, aber Benni zuliebe geheiratet hatte.

Ach, was war mein Leben verkorkst, und das alles nur, weil ich Benni einen Vater hatte schenken wollen!

»Hallo? Helfen Sie mir bitte! Ich flehe Sie an …«

»Sie hören von uns«, sagte die metallische Stimme von Silvia Heller. Dann war die Leitung tot.

»So, wenn ich die gnädige Frau jetzt bitten dürfte.«

Flavio packte mich am Arm und zerrte mich eine Treppe tiefer in einen dunklen Kellergang, von dem tatsächlich vergitterte Zellentüren abgingen! Mit einem rasselnden Schlüsselbund schloss er eine davon auf und stieß mich hinein.

Meine Augen brauchten eine Weile, bis sie sich an das Dunkel gewöhnt hatten, nahmen dann aber ein Bündel Mensch in der Ecke wahr. Noch schneller war meine Nase. Trotzdem war ich erleichtert, hier nicht allein zu sein. Flavio war nicht gerade leise, sodass das Bündel Mensch erwachte.

»So. Alles abnehmen jetzt. Uhr, Ringe, Armband, Gürtel …« Er machte eine fordernde Handbewegung.

Die Person in der Ecke rieb sich die Augen. Es war ein junger Mann, Anfang zwanzig vielleicht. Er wirkte verdreckt und verängstigt.

»Und du behandelst die Lady mit Respekt, klar?«, herrschte Flavio ihn an.

Na, DAS sagte der Richtige!

Peng! – die Zellentür schepperte zu. Von außen wurde abgeschlossen.

Minutenlang blieb ich reglos in der Zellenmitte stehen. Doch der junge Kerl erwies sich als harmlos.

»He, du zitterst ja. Wenn du willst, kannst du dich bei mir ein bisschen aufwärmen.«

Einladend hob er die zerschlissene Decke. »Ich tu dir nichts. Ich stecke genauso in der Scheiße wie du.«

Weinend kroch ich zu ihm. Die Haare standen ihm verfilzt vom Kopf ab, sein Flanellhemd stand offen und seine fleckige Jeans rutschte ihm von den mageren Hüften. Auch ihm hatten sie den Gürtel abgenommen. Und die Schuhbänder. Er roch nach krankem Panther, so als hätte er tagelang nicht geduscht. Und nichts gegessen.

Aber er wärmte mich ein bisschen.

»Was hast du ausgefressen?«

Ich erzählte ihm schluchzend und von Schüttelfrost gepeinigt, was passiert war. Auch ihm gegenüber blieb ich bei meiner Version mit »Frank«, der mir ein Paket für meinen Sohn mitgegeben hatte, »als Geschenk«.

Ich erwähnte nicht, dass er eigentlich Monday hieß und Fridays Bruder war, der zu Hause bei meinem Exfreund untergeschlüpft war und mich aus meinem eigenen Haus verdrängt hatte. Noch immer konnte ich nicht fassen, was mir zugestoßen war: Als Benni in Deutschland bei seinen Großeltern geblieben war, hatte dieser unsympathische Friday sein Kinderzimmer bezogen – auf Einladung von Raymond, mit dem ich in meinem spanischen Häuschen zusammenlebte, obwohl ich allein die Miete zahlte! Schon immer war ich von der Sehnsucht getrieben, meinem Benni eine Vaterfigur bieten zu können. Schon immer hatte ich mich zu dunkelhäutigen

Männern hingezogen gefühlt, weil sie mich an Tony erinnerten und Benni ähnlich sahen.

Dann war Tony plötzlich wie durch ein Wunder in Spanien aufgetaucht! Er hatte meine Bar über Facebook ausfindig gemacht. Sofort hatte ich mein Haus Raymond und Friday überlassen und war mit meinem geliebten Tony in ein neues Apartment gezogen – und sei es nur, um Streit unter den Männern zu vermeiden.

Genau acht Wochen lang waren wir glücklich gewesen! Planten, Benni zurückzuholen. Nach den Osterferien wollten wir ihn mit der fantastischen Nachricht überraschen, dass sein leiblicher Vater aufgetaucht war! Und nicht nur das! Dass Tony inzwischen frei für uns war, bei uns in Spanien leben wollte! Als Ingenieur verdiente er gutes Geld und würde uns endlich den Kampf ums tägliche Überleben abnehmen! Doch dann war dieser mysteriöse Autounfall passiert. Und Benni zwar durch Raymonds Drängen zurückgekehrt, aber nur, damit ich in die nächste Falle tappte!

»Und wieso sitzt du hier?« Ich musterte den armen Hund neben mir.

»Ich bin mit ein paar Gramm Marihuana erwischt worden.«

Er war ein harmloser Bursche, der sich in der Weltgeschichte rumtrieb. Kein Krimineller.

»Ich muss auf die Toilette.«

Der Bursche sprang hilfsbereit auf und rief durchs Gitter: »He! Wache! Die Lady muss mal!«

Nichts rührte sich. Alles war dunkel und still.

Der junge Mann schlug an die Tür. »He! Kommt hier vielleicht mal einer!«

Endlich ertönten schlurfende Schritte auf der Treppe.

Ein alter Wachmann erschien im fahlen Licht der Türöffnung zum Erdgeschoss.

»Sie muss mal.«

Der Alte drehte sich wieder um und schlurfte davon. Dabei murmelte er etwas von »Schlüssel holen«.

Er kam nicht wieder.

Meine Blase drohte schier zu zerspringen, der Druck wurde immer stärker.

Nichts tat sich, so sehr der junge Mann auch an die Gitter schlug und um Hilfe rief.

Schließlich hielt ich es nicht mehr aus.

Ich hockte mich ans andere Ende der Zelle, ließ Jeans und Höschen herunter und pinkelte vor den Augen des jungen Mannes auf die Erde.

»Mach dir nichts draus«, murmelte er. »Ich hab da auch schon hingestrullert.«

Ja. Das sah und roch man auch.

»Komm, versuchen wir ein bisschen zu pennen.« Gutmütig hob er wieder den Zipfel seiner Decke. Gedemütigt kroch ich darunter.

Alles war besser als die totale Einsamkeit.

Bevor ich wegdöste, sah ich noch die kalten, berechnenden Augen der Polizistin vor mir. Sie hatte meine Handtasche behalten. In der neben meinen Papieren und meinem Geld auch Fotos von Tony und Benni waren. Dieser Gedanke brachte mich schier um den Verstand.

9

São Paulo, Brasilien, DENARC, 11. oder 12. Mai 2005

Gerassel und Gepolter weckten uns. Wie lange wir geschlafen hatten, wussten wir nicht.

Zwei ältere Polizisten, die ich noch nie gesehen hatte, schlossen unsere Zelle auf. Flavio war nicht dabei.

Erneut legten sie uns Handschellen an.

»Auf geht's!« Sie wiesen mit dem Kinn in Richtung Treppe und führten uns auf den dunklen, verlassenen Parkplatz.

Es war also wieder Nacht.

»Bitte einsteigen.« Der Ältere von beiden machte eine einladende Geste, als er mich zu einem bereitstehenden Polizeifahrzeug geleitete.

Wir rutschten auf die Rückbank, mein junger Leidensgenosse und ich. Der Fahrer versuchte, den Motor zu starten. Doch aus irgendeinem Grund ging es nicht los.

»Was ist?«, flüsterte ich meinem Kameraden zu.

»Autopanne.«

Wir mussten wieder aussteigen.

Die beiden Alten fuchtelten mit einer Taschenlampe herum und leuchteten den Wagen ab. Tatsächlich, der hintere Reifen war platt!

Wenn es nicht so bitter gewesen wäre, hätte ich laut aufgelacht.

Auch mein Kumpel verbiss sich ein Grinsen.

Kurz beschlich mich der Gedanke, jetzt ganz schnell abzuhauen. Doch wohin hätte ich fliehen sollen, ohne Papiere, ohne Geld, mit rutschender Hose und halb verhungert und verdurstet?

Der junge Kerl schien den Gedanken ebenfalls gleich wieder zu verwerfen. Hilfsbereit bot er den beiden Alten an, den Reifen zu wechseln. Sie nahmen ihm die Handschellen ab und reichten ihm den Wagenheber.

Wieder sah ich vor dem inneren Auge eine filmreife Szene vor mir: Wie ich den beiden Polizisten eines über die Rübe haute und Hand in Hand mit dem jungen Kerl das Weite suchte. Über Mauern kletterte, über Dächer rannte, in Hinterhöfe sprang, Mülltonnen umwarf, unseren Verfolgern vor die Füße …

Aber wir waren eben nicht Bonnie und Clyde.

Während die drei Männer den Reifen wechselten, lief ich nervös auf dem regennassen Parkplatz auf und ab. Ich inhalierte die frische Luft und schickte ein paar Stoßgebete zum milchigtrüben Himmel: Bitte, lieber Gott, mach, dass Benni nichts zugestoßen ist. Lass Marta das Richtige tun. Lass jemanden meinen kleinen Max aus der Tierpension abholen und für ihn sorgen … Plötzlich stupste mich etwas Feuchtes, Kaltes an. Erschrocken zuckte ich zusammen und entdeckte einen streunenden Hund, der menschlichen Kontakt suchte. Ausgerechnet bei mir! Ich ging in die Knie und streichelte sein struppiges Fell. Dabei fing ich wieder an zu weinen. Als hätte mir Max einen kleinen brasilianischen Kameraden zum Trost vorbeigeschickt!

Plötzlich spürte ich die raue Hand eines der Polizisten auf meiner. Auch er kraulte den Hund. »Du magst wohl Hunde, was?«

Unter Tränen erzählte ich von Max. »Er vermisst mich doch so – was soll jetzt aus ihm werden?«

»Ja, liebes Mädchen, warum hast du dich bloß in diese Lage gebracht?« Der Alte zückte ein gebügeltes Stofftaschentuch und hielt es mir unter die Nase.

»Sie hat doch nichts getan!«, mischte sich mein Reifen wechselnder Kumpel ein. »Irgendein Typ hat ihr das Zeug als Geschenk angedreht!«

»Ach, ihr dummen jungen Dinger!« Der Alte schüttelte traurig den Kopf. »Das sagen sie doch alle!«

Er gab dem Hund einen väterlichen Klaps, woraufhin dieser in die Dunkelheit zurückhumpelte, und führte mich zurück zum Auto.

Der Reifen war gewechselt, und wir fuhren los.

Zuerst machten wir einen Abstecher zum gerichtsmedizinischen Institut, das nicht allzu weit entfernt lag.

Beim Betreten des spärlich beleuchteten Flurs sah ich auf der Wanduhr über den Aufzügen, dass es kurz nach Mitternacht war.

In einem Untersuchungsraum wartete eine grauhaarige, dicke Ärztin mit Brille auf mich. Sie machte einen müden, genervten Eindruck und gab mir unterschwellig zu verstehen: Ich wäre jetzt auch lieber zu Hause in meinem Bett. Aber Leute wie Sie lassen mich ja nicht.

Ich hätte mich am liebsten bei ihr entschuldigt, noch lieber hätte ich sie um Hilfe angefleht, aber ihre schlaffen, nach unten zeigenden Mundwinkel verboten mir beides.

»Na, dann lassen Sie mal sehen.«

»Was jetzt?!«

»Na, alles. Ausziehen!«

Sie untersuchte mich sachlich, schob mir ein kaltes Ding in Ohren und Rachen, hörte Herz und Lunge ab und klopfte mir mit zwei Fingern auf den Rücken.«

»Husten Sie mal.«

Ich hustete.

»Hat man Sie körperlich misshandelt?«

»Nicht direkt.«

»Sexuell belästigt?«

»Nein.«

»Sie können sich wieder anziehen.«

Nach dieser etwa fünfminütigen Untersuchung ging die Fahrt weiter, bis wir vor dem Männergefängnis ankamen. Hier musste ich mich leider von meinem jungen Freund verabschieden. Er hieß Sandro.

»Ich wünsch dir Glück!«

»Ich dir auch. War nett, dich kennenzulernen.«

»Wird schon schiefgehen.«

Nun war ich mit meinen beiden alten Polizisten allein. Sie kutschierten gemütlich in die Stadt zurück, und ich traute meinen Augen nicht, als wir über die hell erleuchtete Avenida Paulista fuhren. Ich presste die Stirn gegen das vergitterte hintere Fenster, um die pulsierende Stadt ein letztes Mal in mir aufzunehmen. Da war das Einkaufszentrum, da das McDonald's, hier das Restaurant, in dem ich mit meinen Freunden von »Salsa Som« gegessen hatte, und dort …

Die Ampel sprang auf Rot. Langsam kam unser Wagen zum Stehen. Das Maskottchen am Rückspiegel baumelte vor und zurück.

… der Tanzpalast.

Da standen sie! Jesús, Clara und die anderen! Sie standen im Sprühregen vor der hell erleuchteten Tanzbar, schauten auf ihre Handys, rauchten und schienen mich zu vermissen! Ja, heute wäre mein letzter Abend in São Paulo gewesen, und ich hatte ihnen versprochen, auf jeden Fall mit ihnen Abschied zu feiern! Wahrscheinlich versuchten sie gerade, mich zu erreichen!

Ich klammerte mich ans vergitterte Fenster, wollte klopfen, rufen, winken, doch da fuhr unser Wagen wieder an. Meine Freunde wurden kleiner und kleiner, bis sie schließlich ganz aus meinem Blickfeld verschwanden.

10

São Paulo, Brasilien, 12. Mai 2005

Irgendwann hielten wir vor dem Gerichtsgebäude. Der Beifahrer stieg aus und verschwand darin, um kurz darauf mit einem Schriftstück zurückzukehren.

Von nun an waren die beiden nicht mehr sehr gesprächig. Vielleicht hatten sie erst jetzt begriffen, welch schweres Verbrechen mir zur Last gelegt wurde.

Ich fror auf meiner Rückbank und bat darum, das Fenster zu schließen. Doch die beiden beachteten mich gar nicht mehr. Irgendwann bogen wir auf eine Stadtautobahn, und der Fahrer gab Gas. Auf einem Autobahnschild konnte ich »Rio de Janeiro« lesen. Es war so unwirklich, so unheimlich, so gespenstisch, dass ich es einfach nicht fassen konnte. Andere Leute wären bei diesem Schild in Jubel ausgebrochen: Copacabana! Zuckerhut! Karneval in Rio! Der Traum eines jeden Reisenden!

Aber das hier war: der Albtraum. Die Hölle. Kälte. Hunger. Einsamkeit. ANGST.

Die Panik wurde immer schlimmer. Meine Zähne schlugen aufeinander, und ich bekam kaum noch Luft. Wo fuhren die nur mit mir hin?

Nach einer mehrstündigen Fahrt verließen wir die Autobahn, rumpelten auf unbefestigten Straßen durch einen verschlafenen kleinen Ort und hielten schließlich vor einem trostlosen Gebäude, das auf allen Seiten von Mauern und Stacheldraht umgeben war. Rechts und links ragten dunkle Wachtürme empor.

Ich hatte noch nie ein Gefängnis gesehen. Und schon gar nicht so ein verwahrlostes, mittelalterliches, mitten im staubigen Nirgendwo.

Lieber Gott, bitte mach, dass das nicht wahr ist! Lass mich endlich aufwachen oder tot sein. Aber bitte lass mich jetzt nicht hier …

»Aussteigen!«

Sie zogen mich heraus, denn ich war einer Ohnmacht nahe. Alles in mir sträubte sich, diese Hölle zu betreten. Doch hatte ich eine Wahl?

Sie schoben mich durch eine Eisentür, die von innen laut quietschend geöffnet wurde, und führten mich in ein schmutzig grün getünchtes Büro, wo eine uniformierte Frau hinter einem wackeligen Schreibtisch saß und in einer Kaffeetasse rührte. Die Uhr hinter ihr an der Wand zeigte halb sieben Uhr morgens.

»Viel Glück, kleine *alemã*.«

»Wo bin ich hier?«

»Aruja.« Der mitleidige Tonfall der beiden ließ nichts Gutes erahnen.

»Wir hoffen, dass es nicht allzu schlimm für dich wird.«

Mit diesen Worten verschwanden sie.

Die Uniformierte zeigte auf den Plastikstuhl vor ihrem Holztisch. Sie wirkte mütterlich. »Wie heißt du?«

»Rita Rosario.«

»Das ist ein brasilianischer Name.«

»Mein Exmann stammt aus Guinea-Bissau.« Thiago Rosario, ein Asylsuchender in Köln, den ich geheiratet hatte, um Benni einen Vater zu geben. Lange vor Raymond. Und den ich mit meiner eigenen Schwester im Bett ertappt hatte. Mit dem Endergebnis Charity. Weshalb wir geschieden und verfeindet waren.

»Was wirft man dir vor?«

»Ich bin unschuldig, man hat mich gezwungen, ein Paket mitzunehmen …«

Sie winkte brüsk ab und brachte mich zum Schweigen. Mit der Lesebrille auf der Nase beugte sie sich über die Gerichtspapiere, die einer meiner Bewacher ihr neben die Tasse gelegt hatte. Dann stieß sie ein unwilliges Zischen aus, wie eine Lehrerin, die von der Arbeit ihrer Lieblingsschülerin enttäuscht ist. »Oje«, murmelte sie und schüttelte den Kopf. Sie las, blätterte und las. Nahm die Brille ab und musterte mich kühl.

Jetzt hatte sie so gar nichts Mütterliches mehr, und ihre Lippen wurden schmal.

Sie stellte mir noch ein paar genuschelte Fragen, die ich nicht verstand. Ich zuckte erschöpft mit den Schultern. Ich sehnte mich danach, mir den Mund auszuspülen. Einen Schluck zu trinken. Um dann in einen tiefen, erlösenden Schlaf zu fallen und nie mehr aufzuwachen.

Dort drüben an der Wand hing ein kleines, schmuddeliges Waschbecken mit tropfendem Wasserhahn. Daneben lag ein Stück Seife neben einer Spülbürste und ein Fetzen Handtuch.

Ob ich es wagen durfte?

Sie musterte mich schweigend. Sah meinen begehrlichen Blick und schüttelte nur unmerklich den Kopf.

Das war's. Mir stand keine Menschenwürde mehr zu.

Sogar meine Stiefel musste ich ausziehen.

Kurz darauf fand ich mich vor einem riesigen Käfig wieder. Vor einem gigantischen Affengehege aus unverputzten Wänden, das vorn durch ein Gitter begrenzt wurde.

Darin eingepfercht unzählige Frauen. Hunderte. Die lebten da drin! Nein, sie hausten, vegetierten! Mein Magen krampfte sich zusammen, meine Füße versagten ihren Dienst. Eine Wolke bestialischen Gestanks schlug mir entgegen. Süßlich-faulig, nach Essensresten, Schweiß, Urin, Monatsblut und Fäkalien.

Nein!, schrie alles in mir. Das ist nicht wahr! Da gehe ich nicht rein! Lieber will ich sterben!

Doch kein Laut kam über meine Lippen. Mein Mund war ausgedörrt, meine Zunge klebte am Gaumen. Nein. Das hier war nicht echt. Ich war nicht echt.

Nein. Bitte, nein.

Die Frau gab mir einen sanften Schubs und stieß mich über die Schwelle. Meine nackten Füße betraten schmutzigen Zementboden. Das Stimmengewirr verstummte.

Hunderte Frauen gafften mich an: dicke, dünne, magere, fette, junge, alte, schwangere; Mädchen, fast noch Kinder, Kampfmaschinen … Doch was alle gemeinsam hatten, war, dass man ihnen die Menschenwürde komplett genommen hatte.

Vor meinen Augen flimmerte es, ich witterte nur noch Gefahr.

In der Mitte des Käfigs stapelten sich Müllsäcke. An sämtlichen Gitterstäben hing Wäsche. Auf dem Fußboden lagen schmutzige Matratzen ohne Bettzeug: Schaumgummimatratzen, auf denen jeweils zwei oder drei Frauen hockten, lagen oder knieten, nein, LUNGERTEN. Wie die Tiere. Sie machten gegenseitig an ihren Haaren herum, drückten sich Pickel aus, steckten sich irgendwas in den Mund … Sie lachten mich mit schiefen, gelben Zähnen an und streckten die Hände nach mir aus.

Das war jetzt mein Zuhause. Hier würde ich jetzt leben müssen. Bis – in alle Ewigkeit.

Alles in mir wehrte sich, diese Information einsickern zu lassen.

»*Oi, Gringa,* komm rein, es sieht schlimmer aus, als es ist!«

»Willkommen im Club, Süße! Hab keine Angst, wir sind hier alle eine große Familie!«

»He, Mädels, sie ist echt blond! Fühlt mal, wie weich ihre Haare sind!«

Ich war vor Schreck wie erstarrt. Hände tasteten nach meinen Haaren, strichen begehrlich darüber, streichelten meine Beine, meinen Rücken, meinen Hals.

Aus dem Pulk der Schreckgestalten löste sich ein Riesenkoloss, eine immens fette Schwarze: »Ich bin Neide. Ich hab hier das Sagen. Komm mit!«

Sie packte mich an der Hand und zog mich ins hinterste Eck des Käfigs. Erst jetzt konnte ich erkennen, dass es dort mehrere Zellen gab.

Ihre Türen standen offen. In jedem Verlies standen vier Etagenbetten, die von jeweils zwei Frauen belegt waren. Auch hier lagen diese Schaumstoffmatratzen auf der Erde, sodass in einer Zelle von der Größe einer kleinen Garage zwanzig Frauen Platz fanden.

Sie umringten mich und zupften an meinen Kleidern.

»He, wie heißt du, woher kommst du, wie alt bist du, hast du einen Mann?«

Letzteres wurde von hyänenartigem Gelächter quittiert. Ich stand einfach nur da wie erstarrt.

»Vier bis sechs Jahre, stell dich mal drauf ein, Süße. Du wirst sehen, hier ist es gemütlich, die kriegst du schnell rum!«

»Sie hat doch noch gar kein Gerichtsurteil!«

»Nein, aber es dauert wahrscheinlich vier Jahre, bis sie eines kriegt!«

»So geht es doch jeder von uns!«

»Besonders den Ausländerinnen!«

»Vielleicht kann sie sich ja einen Anwalt leisten!«

»Für zehntausend Reais bestimmt!«

»Nur: Sie hat keine Handtasche dabei!«

»Vielleicht hat sie eine Kreditkarte unter den Brüsten?«

»Dann wär sie ein Profi, aber so sieht sie gar nicht aus ...«

»Damit kann sie hier Kakerlaken zerteilen! Nur Bargeld zählt!«

»Außerdem hängen die Brüste nicht genug! Fühlt mal, so klein, so fest!«

Gellendes Gelächter, Beifall.

Alle redeten auf mich ein, fassten mich an, rückten mir auf die Pelle. Mir wurde übel. Plötzlich wich meine Schockstarre einer Panikattacke, die mich mit solcher Wucht traf, dass ich glaubte, eine schwere Eisenstange würde mir die Luft abdrücken.

Ich hatte ja schon in Aufzügen und vollen Geschäften Platzangst!

Vier Jahre! VIER!!! JAHRE!!! In dieser bestialischen Enge, dieser abgestandenen Luft, mit diesen distanzlosen Weibern, die keine Manieren hatten, keine Grenzen kannten und keinen Respekt.

Wie denn auch! Sie waren dazu verdammt, zu einem riesigen Menschenknäuel zu werden, keine individuellen Bedürfnisse mehr zu kennen. Außer atmen. Und das schien Gewöhnungssache zu sein.

NEIN!, brüllte es in mir. Ich werde hier drin keine vier Minuten überleben!

Hemmungslos fing ich an zu weinen. Ich heulte und schluchzte, zitterte wie Espenlaub.

Die Frauen tätschelten mich tröstend.

»Das geht uns am Anfang allen so, das geht vorbei!«

»Du wirst dich dran gewöhnen!«

Ich verstand ihren portugiesischen Singsang, ihre verschiedenen Dialekte nicht und konnte die Bedeutung ihrer Worte nur erahnen. Meine kläglichen Versuche, Spanisch mit ihnen zu sprechen, scheiterten. Ich brachte kein Wort heraus und weinte, weinte, weinte.

»Lasst sie in Ruhe. Sie muss erst mal zu sich kommen.«

Die dicke Neide, die hier anscheinend die Anführerin war, wies mir einen Platz auf dem Boden dieser vollgestopften Zelle zu. Er war so groß wie ein Pappkarton.

»Da kannst du schlafen. Und jetzt hör auf zu flennen, du versaust uns hier die Laune!«

Doch ich konnte einfach nicht aufhören. Ein einziger bodenloser Schmerz hatte von mir Besitz ergriffen, und irgendwann reagierten die anderen genervt. Wenn ich die Augen einen Spaltbreit öffnete, sah ich verzerrte Gesichter über mir, die auf mich einschimpften, Drohgebärden.

Ich ringelte mich zu einem Häuflein Elend zusammen, hielt mir die Ohren zu, atmete das Pisse-Aroma der löchrigen Matratze, auf der sich Blut- mit Kotflecken, Essensresten, fetten Fliegen und anderem Ungeziefer abwechselten, und versuchte, das Grauen auszublenden.

11

Langeoog, Deutschland, 29. Juli 1982

Oma Lotte stand vor dem Gemüsebeet. Klein und zierlich wie sie war, wirkte sie in ihrem geblümten Kittel selbst wie eine ihrer bunten Blumenstauden. Es roch nach Sommer, Sand und Dünengras. Das flache rote Backsteinhaus mit dem Strohdach, auf dem im Sommer die Störche nisteten, gehörte meiner heiß geliebten Großmutter väterlicherseits. Oma Lotte war mit ihrem Garten förmlich verwachsen. Ihre Augen mit den tausend Lachfältchen im braun gebrannten Gesicht waren jung und lebhaft.

Ich lag in der Hängematte und schaute verträumt in den blauen Himmel, über den ein paar harmlose Schäfchenwolken zogen. Von der kopfsteingepflasterten Straße her hörte ich das Trappeln mächtiger Kaltblüter, die ein schweres Fuhrwerk zogen. Meist waren Fässer drauf oder Säcke mit Lebensmitteln. Oder es war die Müllkutsche, die durch die vormittägliche Sommerhitze zuckelte. Der Müllkutscher, ein blonder, junger Kerl mit blauer Schirmmütze, hatte mir schon ein paar Mal angeboten, auf dem Kutschbock mitzufahren. Ich traute mich jedoch nicht so richtig. Ich war ja auch erst zwölf. Und sah aus wie acht.

»Komm mal, Liebes, ich zeig dir was!«

In ihrer Hand hielt Oma Lotte eine braune Blumenzwiebel, aus der schon hellgrüne Triebe sprossen.

»Ich bin gerade faul.«

»Das darfst du auch, Rita. Schließlich hast du Ferien.«

Opa Fuchs kam in seinem Blaumann aus der Werkstatt, gefolgt von Arco, dem hellbraunen Mischlingshund. Er wischte sich die öligen Hände mit einem blauen Lappen ab. »Was gibt's heute zu essen?«

»Huhn mit Gemüse«, gab Oma Lotte zur Antwort. Hinten an der Backsteinmauer stand bereits ein großer Topf mit allerlei Grünzeug, das Oma und ich frisch geerntet und klein geschnitten hatten.

»Ich muss nur noch Kartoffeln schälen. Es kann noch eine Weile dauern.«

»Dann geh ich noch mal in die Werkstatt.« Opa Fuchs gab meiner Hängematte einen sanften Stoß. »Faul sein ist auch wichtig.« Er zwinkerte mir zu und schob wieder ab, gefolgt von Arco.

»Es bleibt also noch Zeit, den Kirschbaum zu versorgen.« Oma Lotte verschwand wieder im Dickicht ihrer blühenden Büsche und Bäume, und ich genoss das leise Schaukeln, den unbeschwerten Sommertag, das »alles dürfen und nichts müssen«.

Zuhause in Höxter musste ich immer helfen. Sitzen war verboten.

»Rita, du SITZT noch!«, hörte ich die schneidende Stimme meine Mutter keifen. Meine Brüder mussten nicht helfen. Sie waren ja Jungs. Thorsten und Karsten hatten Besseres zu tun. Zum Beispiel Fußball gucken, zusammen mit Papa.

Der Haushalt war reine Frauensache. Und, Pech für mich, ich war ein Mädchen.

Ich hasste das Reihenhaus im Efeuweg in Höxter. Ich hasste mein Leben dort.

Aber hier bei Oma und Opa Fuchs durfte ich Rita sein. Ein

kleines, dünnes Mädchen mit blonden Zöpfen, das als Sandwichkind zwischen ihren Brüdern sonst mehr oder weniger unterging.

Die Schäfchenwolken veränderten sich. Ich kniff die Augen zusammen und beobachtete, wie sich ein großer Pudel bildete, der aus dem Maul eines Riesen mit Keule wuchs. Aus dem großen Pudel wurden zwei kleine, die sanft davonsegelten.

Oma Lotte war mir deutlich lieber als meine Mutter, weil sie mich in Ruhe ließ und mir nie das Gefühl gab, im Weg zu sein oder etwas falsch zu machen. Vor einigen Jahren hatten die Großeltern diese alte Kate an der Nordsee übernommen, sich damit als Rentner einen Traum erfüllt.

Oma Lotte hatte einen grünen Daumen, Opa Fuchs tüftelte gern, manchmal vermieteten sie Zimmer an Feriengäste, und so waren alle glücklich. Am allermeisten jedoch ich, die kleine Rita, die jeden Sommer hier verbringen durfte.

Irgendwann setzte ich mich auf und ließ die Beine über den Rand der Hängematte baumeln. Ich wusste nicht, was schöner war; der Himmel oder dieser Garten. Oma Lotte drückte die Zwiebel gleich neben den grünen Karottenbüscheln in die Erde. Sie ließ ihren Blick über die umliegenden Beete schweifen.

»In ein paar Wochen wird aus dieser Zwiebel wieder eine neue wachsen, Rita. So frisch und weiß wie die, die ich eben eingepflanzt habe. Ist das nicht ein Wunder?«

Ja, so wie es ein Wunder war, dass Mama gerade noch ein Kind bekam. Das sie gar nicht mehr bestellt hatte. Und worüber sie auch kein bisschen glücklich war. Es war ein Mädchen und sollte Tanja heißen.

Oma Lotte strahlte mich aus ihrem faltigen Gesicht an, und ich war wieder einmal fasziniert von ihrem goldenen Backenzahn. Meine Oma hatte Gold im Mund. Deswegen kamen auch nur liebe, warmherzige Worte heraus.

»Du wirst es nicht glauben, Rita, aber ich habe dieses Beet erst vor Kurzem mit den Wasserlinsen aus dem Tümpel gedüngt. Jetzt wächst Spinat im Überfluss!«

Ich staunte nicht schlecht. Spinat kannte ich nur tiefgekühlt aus dem Supermarkt bei uns zu Hause, und ich wusste nicht, ob der grüne Blätterwald, in dem Oma Lotte jetzt stand, Spinat war. Manchmal erlaubte sich Oma Lotte nämlich einen Scherz mit mir. Ich glaubte ihr alles. Nur das mit dem Klapperstorch, was sie mir da weismachen wollte, das glaubte ich nicht.

Verschiedene Kohlköpfe, frischer Blattsalat und jede Menge Gurken waren unter den liebevollen Händen meiner Oma Lotte bereits gediehen. Sie pflückte ein paar Blätter Basilikum und ließ sie in ihrer Kitteltasche verschwinden.

»Wenn du das nächste Mal kommst, Rita, hat Opa Fuchs aus dem Tümpel einen Schwimmteich gemacht. Nur für dich.«

»Meinst du wirklich?« Jetzt hüpfte ich begeistert aus der Hängematte und machte ein paar Freudensprünge.

»Du wirst das hier eines Tages alles mal erben.«

»Und die anderen? Thorsten, Karsten und – das Baby?«

Oma Lotte lächelte warm. »Du gehörst hierher, Rita. Wirst schon sehen.«

Hinter den Gemüsebeeten befand sich der besagte Tümpel, ein trübes Gewässer, von dem meine Großeltern mich immer ferngehalten hatten und das Opa Fuchs mit einem Maschendraht umzäunt hatte, damit ich nicht hineinfallen konnte. Aber inzwischen konnte ich schwimmen.

Neuerdings war er mit frischem Sand und Seerosen versehen. Oma Lotte saß oft auf der alten, verwitterten Bank und bestaunte das Leben, das sich ober- und unterhalb der Wasseroberfläche tummelte. Sirrende Libellen, die wie Hubschrauber landeten, Bienen und Wespen, die sich von den dunkelroten Seerosen anlocken ließen, Mücken, die abends im Dämmerlicht tanzten.

Und dann der Duft. Dieser unglaubliche Duft nach Kindheit, Geborgenheit, Sommer und Freiheit. Dieses Ziehen in der Magengegend, wenn der junge Müllkutscher wieder vorbeikam.

Mutter hätte mich geohrfeigt: »Mit so einem gibst du dich nicht ab! Flittchen!«

Aber Oma Lotte lächelte nur. »Das ist ein netter junger Mann, der Fiete vom Hein Harmsen.«

Hinter dem Tümpel, neben der Teppichstange und der Wäscheleine, stand auf einer grünen, von Maulwurfshügeln zerpflügten Wiese eine Reihe von Obstbäumen, die im Frühling ganz wunderbar blühten. Im Herbst hingen dicke, schwere Birnen daran, rotbackige Äpfel und dunkle Pflaumen. Dann kletterte meine zierliche Oma Lotte auf eine knarzende Holzleiter, die ich halten durfte, und Opa Fuchs und sie ernteten die reifen Früchte. Mit einer Stange, an der ein Körbchen hing. Lieblicher Duft, summende Bienen, klebriger Nektar, Früchte, die Oma Lotte mit ihren nimmermüden Händen zu Marmelade verarbeitete. In dem großen, dunkelbraunen Bottich, in den ich die Arme bis zu den Ellbogen stecken durfte.

»Zieh dir die Schuhe aus, Liebling, und stell dich auf dieses weiche Moos!«

Oma Lotte lief zum Komposthaufen und bückte sich, um ein neues Pflänzchen zu bewundern.

»Schau nur, Rita, das musst du dir ansehen!«

Diesmal ging ich hin. Faul sein war langweilig, wenn man es durfte. Ich wollte nichts verpassen.

Inmitten der Gartenabfälle, zwischen Kartoffelschalen, abgeschnittenen Apfelbaumzweigen und Pfirsichresten spross ein winziges Avocadopflänzchen hervor. Es hatte einen feinen, langen Stängel und hellgrüne, fingerlange Blätter.

Ihre knochigen Finger glitten über die Blätter, und sie lächelte mich an.

»Siehst du? Nicht wir entscheiden, was wächst und was nicht. So ist auch dein Schwesterchen entstanden. Reines Glück.«

Na ja. Das würden wir noch sehen.

Ich streifte die Sandalen ab und ließ meine nackten Füße ins Gras sinken, spielte mit den Zehen. Ich wollte bleiben, einfach nur bleiben. Ich wollte nicht zurück. Sollten die anderen doch ohne mich klarkommen. Sie hatten ja nun ein neues Schwesterchen.

Thorsten, Karsten und bald Tanja. Ich gehörte nicht dazu. Ich gehörte hierher.

Unter dem knorrigen Obstbaum war eine kleine Kuhle, von der ich mich wie magisch angezogen fühlte. Ich legte mich vorsichtig hinein, fühlte mich geborgen wie ein Embryo im Mutterleib.

Ich dachte an das enge, vollgestopfte Reihenhaus meiner Eltern, an meine beiden Brüder, die immer stritten, meine keifende Mutter, die überfordert war, weil sie nun noch ein Baby bekam, und an meinen Vater, der sich oft mit Schlägen Respekt verschaffte. All diese Menschen waren zum Glück weit weg. Beruhigt döste ich ein.

Oma Lotte schüttelte mich leicht an der Schulter: »Rita, das Essen ist fertig! Es gibt Vanillepudding mit heißen Kirschen zum Nachtisch!«

Ich wäre so gern liegen geblieben. »Steh auf, Rita. Es wird ein Gewitter geben! Hörst du, es donnert schon.«

»Der Wind rüttelt schon an den Fensterläden!«, sagte Opa Fuchs.

»Und die Krähen krächzen um die Wette!«

Warum lärmten und zeterten sie denn alle? Ich wollte doch nur hier liegen bleiben, die Augen noch nicht öffnen.

12

Aruja, Brasilien, 16. Juni 2005

»He! Hilfe! Die *Alemã* erstickt!«

Brasilianische Mitgefangene rüttelten an den Gittern und schlugen mit Töpfen und Löffeln dagegen. »Hallo! Ihr müsst sie hier rausholen!«

Allmählich setzte ein hysterisches Massengekreische ein, alle schrien durcheinander.

Wie durch einen Nebel nahm ich wahr, dass von mir die Rede sein musste. Die kleine Rita lag nicht mehr in Oma Lottes Garten. Sie vegetierte mit hundertfünfzig anderen weiblichen Gefangenen in einem Käfig vor sich hin.

Es waren Tage vergangen. Wochen wahrscheinlich. Wochen, in denen ich mir nichts als Kaffee mit Milchpulver einflößen ließ. Ich war bis auf die Knochen abgemagert, mein Zahnfleisch blutete, meine Periode blieb aus, und Verdauung hatte ich auch noch keine gehabt – aus Ekel, mich auf einen dieser stinkenden Eimer setzen zu müssen. Ich war völlig entkräftet und bereit zu sterben. Manchmal fiel ich in diese wunderschönen Träume, die von meiner Kindheit bei Oma Lotte und Opa Fuchs, dem wunderschönen Garten und der Nordseekate handelten.

Jetzt rang ich mühsam nach Luft. Eine schwere Bronchitis hatte mich erwischt. Die ersten Nächte war ich noch in der überdachten Zelle geduldet worden, aber als ich nicht aufhörte zu schluchzen, warf man mich irgendwann raus, verbannte mich zurück in den offenen Käfig. Dort tropfte es herein, wenn es regnete, und es herrschte eiskalte Zugluft. Überall wurde gehustet und geschnieft, und in Ermangelung eines Taschentuchs einfach auf die Erde gerotzt.

Mein Körper hatte keine Abwehrkräfte mehr. Ich war so weit. Bald würde es zu Ende sein. Seit dem Tag, an dem ich diesen Käfig betreten hatte, gab es keinen Grund zu leben mehr. Wenn ich an Benni dachte, der vielleicht längst tot war, überkam mich ein solcher Schmerz, dass ich nur noch schreien konnte. Also versuchte ich, nicht mehr an ihn zu denken. Ich konnte und wollte mir nicht ausmalen, was Raymond und Friday mit ihm gemacht hatten. Ich wusste auch nicht, was aus meiner Bar geworden war. Und aus meinem kleinen Apartment, das ich erst vor Kurzem mit Tony liebevoll eingerichtet hatte. Aus Max, meinem kleinen Hundekind. Der Schmerz war immer gegenwärtig, wie eine stets pochende Wunde, die einem jeden Lebenswillen nimmt.

Vage nahm ich noch wahr, dass man mich über den Boden schleifte, raus aus der Zelle, über lange Gänge in ein Ambulanzauto, das mit Blaulicht über staubige Pisten zu einem Krankenhaus fuhr.

Ich hatte meinen Körper schon verlassen, sah mir dabei zu, wie ich auf einer Rollbahre hineingeschoben wurde, Cortison gespritzt bekam, an ein Beatmungsgerät angeschlossen wurde. Wie ich erbarmungslos in ein Leben zurückgeholt wurde, das ich nicht mehr leben wollte.

Irgendwann saß ich wieder im Käfig. Es war wärmer geworden. Und trockener. Heller vielleicht. Ich begann, die Frauen um mich herum zu verstehen, ihr genuscheltes *Gíria,* der Slang, der hier herrschte. Und mich an den Gestank zu gewöhnen.

Es gab ein nettes junges Mädchen, Andreia, das aus Liebe zu einem dubiosen Kerl hier im Knast gelandet war: Sie hatte ein Handy und Cannabis zu ihrem Freund in den Knast geschmuggelt. Jetzt saß sie selber drin. Ich kümmerte mich um sie, weil ich so etwas wie Muttergefühle für sie hegte. Sie revanchierte sich, indem sie langsam und deutlich Portugiesisch mit mir sprach. Nach einigen Wochen konnte ich sie verstehen und die ersten Sätze bilden. Wir teilten uns eine Matratze, und sie teilte mit mir, was ihre Mutter ihr an Besuchstagen mitbrachte. Manchmal lachten wir. Ich hatte keine Ahnung, warum.

»Rosario, Sie haben Besuch!«

»Ich? Besuch? Von wem?«

Taumelnd stand ich auf, wischte mir mit dem Handrücken übers Gesicht und zupfte das überlange T-Shirt über den Knien zurecht, das mir irgendjemand geschenkt hatte. Meine eigenen Klamotten starrten inzwischen nicht nur vor Dreck, sondern waren mir auch viel zu groß. Ich kam mir vor wie ein leichenblasser Zombie, als ich der Wärterin folgte.

Ich wurde in eine Zelle geführt, die durch einen langen Holztisch in zwei Hälften geteilt wurde. Über einen zweiten Eingang betrat ein gepflegt aussehender Herr den Raum. Ein weißhaariger Mann zwischen sechzig und siebzig, der aussah, als käme er gerade vom Golfplatz. Er hatte einen gezwirbelten Schnurrbart, der sein ganzer Stolz zu sein schien.

»Ich bin der deutsche Konsul, mein Name ist Sattmann. Sie hatten in der Botschaft angerufen?«

»Ja, aber doch schon vor – zwei Monaten?!«

»Ich war im Urlaub.« Er zwirbelte seinen Bart. »Was kann ich für Sie tun?«

Mir verschlug es die Sprache. Ich hatte ihn vor zwei Monaten in höchster Not angerufen, und jetzt fragte er scheinheilig, was er für mich tun könne? Wusste er eigentlich, was ich durchgemacht hatte, so ganz ohne Hilfe vom Konsulat?

Ich schluckte schwer.

Immerhin war er jetzt da. Mit allerletzter Kraft klammerte ich mich an das Fünkchen Hoffnung, das sein Besuch für mich bedeutete.

»Ich brauche Geld, Herr Konsul. Ich habe ein Konto in Spanien. Darauf müssten mindestens zehntausend Euro sein.«

»Wie werden Sie denn von Ihrer Familie finanziell unterstützt?« Er faltete die Hände vor der Brust. Mir fielen seine manikürten Fingernägel auf und das beige Seidenhalstuch, das farblich zu seiner ledernen Schreibmappe passte.

»Gar nicht! Wir – verstehen uns nicht besonders gut. Meine Familie darf da auf keinen Fall mit hineingezogen werden!«

»Sie hatten doch …« Er blätterte in seinen Unterlagen. »… Ihre Schwester Tanja als Kontaktperson angegeben.«

Ich schluckte, verhaspelte mich fast. »Ja, aber nur, weil mir sonst niemand eingefallen ist.«

»Kann Ihnen denn diese – Tanja Geld schicken?«

»Was? Nein! Sie ist eine alleinerziehende Mutter und lebt bei meinen Eltern. So wie ich die Sache einschätze, bezieht sie Hartz IV, und wir stehen uns auch gar nicht nahe …«

»Und Ihre Eltern?«

»Nein! Auf keinen Fall«, schrie ich ihn verzweifelt an. »Die würden das nicht überleben, erst recht nicht mein Vater!« Ich habe ihnen schon genug Schande gemacht, ging es mir durch den Kopf. »Nein, bitte verstehen Sie mich richtig: Ich bin … Ich war in Spanien eine erfolgreiche Geschäftsfrau! Ich besitze … Ich besaß – eine Bar! Auf meinem Geschäftskonto befindet sich eine fünfstellige Summe!«

Der Konsul nahm seine Brille ab und putzte sie mit dem

Seidentuch. Er hauchte die Gläser mehrmals an, schaute durch sie hindurch, als hoffte er, so mehr Durchblick zu bekommen, und setzte sie schließlich wieder auf.

War seine rote Gesichtsfarbe nur das Ergebnis von viel frischer Luft und Sonne, oder frönte dieser Mann gern einem guten Tropfen?

»Nun, dann werde ich nicht umhinkommen, in Deutschland Grundsicherung für Sie zu beantragen. Von irgendwas müssen Sie hier ja leben.«

Dass sich der brasilianische Staat nicht wirklich um »Kost und Logis« für seine Häftlinge kümmert, war ihm bei meinem Anblick auch klargeworden.

»Hallo? Herr Konsul …«

»Sattmann. Mein Name ist Sattmann.« Er lächelte gönnerhaft. »Lassen Sie den Konsul weg.«

»Herr Sattmann, bitte beantragen Sie doch meine Auslieferung nach Deutschland!«

Er zuckte bedauernd mit den Schultern: »Brasilien und Deutschland haben kein Auslieferungsabkommen!«

»Dann nach Spanien!« Ich sprach so laut und deutlich, wie meine Stimmbänder es zuließen: »Ich lebe seit vier Jahren in Spanien! Ich bin spanische Residentin, all meine Besitztümer und mein Geld befinden sich dort!«

»Dafür bin ich nicht zuständig.« Er schüttelte nur den Kopf. »Ich vertrete Deutschland in Brasilien.«

»Dann schicken Sie mir den spanischen Konsul!«

Doch davon wollte Herr Sattmann überhaupt nichts wissen und winkte ab.

»Sie sind Deutsche, haben einen deutschen Pass. Wenn Sie kein Geld haben, werde ich Ihnen wohl fürs Erste aus eigener Tasche was leihen müssen.« Er verzog das Gesicht so unwillig, als hätte er mir für heute Nacht sein Bett abtreten müssen.

Er griff in sein dunkelblau-grün kariertes Jackett mit den Goldknöpfen, zog einen zusammengefalteten 50-Reais-Schein aus der Innentasche und warf ihn mir auf den Tisch. »Ich bin ja kein Unmensch. Wie mir zu Ohren gekommen ist, kann man hier mit Bargeld so einiges anfangen.« Er stand auf und zeigte auf mich, als würde er mit dem Revolver auf mich zielen. »Gehen Sie sparsam damit um. Ich komme nicht so schnell wieder.«

»Cleide!«, keuchte ich, als ich zurück in den Käfig gesperrt wurde. »Cleide, du hast doch ein Handy!«

Cleide lachte mich zahnlos an. »Klar, *Gringa.* Wenn du Geld hast, hab ich auch zwei.«

Woher sie unerlaubterweise die Handys hatte, wusste ich nicht, aber es war mir auch egal.

»Für hundert Reais bist du dabei, Schätzchen!«

»Ich hab nur fünfzig!«

»Na gut, das nennt man Kundenbindung. Ein Erstgespräch für die Hälfte!«

Sie steckte mir unauffällig das Handy zu und verschwand in der Menge.

Ich verzog mich ins hinterste Eck neben den Abflusslöchern, die als Toiletten herhalten mussten, presste einen Finger aufs Ohr und rief Benni an. Mein Herz raste, als ich die Tasten drückte! Es klingelte einmal, zweimal, dreimal … Ich lehnte die Stirn gegen die schmutzige Wand. Bitte, keine Mailbox, bitte, bitte nicht …

»Hola?«

Benni ging ran! Er lebte!

»Liebling, ich bin's, Mama!« O Gott, meine Stimme zitterte, doch ich wollte auf keinen Fall weinen!

»Na ENDLICH«, brach es vorwurfsvoll aus ihm heraus.

»Wo steckst du denn die ganze Zeit?« Anscheinend ahnte er nicht das Geringste.

»Schatz, es ist etwas Schreckliches passiert, ich bin immer noch in Brasilien …«

»Na toll.«

»Aber nicht mit Absicht, Benni, das musst du mir glauben! Ich bin ja so froh, dass ich deine Stimme höre. Dass ich dich endlich erreiche … Alles okay, mein Schatz, geht es dir gut?«

»Passt schon. Hast du den Typen denn wenigstens getroffen?«

»Nein, Benni, es ist etwas Furchtbares passiert ….«

»Ist der Typ tot?«

»Ja, aber das ist nicht der Grund …«

»Heulst du etwa?«

»Benni, ich bin im Gefängnis!«

Pause. Dann: »Und wann kommst du wieder?« Er begriff es nicht!

»Ich komme hier nicht so schnell wieder raus.« Ich holte tief Luft und wischte mir die Tränen aus den Augen. »Sag, wie geht es dir, wo bist du?«

»Bei Raymond natürlich. Wo sonst?«

Mir wurde schwindelig.

»Und wie geht es dir?«

»Wie soll es mir schon gehen? Wann kommst du nach Hause?«

Ich schluckte, ballte die Faust. Was konnte ich meinem Jungen zumuten? Bloß das Gespräch noch ein wenig in die Länge ziehen, seine Stimme noch hören …

»Wie war dein Fußballspiel?«

»Mama, das ist doch jetzt überhaupt kein Thema«, beschwerte sich mein Sohn. »Ich hab das schon voll vergessen! Wann kommst du?«

»Ich schaff es nicht, Großer, ich komm hier nicht weg.«

»Na, dann mach's gut.«

Er wollte mich doch nicht etwa abwürgen? Das würde ich nicht überleben!

»Benni«, flehte ich, den Kopf an die kühle Wand gelehnt. »Leg nicht auf!«

»Was ist denn noch?«

»Ihr müsst Max aus der Hundepension holen! Die kostet jeden Tag Geld!«

»Wie soll ich das denn machen! Hab ich ein Auto oder was?«

»Gib mir mal Raymond!«

Es dauerte einen Moment, bis der geruhte, das Handy anzunehmen.

»Was ist?«

»Raymond, ich bin im Gefängnis. Das dürfte dir bekannt sein.«

»Nein! Wieso?«, tat er scheinheilig verwundert. »Ich hab keine Ahnung! Was ist denn passiert? Was hast du denn angestellt?!«

»Raymond, jetzt tu doch nicht so blöd, lass den Scheiß! Hör mir gut zu! Du musst meine Vermieterin anrufen und einen Termin mit ihr vereinbaren, hörst du, Raymond? Benni soll alle meine Wertsachen aus der Wohnung holen! Meine Dokumente, Fotos, Schmuck, Klamotten, CDs, meinen Laptop, meine Stereoanlage … Mein ganzes LEBEN ist in dieser Wohnung, verstehst du?«

»Hast du keine anderen Sorgen, Baby? Ist dir langweilig?«

»Raymond, es kann sein, dass man mir die Wohnung kündigt, wenn ich nicht wiederkomme! Bring meine Wertsachen in Sicherheit!«

»Es wird mir ein Vergnügen sein!«

»Raymond, in meinem Haus, in dem du jetzt wohnst, sind auch noch eine Menge Wertsachen, das weißt du! Außerdem schuldest du mir noch vier Monatsmieten. Auch der Flachbildfernseher gehört mir«, sagte ich schrill. Bestimmt war es eine Art Übersprunghandlung, dass ich Raymond, der ohnehin das Kostbarste hatte, was ich besaß, nämlich Benni, jetzt mit solchen Lappalien wie Satellitenreceiver, Staubsauger und Mikrowelle kam.

»Du musst die Bar schließen! Ich brauche dringend Kohle, Raymond! Du musst mir Geld schicken, ich krepier sonst hier drin!«

Es war die reine Verzweiflung, die mich dazu brachte, ihn hilflos anzubetteln.

Raymond quittierte das mit einem hämischen Lachen. »Du scheinst echt keine anderen Sorgen zu haben, Rita. Überleg doch mal, was ich für Probleme habe – jetzt, wo das Geschenk nicht angekommen ist.«

Ich bekam Gänsehaut und stotterte: »Du hast recht, Raymond. Das Einzige, was mir im Leben etwas bedeutet, ist Benni. Raymond, lass uns nicht streiten, ich bin im Knast und mir geht es beschissen. Das Einzige, worum ich dich in diesem Leben noch bitte, ist: Kümmere dich um Benni.«

»Mach ich doch immer.«

»Er kann nichts dafür und er hat sonst niemanden außer dir.«

»Na bitte, das hört sich doch schon anders an.«

»Versprich es mir, Raymond.«

»Ich werde mich um Benni kümmern, bis du wieder zurück bist. Und jetzt *hasta la vista,* Baby.« Klick. Die Leitung war tot.

Uff. Ich ließ mich zu Boden gleiten und starrte ins Leere.

Benni hatte überhaupt nicht begriffen, was Sache war. Sein

beleidigter Ton verriet, dass er glaubte, ich hätte immer noch eine heiße Affäre oder schon wieder eine neue und ihn darüber vergessen.

Ich wunderte mich selbst, dass ich Benni lieber bei Raymond lassen wollte als bei meiner Schwester Tanja in Höxter. Irgendwo tief in mir drin gärte die Hoffnung, dass unser Leben eines Tages in Spanien weitergehen würde, wenn Benni dort blieb, dort zur Schule ging und – ins Drogenmilieu abdriftete. Daran wollte ich gar nicht denken. Dafür hatte ich jetzt keine Kraft. Irgendwann würde ich hier wieder rauskommen. Wenn ich meiner Familie meine ausweglose Lage gestand, ihr beichtete, dass ich wegen einer DROGENSACHE im GEFÄNGNIS saß, würde sie mir Benni für immer wegnehmen. Und das durfte ich auf keinen Fall zulassen. Benni war mein letzter Strohhalm. Wenn man ihn mir entfremdete, würde ich in der Hölle von Aruja keinen Tag länger überleben.

»Na, *Gringa?* Hast du jemanden erreicht?«

»Hier.« Apathisch gab ich Cleide ihr Handy zurück.

In dieser Hölle war ein Tag wie der andere. Ich lungerte tatenlos auf der Matratze herum, die ich mit der kleinen Andreia teilte. Zwischen Müllsäcken und Kakerlaken dämmerten wir vor uns hin. Ohne irgendeiner Beschäftigung nachzugehen. Das war das Allerschlimmste: zu völliger Untätigkeit verdammt zu sein.

Die Zeit wollte einfach nicht vergehen. Die einzige Abwechslung bestand in der täglichen Reinigung unserer Matratze, der Handwäsche unserer Klamotten in einem Plastikkübel und dem Schlangestehen vor der Dusche. Für die hundertsechzig Insassinnen dieses Käfigs gab es vier Löcher in der Decke, aus denen kaltes Wasser tropfte.

Vier Zellen, vier Duschen, vier Toiletten. Die Zellen hießen X1, X2, X3 und X4. Sie waren für sechzehn Personen konzipiert. Irgendwann hatte sich mal jemand was dabei gedacht. Aber nicht, dass sich die Zahl der Bewohnerinnen verzehnfachen würde.

Allerdings gab es in jeder dieser Zellen einen kleinen, tragbaren Schwarz-Weiß-Fernseher, vor den sich dreißig oder vierzig Frauen quetschten, wenn mal wieder eine neue Folge irgendeiner Telenovela kam – seichte Kitschserien, die hier den ganzen Tag über liefen. Sie waren so hirnlos und vorhersehbar, dass ich lieber die Wand anstarrte.

Doch samstags mischte ich mich auch unter die Frauenleiber: Da kam die Musikshow »SABADAÇO«, die den ganzen Nachmittag lief. Hier erwachte zum ersten Mal wieder ein Funken Interesse bei mir – für Salsa, Forró, Baile Funk, Sertaneja. Genau die Musik, die meine jungen Freunde von »Salsa Som« gespielt hatten. Am besten gefielen mir Samba und Pagode. Diese Rhythmen erweckten mich wieder langsam zum Leben. Ein schmerzliches Ziehen erfasste mich, wenn ich mir vorstellte, dass es mir hätte gelingen können, »Salsa Som« nach Europa zu holen. Wie lange sich meine Freunde aus São Paulo wohl noch Hoffnungen auf mich gemacht hatten, bevor sie mich als Verräterin und Hochstaplerin verfluchten? Sie hätten es mehr als verdient gehabt, in dieser Sendung aufzutreten!

Doch die meiste Zeit lag ich lethargisch auf meiner Matratzenhälfte und starrte an die Decke. Besonders nach Nächten, in denen es durchgeregnet hatte und Andreia und ich gezwungen waren, aufzustehen, unsere Matte zusammenzurollen und mit einer Plastiktüte zu schützen, während wir stundenlang unter einer Dachrinne standen, bis wir vielleicht doch noch ein Stündchen Schlaf fanden, war ich so kraft- und mutlos, dass ich wieder in dasselbe schwarze Loch zu fallen drohte wie am Anfang.

»Rita, jetzt reiß dich verdammt noch mal zusammen«, schnauzte mich Neide an, als ich wieder mal heulte. »Wir sitzen hier alle im selben Boot, und jede versucht, das Beste daraus zu machen! Mit welchem Recht lässt du dich hier eigentlich so gehen?!«

Fast glaubte ich die Stimme meiner Mutter zu hören. Auch sie hatte ständig geschimpft, wie egoistisch ich sei, dass ich mal runterkommen solle von meinem hohen Ross. Aber stimmte das denn? Wann in meinem Leben hatte ich die Abzweigung genommen, die mich in diese verzweifelte Lage gebracht hatte? Und hätte ich das damals schon ahnen können?

In diesem Moment beschloss ich, noch einmal gedanklich in die Vergangenheit zurückzukehren.

13

Höxter, Deutschland, November 1984

»Rita, jetzt reiß dich verdammt noch mal zusammen! Du SITZT noch!«

Meine Mutter verpasste mir mit der flachen Hand einen Schlag auf den Hinterkopf und durchbohrte mich mit diesem tadelnden Blick, den sie für mich faules Stück reserviert hatte. Ja, wir saßen alle noch beim Essen, und ja, ich kaute noch an meinem Käsebrot. Aber wenn meine Mutter aufstand, hatte ich ebenfalls aufzuspringen.

»Los, spülen, abtrocknen, Küche aufräumen!« Sie schleuderte mir ihre Küchenschürze hin. Mir schossen die Tränen in die Augen.

Thorsten und Karsten lachten mit vollen Mündern. »Die Kleine heult schon wieder!«

Vater schlug mit der flachen Hand auf den Tisch. »Schluss jetzt! Ich hab den ganzen Tag gearbeitet und will meinen wohlverdienten Feierabend genießen! Rita, bring mir ein Bier!«

Er verzog sich ins Wohnzimmer vor den Fernseher, gefolgt von Thorsten und Karsten, die es sich beide auf dem Sofa gemütlich machten. Meine pubertierenden Brüder lümmelten mit ihren stinkenden Socken in ihren Lieblingsecken und schauten mit Vater die Sportschau. Keiner hatte auch nur ein Messer abgeräumt oder einen Teller in die Durchreiche geschoben. Ich stapfte in den Keller, holte Vater ein Bier, und als meine Brüder mir fordernd die Gläser hinhielten, ging ich noch einmal hinunter, um eine Flasche Cola zu holen.

»Was man nicht im Kopf hat, muss man in den Beinen haben«, scherzte Vater gutmütig.

»Warum nicht gleich so, Kleine«, spöttelte Thorsten und zog die Nase hoch.

»Weil sie zu blöd ist«, sagte Karsten. Er war elf.

Mein Vater, ein pedantischer Besserwisser, der gern mal die Besteckschublade auf den Küchenboden ausleerte, um seiner Frau vorzuführen, wie chaotisch ihr Haushalt war, arbeitete als Beamter im mittleren Dienst. Er hatte Angst vor seinem Chef und schloss sich oft in seinem Büro ein. Zu Hause bestand er auf seinem »Feierabend«, auf Ruhe und Ordnung. Sobald er vor dem Fernseher saß, ergriff auch meine Mutter die Flucht. Sie hatte oben im Schlafzimmer einen eigenen Fernseher und sah darauf ihre Lieblingsserie, »Die Schwarzwaldklinik.« Da gab es einen Arzt, Professor Brinkmann, in den sie ganz verliebt war. Und in den Assistenzarzt, gespielt von Sascha Hehn, war sie auch verliebt.

Laut rasselnd ließ sie die Rollläden herunter, als wollte sie alles aus ihrem kleinen Reich ausblenden. Natürlich war sie als vierfache Mutter und Hausfrau überfordert. Sie war bestimmt in den Wechseljahren, gereizt, frustriert und ständig den Tränen nahe. Sie fühlte sich nicht gewertschätzt, was ich sogar verstehen konnte, denn wer lobte sie denn für ihre Mühe und ihren Fleiß? Sie weinte oft, schlug mit den Türen, zerfleischte sich im Kampf mit den drei halbwüchsigen Kindern, die miteinander stritten wie die Kesselflicker, und dann hatte ihr das Schicksal auch noch ein Baby in den Schoß geworfen. Gerade als sie Licht am Ende des Tunnels gesehen hatte, kam das dicke Ende namens Tanja. Da war es endgültig um sie geschehen. Sie wurde dick und ließ sich gehen, und mein Vater sah sie nicht mehr an.

Und an wem wurde der ganze Frust ausgelassen? An mir.

So empfand ich das jedenfalls, als ich vierzehn war und eine verständnisvolle Bezugsperson gebraucht hätte. Meine Oma Lotte war ja leider an der Nordsee. Ich träumte davon, eines Tages zu ihr und Opa Fuchs zu ziehen, um dort eine gemütliche Fremdenpension zu führen. Aber die nächsten Ferien waren noch weit.

Während ich frustriert den Tisch abräumte, klapperte ich extra laut mit dem Geschirr. Die Welt war so was von ungerecht!

Im Kinderstuhl am verwüsteten Esstisch saß die verwöhnte Tanja. Sie strampelte mit den Beinchen und kleckerte mit Brei. Längst hatte sie keinen Appetit mehr. Aber wegnehmen ließ sie sich das Essen auch nicht. Sie krallte ihre Speckhändchen um den Teller und schrie aus Leibeskräften, wobei sie puterrot anlief. Und zwar mit Absicht. Sie spürte, wer hier das letzte Glied in der Kette war. Berechnend fixierte sie mich, als ich gerade den Tisch abwischte, und hämmerte mit ihrer Schnabeltasse auf den Tisch.

»Ruhe da draußen!«, rief mein Vater genervt. »Sonst setzt's was!«

»Ruhe da unten!«, schrie meine Mutter erbost vom Treppenabsatz, und »Ruhe auf den billigen Plätzen« meine Brüder. Ich hörte sie wiehernd lachen. Ich hasste sie. Ich hasste sie aus vollem Herzen. Thorsten wurde vergöttert und verwöhnt, weil er gerade Abitur machte. Und ich? Ich würde in vier Jahren auch das Abitur machen! Karsten wurde angebetet und bewundert, weil er im Tischtennis so begabt war. Er wurde an den Wochenenden von meiner übereifrigen Mutter sogar zu Turnieren bis nach Paderborn gefahren, wo er meistens gewann. Er stand sogar schon mit Namen und Bild in der Zeitung.

Und ich? Ich war niemand, das Aschenputtel der Familie.

Nicht gerade zärtlich entriss ich Tanja die Schnabeltasse und fuhr ihr mit dem Küchenlappen durchs Gesicht. Sie warf den Kopf in den Nacken und brüllte, bis sie rot anlief. Außerdem hatte sie in die Hose gemacht, wie am Gestank unschwer zu erkennen war.

Hastig versuchte ich, sie aus dem Kinderstühlchen zu heben, aber sie machte sich steif wie ein Brett.

»Ruhe, verdammt noch mal!« Die Wohnzimmertür wurde von einem besockten Männerfuß zugeknallt.

Ich kämpfte mit dem trotzigen Kleinkind, das nach mir schlug, schleifte den Kinderstuhl über den Boden, bis er krachend zu Boden fiel.

»Warte, bis ich dir helfe«, brüllte mein Vater. »Wenn ich aufstehe, dann knallt's.«

Mir liefen die Tränen. Unter der Last meiner fast zweijährigen Schwester kämpfte ich mich die Treppe hoch, um das liebe Kind von seiner vollen Windel zu befreien und es zu baden. Es brüllte wie am Spieß.

»So. Das reicht.« Meine Mutter kam aus ihrem Schlafzimmer und prügelte auf mich ein. »Wage es nicht, deine Wut an deiner kleinen Schwester auszulassen«, brüllte sie mich an. Dann riss sie mir die frisch gebadete Tanja aus den Armen, hüllte sie in ein Handtuch und nahm sie mit in ihr Bett. Nicht ohne mir die Tür vor der Nase zuzuknallen.

»Und jetzt mach, dass du in die Küche kommst!«, hörte ich sie noch schreien.

»Wieso immer ich!«, rief ich weinend. »Die Jungs können doch auch mal …«

»Ein bisschen Hausarbeit steht einem jungen Mädchen

gut zu Gesicht«, rief mein Vater tadelnd aus dem Wohnzimmer.

»Gewöhn dich schon mal dran«, wieherten meine Brüder. »Du kannst ja sonst nichts!«

Das Schlimme war, dass selbst meine kleine Schwester Tanja schon genau spürte, mit wem sie sich verbünden musste, um auf der sicheren Seite zu sein. Mit DEN ANDEREN.

14

Aruja, Brasilien, Weihnachten 2005

DIE ANDEREN bekamen regelmäßig Besuch. Die brasilianischen Familien hielten wirklich zusammen, im Gegensatz zu meiner »Familie«. Jeden Sonntag drängten sich Hunderte von Frauen und Kindern in unserem ohnehin schon überfüllten Matratzenlager, während die Männer draußen vor dem Gitter bleiben mussten.

Ich wusste nicht, wen ich mehr beneidete: die Mütter, die ihre Kinder in die Arme schließen durften, oder die Frauen, die versuchten, durchs Gitter Zärtlichkeiten mit ihren Männern auszutauschen.

Auf mich wartete niemand. Meine Sorge um Benni brachte mich schier um, denn ich wusste nicht, was aus ihm geworden war.

Nun war ich schon seit über sieben Monaten in dieser Hölle, und kein Mensch auf dieser Welt schien mich zu vermissen.

So beschloss ich, an Weihnachten aus dem Leben zu scheiden. Ich hatte schon lange angefangen, Schlaftabletten zu sammeln und in meiner Plastiktüte zu horten. Damit wurde hier eifrig gehandelt. Besucher brachten heimlich Antidepressiva, Beruhigungsmittel, Schlaftabletten und auch härtere Sachen mit. Jede Insassin durfte eine Plastiktüte besitzen, aus Platzgründen nicht mehr. Die Frauen, die regelmäßig Besuch bekamen, hatten Instantkaffee, Zucker, Cola, Waschpulver und Zahnpasta. Diejenigen, die Drogen nahmen, starrten den ganzen Tag mit gebrochenem Blick vor sich hin oder kicherten und wälzten sich singend auf der Matte. Andere gingen aus Not eine lesbische Beziehung ein. Es gab Mannweiber, die gegen Sex anderen Mädchen Schutz vor körperlichen Übergriffen anboten. Ich selbst wehrte mich gegen jede Art der Annäherung, konnte Berührungen nicht ertragen.

Ich hockte apathisch auf meiner Matratze, die inzwischen neben den Toiletten auf dem Boden lag. An den Gestank des benutzten Klopapiers, das aus den Plastikeimern quoll, hatte ich mich längst gewöhnt. Um Verstopfungen zu vermeiden, wurde es grundsätzlich nicht in der Toilette entsorgt, sondern in offene Plastikeimer geworfen. Dort gaben sich auch Monatsbinden und Tampons ein Stelldichein.

Meine Nachbarin war eine verhutzelte Brasilianerin, die sich die langen schwarzen Haare ausriss und dann genüsslich verspeiste. Sie kaute auch Fingernägel und zerbiss die eigenen Läuse. Am liebsten tat sie sich an ihrem eigenen Naseninhalt gütlich. Sie konnte stundenlang popeln. Und da war sie nicht die Einzige! Man wurde hier verrückt. Man wurde zum Tier. Man ekelte sich vor sich selbst.

Nein, ich würde diesem Leben ein Ende bereiten. Die Schlaftabletten würden mich sanft ins Jenseits katapultieren, während die anderen Weihnachten feierten. Niemand würde etwas merken.

An Heiligabend wurde so gut es ging gewaschen und geputzt. Die vier Zellen wurden sogar provisorisch mit Geschenkpapier und Kleister »tapeziert«. Plastikweihnachtsbäumchen kränkelten auf dem Fußboden herum, mit kitschig blinkenden Lichtern. Lametta hing an den Gittern. Und dann quollen die Besucherinnen herein, brachten Lebensmittel mit,

Waschpulver, Hygieneartikel, Anziehsachen und kitschigen Weihnachtsschmuck, der unter Geheul und Freudentränen verteilt wurde. Auf kleinen Elektrostövchen wurde gekocht und gebrutzelt, und prachtvolle Früchte wie Mangos, Ananas und Papayas aufgeschnitten. Mütter drückten ihre Kinder an sich, Geschenke wurden ausgepackt, manche stimmten Weihnachtslieder an, andere beteten, viele weinten.

Jemand hatte eine alte Stereoanlage hereingeschmuggelt, und nun hallte Samba durch den Käfig. Die Brasilianerinnen gingen ab wie die Zäpfchen, feierten, tanzten, schrien, lachten und vergaßen ihren Schmerz. Nur ich hielt mich im Hintergrund, ließ die nicht totzukriegende Lebensfreude der Brasilianerinnen an mir abprallen und schloss mit meinem Leben ab.

Acht Monate hatte ich es hier nun ausgehalten, ohne dass sich etwas getan hatte. Es gab kein Urteil, ich hatte immer noch keinen Anwalt, Herr Sattmann, der selbstgefällige Konsul, hatte mir nicht weitergeholfen, und von Benni gab es auch kein Lebenszeichen.

So rollte ich mich auf meiner Matratze zusammen und schluckte alle dreiundzwanzig Schlaftabletten. Mein Leben war gut gewesen. Ich hatte beruflich viel erreicht, obwohl ich kein Abitur mehr gemacht hatte. Alle meine Jobs hatten mir Spaß gemacht und hatten mich weitergebracht. Ich hatte in einem Striptease-Internetportal gearbeitet und mit Telefonsex gutes Geld verdient. Dann hatte ich das »Skyy«, eine Disko, in der ausschließlich Black Music gespielt wurde, zu einer Goldgrube gemacht. Ich durfte die Liebe meines Lebens treffen. Tony. Der mir meinen wundervollen Sohn Benni geschenkt hatte – vierzehn Jahre lang mein Lebensinhalt. Mein Ein und Alles, mein Sonnenschein. Ich hatte mir in den letzten vier Jahren noch meinen Lebenstraum erfüllt, war mit Benni nach

Spanien ausgewandert. Auch dort war es mir wieder gelungen, Fuß zu fassen. Ich durfte eine tolle Bar eröffnen und ihr meinen Stempel aufdrücken, ja, sogar meine große Liebe Tony wiedersehen.

War das nicht mehr, als sich die meisten Frauen dieser Welt erträumen konnten? Eine euphorische Vorfreude auf ewigen Frieden ergriff von mir Besitz. Ich hätte das schon viel früher tun sollen! Auf den leichten Schwingen des Todes davonzufliegen kostete gar nicht so viel Mut! Im Gegenteil, alles in mir war gelöst und entspannt. Ein Glücksgefühl breitete sich bis in die Arme und Beine aus, ließ Fingerspitzen und Zehen kribbeln und durchflutete mich. Ich sah das runzelige, liebe Gesicht meiner Oma Lotte, die Gartenschaukel im Sommerwind schwingen, ich hörte die Kutsche und musste lächeln, als mir der Name vom jungen Müllkutscher wieder einfiel: Fiete. Was aus dem wohl geworden war? Ich sah Opa Fuchs mit Arco in seinem Schuppen verschwinden. Ich roch die frische Brise der Nordsee. Ich sah das Storchennest.

Das Letzte, was ich fühlte, während um mich herum die Hölle tobte, war tiefe Dankbarkeit. Ja, ich lag nun auf meinem Sterbebett. Besser gesagt, auf einer Matratze voller Ungeziefer. Aber was machte das schon? Zufriedenheit füllte mich aus. Es war ein gutes Leben gewesen, und ich konnte jetzt gehen.

»He! Rosario! Wach endlich auf! Du hast das gesamte Weihnachtsfest verschlafen!«

»Wie?« Das durfte doch nicht wahr sein! Ein Dutzend Frauenarme rüttelte an mir. Offene Münder mit schlechten Zähnen waren über mich gebeugt, schrille Laute drangen an mein Ohr.

»Schlafmütze! Was ist denn mit dir los!«

»Wir haben längst aufgeräumt und saubergemacht! Wir haben dich mitsamt deiner Matratze hin- und hergeschoben, weil wir um dich herum gewischt haben!«

»Willst du uns nicht helfen oder kannst du nicht?«

»Hallo? Rita!« Leichte Ohrfeigen holten mich zurück ins Hier und Jetzt. Hatte ich vor achtundvierzig Stunden noch damit gerechnet, in den Himmel zu kommen, so war das hier doch wohl eindeutig die Hölle!

»Wir haben dir was zu essen aufgehoben!«

»Mund auf, es ist noch warm!«

Eifrige Hände schoben mir einen Plastiknapf vor den Mund, und der Geruch von scharf gewürztem Gebratenem stieg mir in die Nase. Mein Magen verkrampfte sich.

»Vorsicht, sie kotzt!«

In letzter Sekunde gelang es den anderen, mich vor ein Toilettenloch zu schleifen.

Ich würgte den Rest der Tabletten heraus, bis nur noch Galle kam.

»He, Rita. Du musst was trinken. Hier.«

Jemand schob mir einen Becher Cola vor die Brust. So ausgetrocknet und verdorrt, wie ich war, schmeckte sie köstlich. Ich trank sie gierig aus. Benommen ließ ich mich mitsamt meiner Matratze in eine Zelle schleifen, wo man meinen schlaffen Oberköper gegen die Wand lehnte.

»Wir haben gute Neuigkeiten, Rita!«

»Wie?« Ich versuchte, die Augen offen zu halten. Mein Kopf kippte immer wieder zur Seite.

»An Heiligabend sind ein paar Justizbeamte gekommen, Erika aus X3 hat das mitgekriegt, weil sie am Gitter stand. Alle Ausländerinnen sollen verlegt werden!«

Ich versuchte, diese Information abzuspeichern. Das würde bedeuten, dass ich – aus der Hölle Aruja rauskommen würde?

»Du kommst auch in ein anderes Gefängnis, *Gringa!*«

Ganz langsam begann mein Herz wieder zu schlagen. Das war ein winziger Lichtschimmer am Ende des Tunnels! Jedes andere Gefängnis war besser als DER KÄFIG!

»Das bedeutet, dass du arbeiten darfst!«

»Ja, die haben eigene Werkstätten und Fabriken, sogar Nähmaschinen und so was!«

»Aber erst musst du was essen!«

Andreia, das junge Mädchen, das versucht hatte, mir Portugiesisch beizubringen, fütterte mich wie ein kleines Kind. »Schön kauen und schlucken, Rita, und jetzt noch ein winziges Löffelchen für Cleunice … für Neide … für Cleide und eines für Breide. So ist's gut.« Sie klopfte mir liebevoll auf die Wange. »Wird schon wieder, Rita. Wir sind alle mal down.«

15

Auja, Brasilien, Silvester 2005/2006

»Komm mit, Rita. Meine Mutter ist da. Die musst du kennenlernen!«

Andreia schleifte mich durch das Gewühl im Käfig. Niemand ahnte, dass heute mein 35. Geburtstag war. Dabei hatte ich mir doch so fest vorgenommen, ihn nicht mehr zu erleben!

Vorsichtig stakste ich mit meinen dürren Beinen, die mich kaum noch hielten, über die Matratzen der anderen, die mit reichlich Kindern und Sack und Pack beladen waren. Im Bereich der Zelle X4 blieb sie atemlos stehen.

»Hier! Das ist meine Mutter Sandra. Und das sind meine Kinder.«

Die zierliche knapp Achtzehnjährige hatte schon zwei kleine Töchter!

Stolz präsentierte mir Andreia ihre Familie, die sie jede Woche treu und vollzählig besuchte. Der Vater, ihre Brüder und ihr Verlobter standen draußen am Gitter und winkten mir zu.

»Hab schon viel von dir gehört«, begrüßte mich Sandra, als ich mich zwischen den vielen Leibern zu Boden sinken ließ. »Wir beide dürften im selben Alter sein. Danke, dass du dich so nett um meine Tochter kümmerst.«

»Ähm … Also, die Wahrheit ist, sie kümmert sich um MICH!«

»Du hast ihr immerhin Lesen und Schreiben beigebracht. Das ist wirklich großartig von dir!«

»Und sie mir immerhin Portugiesisch!« Wir strahlten uns an und mochten uns auf Anhieb.

Während die blutjunge Andreia ihre schokoladenbraune Zweijährige herzte, streckte ich die Hände nach dem Baby aus. »Darf ich?«

Schon hatte ich das greinende kleine Wesen im Arm. Sehnsüchtig vergrub ich die Nase in den weichen Halsfalten, in denen letzte Reste von Babycreme klebten.

Süße Erinnerungen an meinen kleinen Benni ergriffen von mir Besitz. Genauso hatte er gerochen, genauso hatte er sich angefühlt, genauso zahnlos hatte er mich angelacht, und genauso hatten mich diese schwarzen Kulleraugen fixiert!

Sandra reichte mir eine Schale mit frisch geschnittenen Früchten: Ananas, Mangos, Melonen, Orangen und Bananen. Mithilfe eines Zahnstochers pickte ich mir ein paar saftige Häppchen heraus. Auf meiner Zunge fanden regelrechte Geschmacksexplosionen statt, so köstlich waren die Früchte!

Mir schossen Tränen in die Augen. »Das ist das erste Mal, dass mir jemand …«

»Schon gut, Rita. Wir haben dich alle sehr gern.« Andreia strich mir über die Schulter.

»Wie werdet ihr heute Silvester feiern?«, fragte Sandra, um mir Gelegenheit zu geben, mich zu fangen.

»Oh, die eine Hälfte wird sich schön machen, als ginge sie in die Disco«, schwärmte Andreia, die schon das zweite Silvester hier verlebte. »Und die andere schnüffelt Nagellackentferner und wird auf diese Weise high. Wir werden so oder so unseren Spaß haben.«

»Ja, wird das denn nicht kontrolliert?«, fragte Sandra überrascht.

»Das kommt auf die Zellenältesten an! In X3 und X2 wird geschnüffelt, was das Zeug hält, Jeiza von X1 dagegen hat ihre Mädels fest im Griff. Da gibt es so was nicht.«

Ja, es herrschte eine strenge Hierarchie unter den Gefangenen, an der nicht gerüttelt wurde. Jede Zelle hatte eine gewählte Sprecherin, die das Sagen hatte. Manchen gelang es mit natürlicher Autorität, ein paar Regeln durchzusetzen. Andere brüllten und kreischten, schütteten Wischwasser über die Matratzen und wurden handgreiflich. Da ich mich aus allen Cliquen rausgehalten und mich ganz in mich selbst zurückgezogen hatte, gehörte ich nirgendwo dazu, hatte aber auch keine erbitterten Feindinnen. Gabi aus X1 brachte mir seit meinem Selbstmordversuch morgens immer einen sehr guten Kaffee, und Jeiza sorgte mit Andreia dafür, dass ich jeden Tag ein paar Bissen aß.

Es waren übrigens gar keine Schlaftabletten gewesen, die ich so eifrig gesammelt hatte. Sondern Antidepressiva, wie ich erst jetzt herausgefunden hatte. Deswegen hatte ich das Sterben so schön gefunden.

»Wie ich höre, wäre dir mit Schreibpapier und Kugelschreibern sehr geholfen. Bitte sehr!« Andreias Mutter zauberte einige Notizblöcke und Stifte aus ihrer Umhängetasche.

»Wie? Die sind – für mich?«

»Ja klar. Für euren gegenseitigen Unterricht.«

»Aber die kann ich nicht bezahlen.«

»Das macht nichts. Wenn du mal an Geld kommst, passt es. Ansonsten ist es auch okay.«

Ich fiel Sandra gerührt um den Hals. Dieses Schreibpapier würde mich aus meiner Einsamkeit erlösen, mir aus meiner Totenstarre helfen. Es würde meinem Leben wieder einen Sinn geben.

»Das ist das schönste Geburtstagsgeschenk meines Lebens«, heulte ich los.

»Was? Du hast heute Geburtstag? Warum sagst du denn nichts, du dumme Nuss!«

Und plötzlich waren wir ein Knäuel aus sich umarmenden Menschen.

16

Köln, Deutschland, 5. Februar 1987

Ein Knäuel aus sich umarmenden Menschen tanzte vor der Altstadtkneipe. Es war Weiberfastnacht – »Wieverfastelovend« wie man in Köln so schön sagt. Schon am Bahnhof waren mir Hunderte von jecken Frauen entgegengekommen, die ungehemmt fremde Schutzmänner küssten und arglosen männlichen Passanten die Krawatten abschnitten. Ich konnte es nicht fassen! Alle waren verkleidet, jeder lachte, sang, tanzte! Und ich, die kleine, verschüchterte Rita Fuchs aus Höxter mittendrin! Neugierig schlüpfte ich ins Lokal. Sogar auf den Fensterbänken standen sie dicht gedrängt mit einem Kölsch in der Hand, mit roten Nasen und strahlenden Gesichtern. »En uns'rem Veedel«, grölte die verkleidete Menge, »det es doch klor, mer blieven, wo mer sin, schon all die lange Johr … Denn he hält m'r zosamme ejal, wat ooch passeer … en uns'rem Veedel …«

Kaum hatte ich die Kneipe betreten, öffnete sich schon der Kreis, und ich wurde von wildfremden Menschen in ihre Mitte gezogen. Oh, wie peinlich, ich war ja kein bisschen verkleidet! Aber wahrscheinlich hielten die Karnevalisten Kölns meine rote Cordhose, meinen Rauten-Pullunder und meinen Lodenmantel auch für ein Kostüm.

Mein Herz klopfte vor Freude. Es war ja noch nicht mal Mittag, aber »en der Wirtschaft is die Stimmung jrooß!«

Jemand drückte mir ein Glas Bier in die Hand, das ich sofort auf ex austrank.

Nach einem fürchterlichen Krach mit meinen Eltern wegen einer Fünf in Mathe hatte ich heute einfach kurzerhand die Schule geschwänzt, mich in den Zug gesetzt und war nach Köln gefahren. Na und! Hier tobte wenigstens das Leben! Mir war alles scheißegal. Sollten sie doch ruhig auf mich warten! Sollten sie mich doch endlich mal vermissen! Ich wollte einfach nicht mehr ihr seelischer Fußabtreter sein!

Ja, die Versetzung war gefährdet, das wusste ich selbst. Das mussten mir meine Eltern nicht noch ins Gesicht schreien. Wie sollte ich auch Zeit zum Lernen finden bei Tanjas ständigem Gebrüll und dem rücksichtslosen Verhalten meiner Brüder?

Ja, auch in Latein und Französisch stand ich auf Fünf. Scheiß drauf! Ich hatte eh keinen Bock mehr auf Schule! Alles drehte sich nur um den armen Thorsten, der nun zum Militär ging. Und um den ach so hochbegabten Tischtennisprofi Karsten. Um das verwöhnte Kleinkind Tanja, die alle um den Finger wickelte.

Und wer wurde für jeden Scheiß angeschnauzt? Ich. Wer musste kochen, putzen, waschen, aufräumen und Babysitten? ICH!

NEIN DANKE! Ich war Silvester siebzehn geworden und hatte die Schnauze gestrichen voll! Jetzt bestimmte ich mein Leben selbst!

Ausgelassen tanzte ich mit diesem Menschenknäuel mit. Jemand hängte mir Luftschlangen um den Hals, eine laut singende Frau, die nicht mehr ganz nüchtern war, zückte ihren Lippenstift und malte mir Herzchen ins Gesicht.

Auf einmal fühlte ich mich leicht und frei und vor allem eines: dazugehörig!

War das nicht wundervoll, dass fremde Menschen am hellichten Tag abgingen wie Raketen, sich verbrüderten, küssten, umarmten und einfach nur GUT DRAUF waren?!

Das hatte ich noch nie erlebt!

»Drink doch ene mit! Stell dich nit esu ann, du stehs he die janze Zick erüm! Häss du och kei Jeld, dat is janz ejal, drink doch met unn kümmer disch net drümm!«

Die Menge grölte inbrünstig zu den Klängen der »Bläck Fööss«, und wieder öffnete sich der Kreis, um einen Schwarzen hineinzuziehen, der tatsächlich etwas verloren neben dem Durchgang zur Toilette gestanden hatte. Der schien das Ganze hier genauso zu bestaunen wie ich. Der groß gewachsene, bildschöne junge Mann kam neben mir zu stehen. Na gut, ich hatte etwas nachgeholfen. Der war ja ein Traum! Genau wie ich schien er sich hierher verirrt zu haben, jedenfalls war er weder verkleidet, noch konnte er die Texte mitgrölen.

Auf einmal standen wir Arm in Arm da, eng umschlungen, und schunkelten hin und her wie zwei ungleiche Bäume im Wind. Der hochaufgeschossene Schwarze, der wie eine exotische Palme wirkte, neben der kleinen, jungen Birke Rita aus heimischen Wäldern.

»*What's your name?*« brüllte ich ihn an, nachdem ich mir mit dem dritten Glas Kölsch Mut angetrunken hatte.

»Tony!« Er hatte strahlend weiße Zähne, mit denen er mich entwaffnend anlächelte.

»Rita!« Ich zeigte auf meine Wenigkeit.

»*Where are you from?*«

»Höxter! *And you?*«

»*Ghana! Accra! Do you know?*«

»Ja, aus dem Schulatlas!« Ich lachte zu ihm empor. Mein Herz klopfte nun schon lauter.

Er fühlte sich so gut an, er roch so gut, er war einfach hinreißend! Seine samtbraunen Augen sahen mich an, als wäre ich etwas ganz Besonderes!

Sind alle Menschen dort so schön und hochgewachsen?, hätte ich am liebsten gefragt, aber dafür war ich zu schüchtern.

Gegen den Krach anschreiend, erklärte ich ihm auf seine Nachfrage hin, wo Höxter lag, was ihn aufrichtig zu interessieren schien, und mogelte mein Alter über die Volljährigkeitsgrenze.

»*You look so young!*« Tonys Stimme war warm, sein Akzent betörte mich, seine dunklen Augen waren die schönsten, die ich je bei einem Mann gesehen hatte.

»Ja, das sagen alle, aber das sind einfach nur meine guten Gene!«

»Du hast wunderschöne Haare, Rita!«

Längst tanzten wir eng aneinandergeschmiegt, und das herrliche Schmuselied »Wie soll dat nur wigger jon …?« sprach mir aus der Seele.

»Was machst du, wenn du nicht gerade Karneval feierst?«

»Ich studiere Maschinenbau! Und du?«

»Ich bin noch Schülerin. Aber darauf hab ich keinen Bock mehr!«

»Dein Englisch ist aber sehr gut!«

»Könnte noch viel besser werden«, konterte ich vielsagend.

Er erklärte mir, dass seine Familie ihn unterstützte und große Hoffnung in ihn setzte.

Nach einigen weiteren Kölsch, von denen ich mich an diesem Tag ausschließlich ernährte, verließen wir Hand in Hand das Lokal. Es war inzwischen später Nachmittag, und draußen tanzten neben den vielen angetrunkenen Jecken auch dicke Schneeflocken durch die Gassen der Altstadt.

»Uff, ich glaub, mir ist ein bisschen schwindelig …« Die

kalte Luft schlug mir ins Gesicht wie ein Eimer kaltes Wasser. Wenn ich eines nicht wollte, dann jetzt mit dem Zug nach Hause fahren. Ganz im Gegenteil! Ich wollte bei diesem geheimnisvollen, attraktiven Mann bleiben.

Tony, der übrigens keinen Alkohol getrunken hatte, stützte mich lachend.

»Du solltest vielleicht erst mal was essen?«

»Oder einfach mal 'ne Runde schlafen …«

Und so geleitete mich Tony zu seiner Studentenbude in Ehrenfeld, wohin wir mit der U-Bahn fuhren.

»Wartet keiner auf dich, kleine Rita?«, fragte er, als wir die Treppen bis zum vierten Stock hochstiegen. Das heißt, er nahm immer zwei bis drei Stufen gleichzeitig, während ich auf zitternden Beinen hinter ihm her trippelte.

»Nein«, antwortete ich trotzig, als ich mich in seine Wohnung schieben ließ.

Es war eine gemütliche Junggesellenbude. Auf dem Wohnzimmertisch stand eine Schreibmaschine, daneben lagen jede Menge Lehrbücher zum Thema Maschinenbau. Die Tür zum Schlafzimmer schob Tony mit dem Fuß zu.

Während er mir in der Küche einen Tee kochte, sah ich mich staunend im Raum um.

An den Wänden hingen riesige, gerahmte Fotos von den größten Brücken dieser Welt. Die Golden Gate Bridge kannte ich natürlich von Bildern, die Brücke in Sydney vor dem berühmten Opernhaus konnte ich auch identifizieren.

»Das ist die Sydney Harbour Brigde«, erklärte mir Tony, die Teekanne in der Hand.

»Ein Meisterwerk der Ingenieurskunst.« Er stand hinter mir, und ich spürte seinen muskulösen Körper, während er mit der Tülle der Teekanne auf die Brücke zeigte. »52 800 Tonnen Stahl …«

Ja, dachte ich beeindruckt. Das dürfte bei dir in etwa auch hinkommen.

»Weißt du, wie die Haltbarkeit getestet wurde?«

»Ähm … Wessen?«, fragte ich leicht beschwipst.

»Der Brücke, *sweet little Rita.*« Er lachte ein so melodisches Lachen, dass mir die Knie weich wurden. »96 Dampflokomotiven gleichzeitig haben sie drüberfahren lassen …«

Ja, ungefähr genauso viele fuhren gerade über mein frisch verknalltes Mädchenherz.

»Allein das Anstreichen dauert zehn Jahre«, referierte Tony weiter. »Kaum ist man damit fertig, muss man auch schon wieder von vorn anfangen.«

Ich drehte mich um und starrte ihn verzückt an: »Du bist wirklich ein Spezialist auf deinem Gebiet …«

»Warte nur, worin ich noch *very special* bin …«

Mir schoss die Röte ins Gesicht. Mein Herz raste wie eine Dampflokomotive.

»Ruh dich erst mal aus, okay?« Er zeigte auf das schwarzweiß gemusterte Sofa, das er offensichtlich mit Zebrafell bedeckt hatte.

»Und wenn du nachher noch Lust hast, zeige ich dir eine Disko, in der Black Music gespielt wird. Aber vorher muss ich noch ein paar Stunden lernen.«

Er ging zurück in die Küche, wo der Teekessel ihn und mich zur Raison pfiff.

»*Welcome to my home, little Rita!* Nimm doch bitte Platz!«

Das tat ich. Und ging nie wieder weg.

17

Aruja, Brasilien, 15. Januar 2006

»Ein frohes neues Jahr, Frau Rosario. Nehmen Sie doch bitte Platz.«

Der selbstverliebte Konsul mit dem gezwirbelten Schnurrbart und den Bügelfalten in seinen klein gemusterten Golfhosen beehrte mich mal wieder. Er hatte sich einen Weihnachtsurlaub in der Karibik gegönnt, weshalb er lange nicht aufgetaucht war. Dafür war seine Gesichtsfarbe noch tiefröter als sonst.

»Heute habe ich ein bisschen Papierkrieg für Sie mitgebracht …« Umständlich breitete Herr Sattmann einen Stapel behördlicher Unterlagen auf dem Tisch aus, der die Besucher von den Insassen trennte. An der grün gestrichenen Wand lehnten zwei Wärterinnen, die gelangweilt auf ihren Handys herumtippten.

»Hier, das müssten Sie alles mal in Ruhe lesen, das habe ich zum Teil schon vorsortiert beziehungsweise meine Sekretärin, Frau Heller …«

»Ich habe gehört, dass die Ausländerinnen verlegt werden«, fiel ich ihm erwartungsvoll ins Wort. Ich wusste, dass sich dieser Mann gern selber reden hörte, weshalb für eventuelle Rückfragen später vielleicht keine Zeit mehr sein würde. Länger als eine Viertelstunde blieb der Herr Konsul nie.

»Davon weiß ich leider gar nichts.« Herr Sattmann zwirbelte hingebungsvoll seinen Schnurrbart. »Das hier ist eine Auskunft der Sparkasse Höxter.« Er ließ seine manikürten Finger darübergleiten. »Sie sind im Besitz von 348 Euro und 28 Cent. Das ist ein Sparbuch, das Ihre Eltern zu Ihrer Erstkommunion angelegt haben, aus Geldgeschenken der Verwandtschaft.« Er zupfte an seinen Bartenden. »Die habe ich Ihnen hierher überweisen lassen.« Er sah mich Beifall heischend an, als hätte er Amerika entdeckt. »Den ersten Schein in bar kann ich Ihnen direkt überreichen, abzüglich meiner Leihgabe von damals.«

Er legte mir mit großer Geste zweihundert Reais hin und nickte großzügig: »Passt schon.«

Die roten Äderchen auf seinen fleischigen Wangen leuchteten.

Ja sollte ich ihm jetzt dafür um den Hals fallen?

»Ich-lebe-in-Spanien.«, sagte ich so langsam und deutlich, wie man mit einem Kind spricht, das nicht aus dem Sandkasten essen soll. »Seit vier Jahren. Dort habe ich auch ein gut gefülltes Konto mit ungefähr zehntausend Euro. Aus den Einkünften meiner Bar. Dass ich überhaupt noch ein Konto in Deutschland hatte, wusste ich gar nicht.«

»Dann wissen Sie es jetzt.« Herr Sattmann nickte gönnerhaft, tat so, als hätte er soeben meine Freilassung erwirkt, dabei hatte er nicht das Geringste kapiert und nichts erreicht! Was sollte ich denn mit den bescheuerten dreihundert Euro von meiner Erstkommunion?

»Was ist daran so schwer, mein Geld aus Spanien hierher überweisen zu lassen? Ich habe Ihnen eine Vollmacht dafür ausgestellt, bereits vor Wochen!« Am liebsten hätte ich mit der Faust auf den Tisch gehauen. In meinen Augen tanzten kleine Dolche. War der Mann zu blöd oder zu selbstherrlich? Oder hatte er einfach Spaß daran, mich subtil zu quälen?

»Ich verstehe ja, dass Sie kein Spanisch sprechen und Ihnen ein Anruf bei meiner dortigen Bank lästig ist. Aber Sie werden doch irgendjemanden kennen, der Spanisch spricht«, hörte ich mich laut werden.

»Spanien ist nicht mein Hoheitsgebiet«, sagte er gelassen. »Sie haben einen deutschen Pass und sind deutsche Staatsbürgerin. Somit kümmere ich mich um Ihre Angelegenheiten in Deutschland. Und dafür erwarte ich einen etwas freundlicheren Tonfall. Wenn Ihnen das nicht passt, verschwende ich hier nicht länger meine Zeit.«

Er hob schon eine Arschbacke, um sein sofortiges Verschwinden anzudrohen. Sein Schnurrbart zitterte vor Empörung.

»Ist ja gut«, rang ich mir ab.

»Übrigens haben Ihnen auch Ihre Eltern dreihundert Euro geschickt«, ließ er plötzlich die Bombe platzen. »Ich hatte ihnen mitteilen lassen, dass die Grundsicherung in Deutschland noch nicht angelaufen ist. Weil Sie ja spanische Residentin sind.« Er sah mich Lob heischend an.

»Wie bitte?« Meine Halsschlagader wummerte. »Sie haben meinen Eltern geschrieben? Dass ich im Knast bin?!«

»Das hätte sich ja über kurz oder lang nicht vermeiden lassen.« Er legte die Fingerspitzen aneinander und fixierte mich wie ein interessantes Insekt, das versucht, trotz eines ausgerissenen Beinchens weiterzukrabbeln.

»Aber mein Vater leidet an schwerer Diabetes …«

»Ja, Ihre Mutter hat so was erwähnt.« Herr Sattmann schüttelte betroffen den Kopf. »Und dann noch das Herz. Er ist ja auch nicht mehr der Jüngste. Die Nachricht hat ihn schwer mitgenommen.«

Sie Idiot!, hätte ich am liebsten gebrüllt.

»Ich brauche von meinen Eltern kein Geld!« Wütend verschränkte ich die Arme vor der Brust.

»Frau Rosario. Jetzt sollten Sie Ihren verletzten Stolz mal hintanstellen.« Herr Sattmann musterte mich nachsichtig, und ich starrte auf ein langes, weißes Nasenhaar, das sich kringelnd mit seinem Schnurrbart vereinte.

»Jetzt geht es ja gar nicht mehr in erster Linie um Sie. Ihre Familie ist tief getroffen und versucht, aus der Situation das Beste zu machen. – Hier.« Er legte mir einen weiteren Schrieb hin. Mein Herz machte einen dumpfen Satz. Das war die penible Handschrift meiner Mutter. In der sie damals meine Briefe beantwortet hatte. Als ich die Sache mit Tony erklären wollte. Als ich um Verständnis gebettelt, darauf gehofft hatte, ihn einmal mitbringen zu dürfen. Damit sie ihn wenigstens kennenlernen konnten. »Negerhure!«, war ihre Antwort gewesen. Sonst nichts. Keine persönlichen Zeilen. Nur mein eigener Brief mit vielen höhnischen Ausrufezeichen, Fragezeichen und »Hört, hört!« am Rand. Ich hasste meine Mutter!

»Den können Sie vielleicht später lesen.«

Ja. Mit Sicherheit. Ich würde Herrn Konsul Selbstherrlich bestimmt nicht die Freude machen, vor seinen Augen in Tränen auszubrechen.

»So. Und *last, but not least* …« Er schien den stummen Trommelwirbel zu genießen, mit dem er einen letzten blauen Luftpostbrief aus der Aktentasche zog. BENNI! Das war seine krakelige Handschrift!

Ich wollte ihn ihm entreißen, aber er zog seine Hand weg.

»Nur so viel zur Causa Benjamin, Frau Rosario. Das Jugendamt Höxter hat Ihnen in Abwesenheit das Sorgerecht entzogen.« Wieder blätterte er in seinem Stapel Aktennotizen herum. »Mit der Begründung …« Er suchte seine Lesebrille.

Mein Herz hämmerte. Dumpf und schmerzhaft schlug es

von innen gegen meine Rippen. Merkte der Mann denn nicht, dass meine Welt gerade in tausend Scherben zerbrach?

»Ja. Hier. Er war in einem Kinderheim in Málaga, nachdem sein – ähm – also, Ihr ehemaliger Lebensgefährte, Herr Raymond Ngorongo, ihn vor die Tür gesetzt hatte. Tja, lassen Sie mal sehen … Also hier steht, Benjamin sei ganz allein nach Málaga getrampt, wo er sich in seinem Fußballclub versteckte, bis ihn die Polizei aufgriff. In dem Kinderheim in Málaga hat er sich allerdings nicht sehr wohlgefühlt, da dort Erziehungsmethoden herrschen, die er – nicht gewöhnt war.« An dieser Stelle sandte er mir einen spöttischen Blick. »Und nachdem er Ihre Schwester Tanja um Hilfe gebeten hatte …«

Mir schwante Fürchterliches. Ich starrte ihn an und versuchte, einen Riesenkloß hinunterzuschlucken.

»Ihre Schwester Tanja hat ihn dann zu Ihren Eltern nach Hause geholt. Jedoch gelang auch hier wegen des gesundheitlichen Zustands Ihres Vaters keine kindgerechte Unterbringung, zumal Ihre Schwester Tanja mit ihrer Tochter Charity auch noch im Elternhaus wohnt.« Er machte eine Pause und sah mich mit geschürzten Lippen fragend an. »Charity. Ist das ein Name?« Er las die Passage noch einmal und gab sich selbst die Antwort. »Charity Fuchs, wohnhaft in Höxter, Efeuweg 5. Na ja. Wer's mag.«

»Wo ist Benni?« Ich bemühte mich, meiner gezischten Frage nicht allzu viel Gift beizumischen. Gern hätte ich ihn an seinem hochgestellten Golferkragen gepackt und geschüttelt. Aber die Wärterinnen hatten schon aufgehört, Desinteresse zu markieren, und sahen mich warnend an.

»Nun, Benni ist jetzt in einem schönen SOS-Kinderdorf in Bad Driburg.«

Ich leckte mir über die trockenen Lippen. »Das ist nicht Ihr Ernst.«

»Doch, und der sehr nette amtliche Vormund Ihres Sohnes, ein Herr …«, er ließ seinen Finger suchend über die Zeilen gleiten, »… Herr Brakel-Riesel, genau, wir hatten auch schon Kontakt.«

Ich war sprachlos. Das alles hatte sich in den letzten sechs Monaten hinter meinem Rücken abgespielt?

»Aber …« Ich schluckte trocken. »Benni hat Asthma und leidet in Deutschland an Depressionen!« Er wurde ausgegrenzt, wollte ich ihn anschreien, »Negerkind« genannt, »Mulattenjunge«. Fremde Leute fassten ihm in die Haare und teilten ihm mit, dass es sich wie Borstendraht anfühlte! Ständig wurde er gefragt, ob er adoptiert sei! »Der Afrikaner an sich arbeitet nicht gern«, wurde er vom Hausmeister seiner Schule belehrt, als er sich einmal weigerte, fremde Abfälle aus der Hecke zu holen.

»Er sollte noch vier Jahre in Spanien durchhalten. Dann hätte er dort eine Zukunft gehabt! Und ich auch! Ich habe dort eine Bar, die sollte Benni eines Tages übernehmen!«

Herr Sattmann machte ein Gesicht, als hätte ich ihm vorgeschlagen, mir sein Cabrio zu leihen. »Der Junge ist vierzehn und kann sich nicht allein in Spanien herumtreiben, Frau Rosario. Von dem zweifelhaften Umgang, den er da hatte, in dieser BAR, mal ganz zu schweigen.«

Der Konsul raffte seine Papiere wieder an sich und schickte sich an zu gehen.

»Moment!« Fast hätte ich sein Handgelenk gepackt, an dem eine Rolex prangte, konnte mich aber gerade noch beherrschen. »Wann kriege ich endlich einen Anwalt?«

Er legte den Kopf schräg, zog eine seiner rötlich braunen Augenbrauen hoch und sah mich an wie ein Hund, der vor dem Fleischer artig gewartet hat.

»Wenn Sie einen bezahlen können?!«

»Ich. Habe. Ein. Konto. Über. Mehr. Als. Zehntausend. Euro. In. Spanien!« Ich hatte das Gefühl, gleich selbst einen Asthmaschub zu bekommen. »Wie oft soll ich das denn noch sagen?«

»Und wen möchten Sie bevollmächtigen, dieses Geld abzuheben? Ihre Schwester Tanja vielleicht? Vielleicht ist die der spanischen Sprache mächtig?« Wieder dieser spöttische Hundeblick. »Oder Ihren ehemaligen Lebensgefährten Herrn Ngorongo, dem Sie schon Ihren Sohn anvertraut haben? Der kann doch sicher Spanisch, oder?«

Der verdammte alte Kerl wusste GENAU, dass Raymond der Letzte war, dem ich meine Notgroschen anvertraut hätte!

Ich biss mir auf die Lippen. Marta. Aber ob ich sie damit nicht völlig überforderte?

Mein Herz zog sich schmerzhaft zusammen. Nein. Wir waren ja keine engen Freundinnen gewesen. Nur hilfsbereite Nachbarinnen. Und sie hatte als alleinerziehende Mutter mit einem Zwölfstundenjob genug zu tun. Sie kam abends mit Rücken- und Kopfschmerzen nach Hause und musste sich dann noch um Raúl, den Haushalt und sich selbst kümmern.

Ich brütete vor mich hin. Die Wärterin zur Rechten räusperte sich und zeigte auf die Wanduhr. *»Um minuto!«*

»Ich brauche die spanische Botschaft«, versuchte ich es erneut. »Oder besser: das deutsche Konsulat in Spanien!«

Mit Ihnen komme ich nicht weiter!, hätte ich am liebsten gesagt. »Denen werde ich eine Vollmacht schicken, dass sie das Geld für mich abheben!«

»Ich kümmere mich darum. Es gibt übrigens eine sehr gute deutsche Anwältin, die in São Paulo lebt«, eröffnete mir der Konsul, als fiele ihm das gerade erst ein. »Frau Dr. Brunhilde Ellerbeck-Cooper. Sehr patente Frau. Sie spricht Deutsch,

Englisch, Spanisch und Portugiesisch. Ihr Mann und ich sind im selben Lions Club.«

Aha. Daher kannte er den Begriff Charity. Wie nobel!

»Wann kann ich die sehen?«

»Wenn Sie viertausend Euro haben«, sagte Herr Sattmann mit einem geduldigen Lächeln. »So viel kostet sie nämlich. Vorher rührt die keinen Finger.« Er stand auf und klappte seine lederne Aktentasche zu. »Aber sie hat noch keinen Prozess verloren. Also Kopf hoch, Frau Rosario!« Er wollte mir auf die Schulter klopfen, aber ich wich angewidert zurück.

Trotzdem behielt er gönnerhaft das letzte Wort, wofür ich ihn am liebsten erwürgt hätte. »Sie schaffen das schon!«

Hallo Mama,
wie geht es dir? Hoffentlich nicht allzu schlecht. Erst mal fröhliche Weihnachten. Ach so, und dann gleich auch Happy Birthday. Hoffentlich kannst du doch ein bisschen feiern.

Ich bin zurück in Deutschland, und zwar im SOS-Kinderdorf Bad Driburg. Da bin ich wenigstens in der Nähe meiner Familie. Höxter ist ja nicht so weit. Ab Januar gehe ich hier dann wieder zur Schule. Mal sehen, wie das wird. Schade, jetzt muss ich mir neue Freunde suchen, und einen guten Fußballclub gibt es höchstens in Paderborn. Aber Herr Brakel-Riesel erlaubt mir, am Wochenende das Kinderdorf zu verlassen, wenn ich mich gut eingliedere. Ich war schon mit dem Fahrrad in Höxter bei Oma und Opa, Tanja und Charity. Opa geht's schlecht.

Mir geht's eigentlich ganz gut, aber ich bin auch traurig, weil du nicht da bist. Nachts sehe ich mir dein Foto an und weine manchmal. Sei nicht böse, dass ich dir deinen Spanien-Traum versaut habe, aber Raymond wollte mich nicht mehr in seinem Haus haben, weil Friday mich nicht mag. Und in der Bar konnte ich auch nicht pennen. Da sind jetzt immer die Rollgitter unten.

Und in Málaga im Kinderheim haben sie einen wegen jedem Scheiß gleich geschimpft.

Bei Marta ging es auch nicht. Jedenfalls nicht für so lange. Sorry, Mama, aber da kann ich wirklich nichts dafür. Max wollten wir abholen, aber die Frau hat gesagt, dass er schon eine neue Familie gefunden hat. Da hab ich wieder sehr geweint.

Hast du mich noch lieb? Ich hab dich noch lieb.

Schreibst du mir?

Love Benni

Besitos

Ich weinte, zusammengekrümmt auf der dreckigen Schaumstoffmatratze, die ganze Nacht. Das Liebste, Einzige, das mir noch Lebensmut gegeben hatte, mein Benni, musste so leiden, tat es immer noch und war ganz allein.

Und wohin sollte ich zurückkehren, wenn ich jemals hier entlassen würde? Benni war nicht mehr in Spanien. All mein Hab und Gut, die neue Wohnung, die Wertsachen, mein Auto, mein kleiner Hund, meine Bar mit dem teuren Inventar, meine Dokumente, Tagebücher, Fotos, Erinnerungen … Alles war weg. Wohin sollte ich gehen, wenn ich jemals hier rauskäme? Ich hatte noch nicht mal was anzuziehen! Meinen Koffer hatte ich nicht wiederbekommen, meine Handtasche auch nicht, und hier im Käfig trug ich die löchrigen Fetzen, die mir meine Mitgefangenen überließen.

Ich war ein Nichts und ein Niemand. Plötzlich hörte ich die Stimme meiner Mutter: »Hätte ich dich doch nie geboren! Du bist der Nagel zu meinem Sarg!«

Zu allem Überfluss gab ich mir schließlich auch noch ihren Brief. Es war, als würde ich mir die Pistole an die Stirn halten.

Rita,

nun hast du uns auch noch diese Schande angetan. Unsere Tochter sitzt im Gefängnis! Glaubst du, Vater und ich können jemals wieder mit erhobenem Kopf zum Wochenmarkt gehen? Nein, dein Vater verlässt das Haus nicht mehr. Er sitzt nur noch im Tischtenniskeller und starrt an die Wand. Das Weihnachtsfest war für uns alle schrecklich. Wir haben es sozusagen ausfallen lassen. Nur für Charity haben wir noch einen kleinen Baum aufgestellt. Thorsten und Ilka schämen sich so sehr für dich, dass Thorsten sich nicht mehr in die Schule traut. Er hat die Frührente eingereicht. Karsten hat das Weihnachtsfest auch lieber in den eigenen vier Wänden verbracht, als uns zu beehren. Er hat Schimmel an den Wänden und musste sein ganzes Schlafzimmer ausräumen. Außerdem säuft er. Tanja hat uns – genau wie du – ein dunkelhäutiges, uneheliches Kind gebracht und bezieht Hartz IV. Na ja. Man fragt sich, was man im Leben falsch gemacht hat.

Vater und ich legen dir dreihundert Euro bei, damit du nicht denkst, wir hätten dich vergessen. Wir sparen es uns vom Munde ab.

Mutter

18

Köln, Deutschland, Ende Dezember 1991

»Meine Eltern sparen es sich vom Munde ab, Rita! Sie erwarten, dass ich nach dem Examen nach Ghana zurückkomme! Und ich habe es ihnen auch versprochen. Ich werde mein Wort halten, Rita!«

»Das weiß ich doch, Tony! Aber wir haben uns doch immer ein Baby gewünscht, du und ich!«

Verzweifelt warf ich mich in seine Arme. Er tröstete mich liebevoll, wischte mir die Tränen ab, sah mir lange in die Augen.

»Rita, *Darling*. Es ist nicht der richtige Zeitpunkt!«

»Aber WANN ist der richtige Zeitpunkt, Tony?! Ich bin fast zweiundzwanzig und du achtundzwanzig!« Ich trommelte an seine Brust. »Was soll denn an dem Zeitpunkt falsch sein!«

»Liebes, du solltest auch noch studieren.« Tony spielte mit meinen Haaren. »Versuch, das Abitur nachzumachen. Du hast so viel Potenzial!« Er schüttelte mich sanft an den Schultern. »Ein Baby können wir beide im Moment nicht gebrauchen!«

Seit ich bei Tony eingezogen war, jobbte ich – mal in Kneipen als Kellnerin, mal in Diskotheken als DJane. Ich wollte endlich auch eine Daseinsberechtigung haben! Alles drehte sich um Tonys Studium, sein Examen, seine Mission, als Ingenieur in die Arme seiner stolzen Familie zurückzukehren!

Und ich? Bedeutete ich ihm denn gar nichts? Ich machte ihm den Haushalt, war seine willige Geliebte, immer für ihn da! Wollte er mich loswerden?

Ich riss mich los. Meine Enttäuschung war riesig.

»Wie kannst du so was sagen, Tony!« Mir schossen die Tränen in die Augen. »Du bist meine große Liebe! Seit drei Jahren sind wir jetzt zusammen, ich war noch nie so glücklich, und dir geht es doch genauso!« Jetzt fing ich an zu schreien. »Das kannst du uns doch nicht kaputtmachen!«

Er hob abwehrend die Hände und schüttelte den Kopf.

»Stimmt, Darling. Mit dir ist alles wunderbar.« Er zog mich an sich und hob mein Kinn, zwang mich, ihm in die Augen zu sehen. »Aber du hast immer gewusst, dass ich nach Ghana zurückkehren werde. Ich habe dir diesbezüglich nie was vorgemacht!«

Das stimmte. Er hatte mich nie belogen oder hingehalten. Ich selbst hatte unsere Beziehung für unverbrüchlich gehalten. Weil er meine große Liebe war und ich für ihn alles aufgegeben hatte. Meine Familie, die Schule, meine Ausbildung.

»Dann nimm mich eben mit«, bettelte ich verzweifelt. »Ich werde unser Kind in Ghana zur Welt bringen!«

Resigniert lachte er auf. »Du hast keine Ahnung von unserem Gesundheitssystem. Bei uns ist man nicht automatisch krankenversichert und hat keinen Anspruch auf ärztliche Versorgung! Du würdest in jeder Hinsicht einen Kulturschock erleiden!«

Ich wollte mich nicht geschlagen geben. Das Blut rauschte mir in den Ohren.

»Dann bekomme ich unser Baby halt hier und komme dann mit dem Säugling nach Ghana!«

Weil Tony einfach nicht aufhörte, den Kopf zu schütteln, zog ich verzweifelt mein letztes Ass aus dem Ärmel: »Tony, ich weiß, dass es ein Sohn ist!« Ich befeuchtete mir die Lippen. »UNSER SOHN! Du willst doch einen Sohn, oder?«

Seine Miene erstarrte, sein trauriges Lächeln verschwand, und seine sonst so vollen weichen Lippen wurden schmal. Er schüttelte nach wie vor den Kopf. In mir zog sich alles zusammen, und mir war speiübel. Das konnte doch nicht alles gewesen sein! Tony war meine einzige Liebe, mein einziger Halt auf dieser Welt!

Wir hatten ein wundervolles Leben zusammen, nichts als Fröhlichkeit, Unbeschwertheit, Zärtlichkeit und Ekstase! Das konnte doch nicht einfach so vorbei sein!

Mir liefen die Tränen. »Nein, Tony, nein! Sag, dass du es nicht ernst meinst! Wir können in Deutschland leben! Wir bleiben in Köln! Wir ... Wir schicken deiner Familie regelmäßig Geld. Wir besuchen sie, wir laden sie ein ...«

Tony zog mich aufs Sofa und nahm mich tröstend in die Arme.

»Liebes, so oder so wird dieses Kind keinen Platz im Leben haben. Weder in Deutschland noch in Ghana.«

»Das stimmt nicht, Tony! Wie kannst du so was sagen! Niemals werde ich zulassen, dass unser Kind ausgegrenzt wird. Und du würdest es auch nicht zulassen.«

»Ach, Rita. Glaub mir. Was ich jetzt sage, ist sehr hart: Aber als Mischlingskind wird es weder hier noch dort dazugehören. Es wird immer ausgegrenzt werden. Willst du das?«

Ich schlug gegen seinen starken Brustkorb. »Das heißt, du willst ÜBERHAUPT NIE ein Baby mit mir? Du gibst mir überhaupt keine Chance? Du willst gar nicht mit mir zusammenleben?« Meine Stimme wurde schrill. »Die letzten drei Jahre waren nur eine – Übergangslösung für dich? Ein Spiel? Ein Zeitvertreib? Mit der netten, kleinen, blonden Rita, die immer gut drauf ist und im Bett abgeht wie 'ne Rakete?«

Tony schüttelte traurig den Kopf. Seine Augen schwammen in Tränen. »Rita. Es war eine wunderschöne Zeit. Wir hatten den besten Sex, die tiefsten Gespräche und den größten Spaß der Welt. Du bist eine Traumfrau, und ich werde dich immer in meinem Herzen haben. Aber zum Heiraten hat meine Familie eine ganz andere Frau für mich im Sinn …«

»Tony«, brüllte ich verzweifelt. »Weißt du eigentlich, was du da sagst? Du redest wie ein Steinzeitmensch! Wir waren so glücklich! Nein«, verbesserte ich mich, »wir SIND glücklich! Ich erlebe unbeschreibliche Wonnen, wenn du mich im Bett verwöhnst. Du bist zärtlich, liebevoll, rücksichtsvoll, leidenschaftlich und – einfach unvergleichlich! Und du hast tausendmal gesagt, wie glücklich ich dich mache! Das machst du uns jetzt nicht kaputt. Nur weil du Angst hast, unser Kind würde gehänselt.«

»Und was haben deine Brüder gesagt, hm?« Er strich mir liebevoll über die Wange.

Ich wollte es lieber nicht wiederholen.

Mein Bruder Thorsten hatte gehässig gestichelt, dass es mir »wohl nur ein Neger« gut besorgen könne. Und Karsten glaubte aus einschlägigen Pornoheften zu wissen, dass »Schwarze riesige Schwänze haben, auf die gewisse Frauen tierisch abfahren.« Sie waren so abfällig und widerlich in ihrer Wortwahl, dass ich mir geschworen hatte, nie wieder ein Wort mit ihnen zu reden.

Ich hatte zu Hause alle Zelte abgebrochen und mich nie wieder in Höxter blicken lassen, weil so viele hässliche Dinge passiert waren. Nachdem meinen Eltern zugetragen worden war, dass ich »mit einem Neger rumhurte«, hatten sie mir ins Gesicht geschlagen. Ich hatte auf dem Absatz kehrtgemacht und war nie wiedergekommen.

Tony war meine Familie! Ich war einfach nur fassungslos

und geschockt. Nie im Leben hätte ich gedacht, dass sich mein gebildeter, besonnener und warmherziger Mann auf einmal so von mir abwenden könnte!

»Baby, meine Eltern und Geschwister würden genauso reagieren wie deine! Für sie ist es unvorstellbar, dass ich eine weiße Frau heirate. Sie haben mir das Studium finanziert, damit ich die Frau heirate, die sie für mich vorgesehen haben. Eine ganze Welt würde für sie zusammenbrechen! Das wäre ein schwerer Verrat an der Familie meiner Braut! Man würde mich töten oder zumindest zusammenschlagen!«

»Es gibt also keine Zukunft für uns?«, weinte ich. Tränenverschmiert flehte ich ihn an:

»Tony, ich liebe dich mehr als alles auf der Welt. Ich weiß nicht, wie ich ohne dich leben soll. Bitte bleib bei mir, oder nimm mich mit!«

»Rita, es war allein deine Entscheidung, schwanger zu werden. Nicht meine.«

»Aber Tony, es ist halt einfach so passiert …«, protestierte ich und wischte mir mit dem Ärmel über die Nase. Ich würgte an einem Kloß, der größer war als ein Tennisball.

Er nahm mein Kinn und zwang mich, ihm in die Augen zu sehen.

»Baby, sei ehrlich: Es ist nicht ›einfach so passiert‹. Du hast die Pille vergessen, stimmt's?«

»Und wenn schon«, sagte ich trotzig. »So was kommt in den besten Familien vor!«

»Du hast sie nicht zufällig vergessen, um mich unter Druck zu setzen, Baby?«

»Aber wieso sollte ich …«

»Weil du genau weißt, dass ich nach dem Examen wieder nach Ghana zurückkehre?«

»Nimm mich mit!«, flehte ich verzweifelt.

»I love you baby, you know that. But I cannot marry you!«

»Dann heiraten wir eben nicht! Wir können doch auch so zusammenleben!«

»Unser Gespräch dreht sich im Kreis.« Tony löste sich sanft von mir, stand auf und durchmaß mit seinen langen Beinen das Wohnzimmer. Im Schlafzimmer hörte ich ihn den Schrank öffnen und im obersten Fach hinter den gebügelten Hemden etwas suchen. Er kam mit einem wattierten braunen Umschlag zurück, den er neben mich aufs Sofa legte.

Ich schluckte, wollte nicht wahrhaben, was meine Augen da sahen.

»Das waren eigentlich meine Ersparnisse für die Familie. Dreitausend Mark. Sie hätten sich einen Kühlschrank und eine Waschmaschine davon kaufen können. Aber ich überlasse sie dir.«

Ich machte den Mund auf, um etwas zu sagen, aber es kam kein Wort heraus.

»Das … Das ist doch nicht … Ich soll doch nicht …« Das Schlucken tat weh.

»Baby. Doch. Dieses Kind hätte keine Chance. Hast du noch nicht genug von deiner Familie zum Thema Schwarze in Deutschland gehört? Sie wird dir nicht helfen. Und ich kann es auch nicht.«

Fassungslos starrte ich ihn an. Hinter meinen Schläfen pochte es. Plötzlich überfiel mich grenzenlose Panik.

»Ich kann es doch nicht abtreiben lassen! Das würde ich nicht überleben, Tony!«

Sturzbäche quollen mir aus den Augen, während ich mit den Fäusten auf ihn eindrosch.

»Tu mir das nicht an, Tony, bitte, tu mir das nicht an! Verlass mich nicht!« Ich schluchzte, dass es mich schüttelte.

»Psst«, machte Tony beruhigend. *»Shhhh, Baby, shut up!*

I love you baby, I love you. Please stop crying!« Er hielt meine Fäuste fest. »Nein, es ist noch nicht vorbei. Noch bin ich hier, und vielleicht gibt es ja eine Lösung für uns. *Let me think about it.* Nur eines will ich nicht: dich belügen und falsche Hoffnungen in dir wecken.« Tony zog mich erneut an sich und küsste mich zärtlich.

»Überleg es dir. Bitte. Natürlich ist es deine Entscheidung. Aber es wäre einfach nicht gut … Nicht gut!« Er nahm mich ganz fest in die Arme, strich mir übers Haar und ließ mich weinen.

Vier Wochen später ging er nach Ghana zurück.

19

Köln, Deutschland, 23. August 1992

Plötzlich wachte ich mit einem starken Ziehen im Rücken auf. Mühsam schleppte ich mich zur Toilette. Noch bis gestern hatte ich in meinen verschiedenen Jobs gearbeitet: ein Kellnerjob, ein Halbtagsjob als Sekretärin und dreimal wöchentlich nachts auf einer Tankstelle.

Unter Schmerzen sank ich auf den Badewannenrand und massierte mir stöhnend die Lendenregion. »Oh, Tony, ich hätte dich jetzt so gebraucht! Aber du weißt ja nicht … Du hast ja nicht die geringste Ahnung …«

Platsch!, ergoss sich der Inhalt meiner Fruchtblase auf den Badezimmerboden.

Erschrocken starrte ich auf die Lache.

»Oh. Dann ist es jetzt wohl so weit.«

Meine Krankenhaustasche war längst gepackt.

Glücklicherweise war ich bei einer sehr verständnisvollen Frauenärztin in Behandlung. Eigentlich hatte ich sie kurz nach Tonys Auszug aufgesucht, um mir eine soziale Indikation bei ihr ausstellen zu lassen. Die dreitausend Mark im wattierten Umschlag hatte ich bereits dabei – naiv und überfordert wie ich war. Lächelnd schob sie das Geld weg:

»Wenn wir eine soziale Indikation ausstellen, übernimmt das sowieso die Krankenkasse. Aber ich rate Ihnen, dieses Geld für sich und Ihr Kind zu benutzen. Schauen Sie, es gibt so viele Möglichkeiten …« Sie hatte ganz viel Zeit für mich, und nach einem eingehenden Gespräch unter vier Augen war ich mit ihrer Hilfe zu dem Entschluss gekommen, mein Baby doch zu kriegen.

»Vom Jugendamt wird Ihnen alle erdenkliche Hilfe angeboten. Sie bekommen nicht nur eine komplette Erstausstattung, sondern in den ersten Wochen auch eine persönliche Betreuung. Außerdem gibt es in Köln Kinderkrippen, Tagesmütter und viele Angebote von der Caritas und anderen sozialen Einrichtungen. Alleinerziehende Mütter gibt es viele, Frau Fuchs. Sie können das schaffen!«

Und das würde ich auch.

So schnell wie möglich zog ich mich an und nahm mir ein Taxi nach Hohenlind.

Es war ein hochmodernes Krankenhaus am Rande des Stadtwalds, ausgestattet mit einem Kreißsaal, der fast einer Wellness-Suite glich. Das Bett war mit vielen bunten Kissen ausgestattet, in denen man sich zwischen den Wehen entspannen konnte. Nebenan befand sich eine riesige Wanne, in der Paare gemeinsam die Wehen veratmen konnten – selbst die Möglichkeit einer Unterwassergeburt war gegeben.

Eilig wurde ich in Empfang genommen und in einem Rollstuhl in einen Untersuchungsraum geschoben, wo eine Hebamme in Birkenstock-Sandalen einen Ultraschall machte und die Herztöne prüfte.

Dann hängte sie mich an den Wehenschreiber.

»Alles in bester Ordnung, Frau Fuchs. Es dauert noch. Haben Sie jemanden mitgebracht?«

»Den hier«, sagte ich und zeigte auf meinen Bauch. Die Hebamme stutzte und lachte dann.

»Sollen wir jemanden benachrichtigen? Den Vater vielleicht?«

»Seinen oder meinen?«, fragte ich ernsthaft zurück. »Seiner ist in Accra in Ghana und meiner in Höxter in Westfalen.«

»Na, SIE sind ja ein Scherzkeks!«

»Ich brauche keinen Kerl«, entschied ich tapfer. »Indianerfrauen rufen doch auch keinen an, oder? Die hängen sich kurz an einen Baum oder verschwinden im Gebüsch, und damit ist die Sache erledigt.«

»Wie schön, dass Sie Ihren Humor noch haben«, sagte die Hebamme inzwischen leicht pikiert. »Der wird Ihnen vermutlich bald vergehen.«

Womit sie leider recht hatte.

Fünf Stunden später schrie ich panisch um Hilfe. Meine Eingeweide zogen sich dermaßen heftig zusammen, dass mir schwarz vor Augen wurde.

Das Liegen auf dieser Untersuchungspritsche an diesem Wehenschreiber war schier unerträglich. Ich wollte in den Kreißsaal mit den vielen Wohlfühlkissen!

Doch der war leider noch besetzt. Von nebenan hörte ich schrille Schreie und wie der Kindsvater beruhigend auf die arme Gebärende einredete. Ich wusste nicht, was ich schlimmer fand. Der Kerl sollte gefälligst die Schnauze halten! Was wusste DER denn!

»Tief in den Bauch!«, unterwies er seine arme Frau. »Du schaffst das, Konstanze, du schaffst das!«

Die Nadel meines Wehenschreibers tanzte hysterisch auf und nieder. Sie schrieb ganze Romane auf die vielen Blätter, die alle schon zu Boden gewirbelt waren.

»Hallo«, schrie ich in grenzenloser Verzweiflung. »Hört mich denn keiner?«

Die Hebamme mit den Birkenstock-Sandalen erschien.

»Wo brennt's denn?«

»Na, SIE sind ja ein Scherzkeks«, stöhnte ich und verdrehte die Augen. »Es brennt da drinnen!« Alles in mir bäumte sich auf. »Es zerreißt mich. Tun Sie was! Bitte, geben Sie mir eine PDA!«

»Das geht leider nicht mehr. Hier, nehmen Sie ein paar von diesen Kügelchen und lassen Sie sie unter der Zunge zergehen«, munterte sie mich auf. Nerven hatte die!

»Was? Da kann ich doch gleich Gummibärchen lutschen«, giftete ich sie an.

»Wollen Sie noch einmal austreten?«, fragte sie höflich. Wie war DIE denn drauf! Austreten! Vielleicht wollte sie mir auch noch fünfzig Pfennig fürs Händewaschen abnehmen und mir ein gestärktes Gästehandtuch reichen?

»Ich glaube nicht, dass ich zu so was je im Leben wieder in der Lage bin …«

»Sie dürfen es ruhig laufen lassen.« Da war die Dame nicht so pingelig.

Zu zweit wankten wir über den Gang.

»Wir haben ein heißes Bad für Sie vorbereitet.«

»WAS? BADEN? JETZT?«, brüllte ich. Ich musste stehen bleiben und mich bücken, weil ich Sterne vor Augen sah. »Es sind draußen vierzig Grad und drinnen auch!«

»Das entspannt«, sagte sie gütig. »Sie werden sehen.«

»Ich will in den Kreißsaal mit den Kuschelkissen«, wiederholte ich wie ein störrisches Kind.

»Der wird gleich frei«, tröstete sie mich sanft. »Dort ist es jeden Moment so weit!«

Ich wollte nicht wissen, wie weit die kreischende Konstanze und der auf sie einmuhende Ehemann waren. Inzwischen filmte der Idiot sie auch noch!

»Lächel mal hier rein, Konstanze! Sag mal ›Hallo, Paul-Dennis‹!«

»Schnauze!«, brüllte ich. Jetzt wollte ich auch jemanden bei mir haben! Warum war ausgerechnet ich völlig allein?

Irgendwie fand ich keinen Gefallen an der Wanne, weder im Stehen noch im Sitzen oder Liegen. »Kommt das öfter vor, dass jemand ganz allein zum Gebären kommt?«, fragte ich die honigsüße Hebamme, während ich mit ihrer Hilfe wieder aus dem Bad stieg.

»Nein, das hatten wir noch nie.« Die Hebamme holte einen großen aufblasbaren Hüpfball. Es war einer von denen mit Ohren, auf denen Kleinkinder ihre Aggressionen austoben. Ich sollte mich daran festhalten und ganz entspannt meine Wehen verhüpfen.

»Jeder Hopser bringt Sie Ihrem Kind näher.«

Na, DIE hatte Humor! Ich wollte nicht hüpfen. Ich wollte gebären. Jetzt!

Oh, Tony, wie sehr hätte ich dich jetzt gebraucht!

»Ich will eine Rückenmarkspritze«, schrie ich, während Konstanze und der Muhmann nebenan verstummt waren.

In dem Moment krähte Paul-Dennis los.

Da kam auch schon bei mir die erste Presswehe.

»Hilfe, es kommt!«, brüllte ich in Panik. »Ich weiß zwar nicht, was, aber irgendwas fällt gleich aus mir raus!«

In Windeseile brachte man mich in den soeben frei gewordenen Kreißsaal und stapelte die Schmusekissen um mich herum.

»Jetzt nützen die mir auch nichts mehr! Ich will einen Vater, der mir die Hand hält!«

»Ganz ruhig, Frau Fuchs, gleich haben Sie es geschafft!«

Zwei Frauen in Grün hielten meine Hände, und ein Mann in Grün mit Mundschutz drückte auf meiner prallen Kugel herum.

»Und jetzt ganz tief einatmen und hecheln, hecheln, hecheln. Luft anhalten – und PRESSEN!«

Ich presste die Augen zusammen und meine Steißmuskeln leider auch, weil da unten einfach zu viele Leute standen. »Noch mal. Ganz ruhig. Atmen. Hören Sie auf, da unten zuzumachen. Laufen lassen, alles laufen lassen, ist egal, was da jetzt rauskommt.«

Ich starrte an die Decke und dachte: Tony, wo auch immer du bist, ich hasse dich! Hoffentlich ist deine Verlobte fett, alt und hässlich!

Die nächsten Presswehen brachten kein Ergebnis, außer dass mein Kopf in tausend Stücke zersprang und schwarze Punkte vor meinen Augen tanzten.

»Nach unten drücken, Frau Fuchs. Man sieht schon das Köpfchen! Es hat schwarze Haare!«

»Wollen Sie mal in den Spiegel schauen?« Die ideenreiche Hebamme hielt mir tatsächlich einen Spiegel hin!

Fasziniert starrte ich zwischen meine Beine. Da war er ja schon, da kam ja wirklich schon das kleine, zerbeulte Köpfchen. Irgendwas zwischen lila und mokkafarben.

Die nächste Presswehe überrollte mich wie eine Lawine.

Und sechs behandschuhte Hände zogen meine Leibesfrucht aus mir heraus. Mir entwich ein schriller Schrei.

»Herzlichen Glückwunsch, Frau Fuchs, es ist alles dran!«

Ich war restlos erschöpft, stammelte wirres Zeug, stöhnte, lachte und weinte gleichzeitig.

»Nämlich?«

»Es ist ein wunderhübscher Junge, Frau Fuchs!«

»War's das etwa schon?«, entfuhr es mir, weil ich es einfach nicht fassen konnte.

»Also, Sie haben wirklich einen köstlichen Humor«, lachte die Hebamme.

In diesem Moment wurde mir auch schon das quarkverschmierte, beleidigt quäkende Bündel auf den Bauch gelegt.

Ich liebte es von Anfang an inniglich und würde es nie wieder hergeben!

Überwältigt streichelte ich es.

»Er sieht Tony geschissen ähnlich«, murmelte ich.

»Wer ist Tony?«, fragte der Arzt, der mit einer Art Lupe am Fußende saß und mit Nadel und Faden hantierte. »Der Herr, der draußen steht?«

»Welcher Herr steht draußen? Autsch! Was machen Sie … AU!«

»Na, wir haben uns nur gefragt, ob der Vater die Nabelschnur durchschneiden möchte.«

»Solange er keine Videokamera dabeihat, ist mir egal, wer hier an mir rumschneidet … Aaahhh …! Nähen Sie mich etwa zu?«

»Der Damm ist leider gerissen, aber das geht vielen Erstgebärenden so. Also, soll der Herr reinkommen?«

»Natürlich nicht«, stöhnte ich. »Das war ein Scherz!«

»Er sagt, er ist Ihr Vater!«

»Mein Vater ist in Höxter, das sagte ich doch schon … AUTSCH!«

»Herr Fuchs?«

Und dann stand tatsächlich mein Vater an meinem Bett!

Ich konnte es nicht fassen.

»Papa! Was willst du denn hier?«

»Sie haben mich angerufen, Rita. Sie haben gesagt, dass du ganz allein bist und seit Stunden in den Wehen liegst! Ich wollte dir wenigstens die Hand halten.«

»Aber – ich dachte, ihr wollt kein Negerkind in der Familie?«

Ich legte schützend den Arm um das kleine, krähende Wesen.

»Rita, es tut mir so leid, was passiert ist! Wir waren einfach überrumpelt! Ich möchte mich aufrichtig bei dir entschuldigen! Wir haben dir keine Chance gegeben, und das bereue ich sehr!«

Ganz sanft berührte mein Vater mit zwei zitternden Fingern mein krächzendes Quarkbündel, das suchend mit dem Mund über meinen Bauch tastete und zur Quelle zu krabbeln schien. Es wollte trinken! Dabei war es noch nicht mal abgenabelt!

»Bring mich nicht zum Weinen, das tut weh.«

»Verzeihst du mir? Du wirst sehen, auch Mutter wird ihre Meinung noch ändern. Sie braucht halt Zeit.«

»Entschuldigung, wenn wir Ihre Diskussionen kurz unterbrechen dürfen …« Eine Schwester hob fragend die Schere.

»Bist du etwa heimlich hier?«, herrschte ich meinen Vater an.

»Ja, sie weiß es nicht.«

Ich presste die Lippen zusammen und starrte an die Wand.

»Die Nabelschnur müsste dann …«

»Du weißt ja, wie sie ist. Ich möchte einfach nur nicht zwischen die Fronten geraten, Rita.«

»Wir würden dann gern …«

»Aber dass du dich hier ganz allein durchschlägst … Ist der Kindsvater denn weg? Du hattest uns doch versichert, er wäre deine große Liebe!«

Ich biss mir auf die Lippen, dass sie schmerzten. Ich wusste nicht, was mehr wehtat: dass mich Tony verlassen hatte, dass der Arzt gerade meinen Dammriss nähte oder dass sich mein Vater heimlich weggestohlen hatte.

Mein wunderhübscher Sohn wurde von den Säuglingsschwestern verliebt begutachtet.

»Das ist ja ein süßer Pupsi!«

»Der hat ganz schwarze Knopfaugen!«

»Wir würden ihn dann gern mal messen und wiegen.«

Eine resolute Schwester drückte meinem Vater die Schere in die Hand.

»Wollen Sie denn nun?«

»Darf ich?«, fragte mein Vater unter Tränen.

Ich nickte.

20

Aruja, Brasilien, Ende März 2006

»Grüß Gott, Frau Rosario. Der Herr sei mit Ihnen.«

Vor mir im Besucherraum stand ein älterer Herr mit weißem Haarkranz, der offensichtlich ein evangelischer Geistlicher war. Er hatte diesen kleinen, weißen Stehkragen unterm Kinn, trug aber ansonsten Zivil. Ein hellblaues, kurzärmliges Hemd und eine dunkelblaue Bundfaltenhose, dazu braune Schnürschuhe.

»Ja, bitte?«

Ich schob mich verlegen auf den Plastikstuhl, auf den er milde gedeutet hatte. Ich hatte keinen geistlichen Beistand bestellt.

»Mein Name ist Seeländer, Pastor Eugen Seeländer. Ich betreue die evangelische Gemeinde in São Paulo.«

»Ja. Und?« Ich schluckte. Der wollte mich jetzt doch nicht zum Glauben bekehren? Woher wusste der überhaupt von mir?

»Herr Konsul Sattmann schickt mich.«

»Aha.« Das konnte nichts Gutes bedeuten.

»Wie geht es Ihnen?« Er sah mich freundlich aus seinen kleinen grauen Augen an.

»Da weder Sie noch der Herr Konsul bisher auch nur einen Blick in den Käfig geworfen haben, in dem ich seit Monaten mit hundertsechzig Frauen zusammengepfercht bin, ist diese Frage überflüssig.«

Der Pastor brauchte einen Moment und räusperte sich.

»Es ist ja schon eine Ausnahme, dass man uns den Besucherraum zur Verfügung stellt.« Pastor Seeländer sah sich um, als wäre das hier ein nettes kleines Landcafé.

»Diese Bevorzugung genießen die anderen Insassinnen meines Wissens nicht.«

»Nein, die empfangen ihren Besuch am Gitter. Den männlichen zumindest. Jeden Sonntag hängen ganze Trauben aus Kerlen davor.« Als ich mir vorstellte, der dickliche Pastor würde am Gitter kleben, musste ich grinsen.

»Da haben wir es hier deutlich gemütlicher.«

Ich sah den Pastor fragend an. »Was verschafft mir die Ehre?«

»Ja, liebe Frau Rosario, ich habe leider keine guten Nachrichten für Sie.«

Er zog sein Taschentuch aus der hinteren Hosentasche und wischte sich damit über die Stirn. Hatte ich hier jemals gute Nachrichten bekommen? Andererseits: Noch schlimmer konnte es kaum werden.

Er schob mir eine Schachtel hin: »Hier. Beruhigungstabletten. Ich hab Ihnen die extra mitgebracht ...« Er drehte sich zu einer der Wärterinnen um und sagte: »Können Sie ein Glas Wasser bringen?«

Nein. Konnten die nicht. Wir waren hier nicht in einem netten Landcafé.

»Nehmen Sie zwei.« Mit zitternden Fingern öffnete er die Schachtel. »Geht auch so runter.«

Ich starrte ihn an. Was sollte das? Warum sollte ich ...?

Eine entsetzliche Ahnung beschlich mich. Sie hatten mein Gesuch auf Verlegung in ein anderes Gefängnis abgelehnt. Oder war mein Urteil inzwischen gefällt worden? War etwas mit Benni?!

Ich spürte, wie das Blut hinter den Schläfen pochte.

»Ich brauche keine Beruhigungstabletten. Sagen Sie einfach, was los ist.«

Er schaute mich mit seinen kleinen, wässrigen Augen an und sagte mit brüchiger Stimme:

»Frau Rosario, es tut mir furchtbar leid, aber ich muss Sie leider vom Ableben Ihres Vaters unterrichten.«

Eine Riesenlast drohte mich schier zu erdrücken. Schuld, Schuld, Schuld, hörte ich eine innere Stimme. Du bist schuld!

»Mein Vater?!« Aber Sie kennen ihn doch gar nicht!, wollte ich schreien. Woher wollen Sie wissen, dass er tot ist?

»Der Herr Konsul hat mich verständigt. Ihr Herr Vater ist vor zwei Wochen verschieden.«

Ich starrte ihn an. Vor meinen Augen tanzten bunte Sterne. Er war tot! Er hatte das nicht überlebt! Ich hatte ihn auf dem Gewissen!

Meine Hände umklammerten die Tischkante.

Pastor Seeländer schob mir noch einmal die Tabletten hin. Mit einer heftigen Geste fegte ich sie vom Tisch.

»Wie …«

»Herzinfarkt.« Pastor Seeländer atmete tief durch und schloss die Augen.

»Ihre Mutter war wohl morgens noch mit ihm einkaufen in Paderborn, und nachmittags sagte er dann, ihm sei nicht wohl.«

Ich mahlte mit den Backenzähnen.

Wieso waren die einkaufen in Paderborn? Weil sie sich in Höxter nicht mehr auf die Straße trauten? Nicht mehr in ihren Supermarkt, wo sie jeder kannte?

Mir wurde so schlecht, dass ich mich am liebsten übergeben hätte. Ich rang nach Luft.

»Er wollte sich ein wenig hinlegen, weil ihn die Autofahrt

und der Großeinkauf so angestrengt hatten, so hat Ihre Mutter das berichtet. Dann fiel Ihr Vater im Bad um und blieb reglos liegen. Ihre Mutter und Ihre Schwester Tanja haben gleich den Notarzt gerufen, aber da war es schon zu spät.«

»Und das war vor zwei Wochen, sagen Sie?« Ich presste die Handflächen so fest an die Schläfen, dass mein Kopf zerspringen wollte. »Dann ist die Beerdigung …«

»Wohl schon gewesen, ja.« Er nickte. »Es tut mir leid, Frau Rosario, dass Sie sich nicht mehr von Ihrem Vater verabschieden konnten.«

»Die hätten mich doch nie und nimmer hier rausgelassen«, murmelte ich immer noch unter Schock. »Ich wär doch nicht freiwillig in diese Hölle zurückgekehrt.«

»Nein. Das sehe ich auch so. Deswegen hat man mich auch so spät informiert. Ihr Vater liegt auf dem Friedhof in Höxter.« Er reichte mir ein Foto, auf dem ein Grab zu sehen war. »Und hier …« Er reichte mir ein weiteres. »Der Sarg.«

Ich starrte darauf. Ein schwarzer Sarg, geschmückt mit Blumen, vor einer bunten Kirchenfensterfront. Das war alles, was mir von meinem Vater noch blieb. Dabei war er der Einzige aus meiner Familie, der zwischenzeitlich so etwas wie Verständnis für mich aufgebracht hatte. Der mich vielleicht – geliebt hatte, auch wenn er das nicht zeigen konnte.

»Darf ich das behalten?«

»Natürlich. Deshalb habe ich es Ihnen mitgebracht.«

»Und – haben Sie auch eine Nachricht von meiner Mutter?«

»Ähm … Ja. Das hier ist die Todesanzeige. Ich war mir nicht sicher, ob ich sie Ihnen zeigen soll …« Pastor Seeländers Finger zitterten, als er mir das schwarz umrandete Blatt reichte, auf dem neben einem Kreuz in schmalen Lettern der Name meines Vaters stand.

Horst Dieter Fuchs
geb. 27.2.1942
gest. 13.3.2006

In stiller Trauer:

Elfriede Fuchs, geb. Pömbsen
Thorsten und Ilka Fuchs mit Thorben und Eike
Karsten Fuchs
Tanja Fuchs mit Charity
Benjamin Rosario

Ich starrte auf die Traueranzeige. Da war ich ja gar nicht mit drauf! Das … Das konnte doch nicht wahr sein. Ich war einfach ausgelöscht? Einfach – getilgt? Ich war so eine Schande, dass sie mich nicht mal namentlich erwähnt hatten?

Meine Hände zitterten so sehr, dass sie unfreiwillig einen Trommelwirbel auf dem Tisch auslösten. Die Wärterinnen schienen Mitleid mit mir zu haben, ich sah ihre betroffenen Gesichter. Ich war NICHT MIT DRAUF!! ES GAB MICH NICHT MEHR!!

Aber Benni!, schoss es mir durch den Kopf. Wenn auch an letzter Stelle. Denn der war ja jetzt zumindest wieder in der Nähe. Nachdem ich nicht mehr erziehungsberechtigt war, gehörte er als Anhängsel offenbar noch irgendwie dazu. War gnädigerweise wieder in die Familie aufgenommen worden. Aber nicht ich.

Das schmerzte mich so, dass ich die Augen schließen musste.

»Wie gesagt, ich war mir nicht sicher, aber vielleicht hilft es Ihnen, mit dem Verlust fertigzuwerden.«

Pastor Seeländer stand auf, bückte sich und gab mir die Beruhigungstabletten und anschließend seine warme Hand.

»Ich habe Ihnen eine Decke mitgebracht. Wenn ich sonst noch was für Sie tun kann …«

»Nein, danke. Danke, dass Sie gekommen sind, Herr Pastor.«

Wie in Trance schleppte ich mich mitsamt der Decke aus dem Besucherzimmer, über die engen, dunklen Gänge zurück in den Affenkäfig.

Ich war so in meiner Trauer gefangen, dass mir die ungewohnte Stille im Käfig gar nicht auffiel. Normalerweise wurde abends in den vier Zellen auf Elektrostövchen gekocht, auf den Töpfen mit Kochlöffeln Sambarhythmen getrommelt. Es wurde getanzt, gestritten, diskutiert, gepöbelt, gekreischt und gelacht, gleichzeitig dröhnten billige Seifenopern aus vier verschiedenen Fernsehern. Ich hatte mich längst an das Chaos gewöhnt und konnte auf meiner dünnen Schaumstoffmatratzenhälfte schlafen, nachdenken oder schreiben. Aber heute Abend herrschte eine gespenstische Ruhe. Passend zu meinem Bedürfnis zu trauern. Ich lag zusammengekrümmt auf dem Boden, betrachtete das Bild mit dem Sarg und weinte, weinte, weinte. Die Beruhigungstabletten versteckte ich in der Tasche meiner Shorts. Irgendwann würde ich sie brauchen.

Erst am nächsten Morgen kam ich wieder zu mir. Meine Freundin und Schlafgenossin Andreia zog sich mit schmerzverzerrtem Gesicht an dem kleinen, schmuddeligen Waschbecken hoch, das über unseren Köpfen an der Wand hing.

»Was machst du da?«

»Psst«, stöhnte Andreia.

Ich war noch gar nicht richtig wach, als ich Andreias geschundenen Körper bemerkte, den sie vorsichtig an dem verdreckten, kleinen Spülstein zu reinigen versuchte.

»Andreia?« Geschockt rieb ich mir die verweinten Augen.

»Pssst!«, machte sie erneut und betupfte ihre aufgesprungenen Lippen mit kaltem Wasser. Ein Auge war tiefschwarz, das andere blau. Der Körper voller Hämatome. Tiefrote Schürfwunden an Schultern, Oberschenkeln, Rücken und Knien. Als hätte jemand die kleine Andreia einmal nackt über den Boden gezogen und mit einer Eisenstange auf sie eingedroschen. Ihr Körper war ein einziger Bluterguss.

»Andreia!« Schon war ich aufgesprungen und hielt mir wimmernd die Hände vor den Mund. »Wer war das?!«

»Pssst«, wiederholte das Mädchen verzweifelt und starrte mich aus schreckgeweiteten Augen an. »Willst du etwa alle aufwecken?«

»Aber wer hat dir das angetan?«

»Ich hab's verdient!«

»Du hast WAS?!« Ich wollte sie anschreien, aber das Entsetzen lähmte mich.

»Es gab gestern eine Versammlung in X4.«

»Ja, und?«

»Sie haben uns sämtliche Essenslieferungen gestrichen. Und alle Besuche im Käfig!«

»Aber warum? Warum nur, um Gottes willen? Und was hast du damit zu tun?«

»Sie haben gesagt, es gibt hier Leute, die mit denen da draußen REDEN!« Sie zitterte am ganzen Leib, und ihre nassen Haarsträhnen verdeckten ihr Gesicht. »Und ich würde mit solchen Subjekten unter einer Decke stecken.«

»Wer sind die?« Ich wollte sie in den Arm nehmen, aber sie zuckte unter Schmerzen zurück.

»Alle. Die Zellengemeinschaft. Pssst!« Sie beugte sich mühsam über das winzige Becken.

»Und wer soll mit wem da draußen geredet haben? Und über WAS?«

»Es ist jedenfalls bekannt geworden, dass einige hier über

Dealer Drogen und andere Dinge beziehen. Irgendjemand hat seinen Mund nicht halten können.«

»Aber doch nicht DU!« Ich stand hinter ihr und sah fassungslos zu, wie sie unter Qualen versuchte, sich das verkrustete Blut abzuwaschen.

»Lass mich dir helfen!« Hastig riss ich ihr den dreckigen Spüllappen aus der Hand und zupfte Klopapier von meiner Rolle, die ich unter der Matratze aufbewahrte.

Vorsichtig tupfte ich damit an der Platzwunde auf ihrem Wangenknochen herum. »Du brauchst einen Arzt! Ich trommel jetzt ans Gitter!«

Schon wollte ich aufspringen, als sie sich an meine Hände klammerte.

»Willst du uns beide umbringen?«

Ich sank zurück auf die Matte, schüttelte sie leicht an der Schulter.

»Wer hat denn geredet?«

»Sie sagen, es gibt jemanden, der uns verraten hat!«

Ich drehte sie an den Schultern zu mir herum. »Die meinen doch nicht – mich?«

»Das habe ich nicht gesagt!« Sie machte sich steif.

»Aber ich bin die Einzige, die den KÄFIG verlassen darf! Wenn ich Besuch bekomme! So wie gestern …«

Plötzlich wurde mir so einiges klar. Sie hatten meine kleine Freundin Andreia verprügelt, weil sie glaubten, ICH hätte interne Informationen aus dem KÄFIG ausgeplaudert?

Während man mir die Nachricht vom Tod meines Vaters überbracht hatte? Als wenn mir daran gelegen wäre, einem alten Pastor von unseren kleinen Hafterleichterungen zu berichten! Mit welchem Ziel denn? Um mich in eine bessere Position zu bringen? Um den anderen eins auszuwischen? Weil ich einfach nur MIES war?

Wie krank mussten diese hasserfüllten, neidischen Weiber sein!

»Was hast du ihnen entgegengehalten?«

»Ich habe meinen Fehler zugegeben.«

»Was hast du?«

»Lass gut sein, Rita. Sie haben mir einen Denkzettel verpasst. An irgendjemandem mussten sie ihre Wut ja auslassen.«

»Sie haben dir keinen DENKZETTEL verpasst, sie sind über dich hergefallen! An dir ist ja so gut wie nichts mehr heil!«

»Heute bei der Versammlung werde ich erneut zugeben, dass ich es war. Okay? Und jetzt lass mich in Ruhe.«

Andreia sank kraftlos auf unsere gemeinsame Matratze. Sie wollte die Schuld auf sich nehmen? Für etwas, das wir beide nicht getan hatten?

Ich starrte an die Decke, und Brechreiz stieg in mir auf. Nein. Das konnte ich unmöglich auf meiner kleinen Freundin sitzen lassen. Mein Portugiesisch war inzwischen gut genug. Ich würde mit den Zellenbewohnerinnen reden. Am späten Vormittag fasste ich mir ein Herz und ging zu Zelle 4.

»Ich möchte die Chefin von X4 sprechen.«

»Breide ist für Leute wie dich nicht zu sprechen.«

»Ich muss da was klarstellen.«

»Soll reinkommen«, verkündete Breide von ihrem Bett aus gnädig. »Aber Füße abwischen.«

Zu dieser erzwungenen Demutsgeste musste ich mich schwer überwinden. Vor der Zelle lag ein schmieriger Lappen. Mit zusammengekniffenen Lippen streifte ich meine nackten Fußsohlen darauf ab.

»Wenn ihr glauben solltet, ich plaudere da draußen Interna aus, dann irrt ihr euch. Ich habe da draußen noch nie ein Wort Portugiesisch gesprochen, die Wärterinnen glauben, ich verstehe kein Wort und lassen mich deshalb in Ruhe. Mein

Deutsch sprechender Besuch interessiert sich nicht für unsere Essenslieferungen.« Diesen Satz hatte ich mir vorher zurechtgelegt, mithilfe meines Wörterbuchs und meines Schreibblocks. »Dass ihr wegen diesem ohnehin falschen Verdacht nun auch noch Andreia bestraft, ist der Gipfel an Feigheit. Sucht euch einen anderen Sündenbock.«

Breide und die anderen fünfzehn Bewohnerinnen aus X4 musterten mich hasserfüllt. Sie thronten auf den vier Etagenbetten oder lehnten abwartend an der Wand. Mein Blick glitt hinter die Zellentür. Hier hingen Besen, Schrubber, Kochlöffel und Bratpfannen – offensichtlich die Werkzeuge, mit denen sie die kleine Andreia fast totgeschlagen hatten.

Mein Herz raste zum Zerspringen. Wenn ich jetzt die Nächste sein sollte, würde ich das hoffentlich nicht überleben.

»Andreia hat es bereits zugegeben.« Breide durfte die Würde nicht verlieren. Sie ließ die fleischigen Beine baumeln, die in gelbe Zehen mündeten. Umgeben von ihren Untertanen, die zustimmend nickten und ihr ergeben Luft zufächelten.

»Noch einmal: Sie war es nicht. Ich genauso wenig. Und das wisst ihr auch.«

Die ohnehin schon stickige Luft knisterte. Ich hielt ihrem Blick stand. Das war die Sekunde, die über mein weiteres Sein oder Nichtsein entschied. Würde ich den Blick senken oder auch nur einen Millimeter zurückweichen, hätte ich für immer verloren.

»Andreia soll reinkommen.«

Breides tiefe, heisere Stimme, deren rasselndes Lachen oft bis spät in die Nacht zu hören war, hallte von den Wänden wider.

Sofort sprangen einige ihrer Weiber auf und zerrten Andreia herein. Jemand riss ihr den Kopf hoch. »Los. Sprich.«

»Es tut mir leid«, röchelte Andreia. »Ich habe meinen Fehler eingesehen und meine Bestrafung verdient.«

»Aber sie war es nicht. Andreia, wieso sagst du das …«

»Halt dein dämliches MAUL«, brüllte Breide. »Sei froh, dass sie für dich ihren verfickten Arsch hingehalten hat!«

Ich zuckte zurück. Angst schnürte mir die Luft ab. In meinen Ohren gellte ein sirrender Dauerton.

»Ihr könnt gehen.« Breide winkte ab.

Meine Hände zitterten so, dass ich sie hastig in die Taschen meiner Shorts steckte.

Es herrschte angespanntes Schweigen, als ich wieder aus der Zelle schlenderte.

»Wenn du das nächste Mal Besuch bekommst, pass gefälligst auf, was du sagst.«

21

Köln, Deutschland, April 1993

»Ach, ist der knuffig! Wo haben Sie den denn bestellt!«

Ich stand mit dem Kinderwagen an der Straßenbahnhaltestelle. Eine wildfremde Frau zog Benni die Decke weg und kraulte ihn am Kinn. »Das ist ja ein süßer Schokoladenkeks!«

»Lassen Sie das!« Wütend schob ich ihren Arm weg. Wie ich das hasste, dass die Leute hemmungslos an meinem Sohn rumgrabbelten! »Den kann man nirgendwo kaufen – wie einen süßen Schokoladenkeks!«

Empört musterte ich die Frau. Sie sah selber aus als hätte sie davon zu viel gegessen!

»Jetzt haben Sie sich mal nicht so! Ich wollte ja nur wissen, aus welchem Land Sie den adoptiert haben! Meine Tochter hat schon alles versucht, sogar Dritte-Welt-Länder, aber man will ihr einfach kein Baby geben, noch nicht mal ein schwarzes!«

»Was heißt denn hier ›noch nicht mal‹!«, brauste ich auf. »Sind dunkelhäutige Kinder etwa weniger wert als weiße?«

»Also, jetzt seien Sie doch nicht so zimperlich!« Verärgert stieg die Frau in ihre Straßenbahn.

Aber ich war inzwischen ziemlich angenervt. Ständig erdreistete sich jemand, meinem Benni durch die Haare zu wuscheln, als wäre er ein Hund.

Die Bemerkungen reichten von gönnerhaft bis hin zu plump-rassistisch, und jeder glaubte, seine Meinung äußern zu dürfen.

Ich war eine alleinerziehende Mutter ohne Job, die keine Nacht durchschlief. Auch wenn Benni ein bezauberndes, zufriedenes Kind war, das ich abgöttisch liebte, war ich mit den Nerven am Ende.

Benni war schon mit drei Monaten sterbenskrank gewesen. In Panik war ich mit ihm in die Kinderklinik in die Amsterdamer Straße gefahren, als er eines Nachts röchelte und über vierzig Grad Fieber hatte! Die Diagnose war schwere Bronchitis und chronisches Asthma gewesen.

Man hängte meinen kleinen Wurm an den Tropf, und der behandelnde Kinderarzt bemühte sich sehr um den kleinsten Patienten auf seiner Station. Sie alle hatten meinen kleinen Pupsi sofort ins Herz geschlossen. Nach fünf Tagen gab es Entwarnung, wir mussten aber trotzdem noch drei Wochen im Krankenhaus bleiben.

Kaum waren wir wieder zu Hause in unserer Zwei-Zimmer-Wohnung im vierten Stock, flatterten mir drei Kündigungen ins Haus: Das Restaurant, das Büro, in dem ich als Sekretärin arbeitete, und die Tankstelle konnten sich nicht damit abfinden, dass ich drei Wochen gefehlt hatte. Gleich nach der Geburt hatte ich alle drei Jobs wieder aufgenommen, mit Pupsi im Kinderwagen. Was hätte ich denn sonst machen sollen? Von irgendwas mussten wir ja leben! Wahrscheinlich hatte Benni sich auf diese Weise die Bronchitis geholt.

Ich war verzweifelt und wusste nicht mehr ein noch aus. Nun war ich seit einem halben Jahr arbeitslos und fand einfach keinen passenden Job! Bald würde ich die Miete nicht mehr zahlen können und mit Pupsi auf der Straße stehen!

Meine Eltern um Geld zu bitten, ließ mein Stolz nicht zu.

Mein Vater hatte mich zwar am Tag von Bennis Geburt besucht und seine Nabelschnur durchgeschnitten, dann aber nichts mehr von sich hören lassen. Er hatte einfach zu viel Angst vor meiner Mutter. Von ihnen konnte ich weder finanzielle noch moralische Unterstützung erwarten.

Nein, ich musste es allein schaffen.

Entschlossen stieg ich in die Straßenbahn, die mich zu einem verheißungsvollen Vorstellungsgespräch bringen sollte.

»Gut aussehende junge Dame für Modeljob in der Internetbranche gesucht! Sehr gute Bezahlung!«

Diese Anzeige hatte ich im Kölner Express gefunden.

Der Geschäftsführer wollte mir am Telefon nicht sagen, worum es genau ging, und bat mich, persönlich vorbeizukommen. »Wir müssten Sie erst mal sehen, Liebelein.«

»Kann ich meinen Sohn zur Arbeit mitbringen?«, hatte ich gefragt.

»Wie alt ist er denn?«, kam es perplex zurück.

»Neun Monate.«

Nach einer kurzen Pause hatte der Mann gelacht und gesagt: »Kein Problem.«

Und nun saß ich in der Bahn Richtung Luxemburger Straße. Da es sich um einen Modeljob handelte, hatte ich einen kurzen Rock und hochhackige Stiefel angezogen, was ich normalerweise nicht zum Kinderwagenschieben trug. Die blonden Haare fielen mir in einer wilden Mähne auf die Schultern. Ich war ziemlich geschminkt. Scheiß drauf! Ich musste jetzt einfach meine weiblichen Waffen auffahren.

Das Studio und die Büros befanden sich in einem Hinterhof, weit draußen hinter Frechen.

Als ich mitsamt Benni das Büro betrat, das man nur über

Treppen außerhalb eines Containers erreichen konnte, beäugte mich der freundlich wirkende Geschäftsführer amüsiert.

»Und du bist …?«

»Rita.« Schwer atmend reichte ich ihm die Hand.

»Und was ist das für ein Liebelein?«

»Benni.« Und wehe, du sagst jetzt Schokoladenkeks oder so was!, dachte ich gereizt und hatte schon meine Stacheln ausgefahren.

»Hi, Benni«, sagte der Mann zu meinem schlafenden Sohn. »Ich bin Sven. Geht klar, dass du deine Mutter zur Arbeit begleiten kannst.«

»Echt? Das wäre –« Ich blies die Backen auf und atmete laut aus. Großartig!«

»Setz dich, Liebelein!«

Stoisch ignorierte ich seine anerkennenden Blicke, als er meine Beine betrachtete, und warf meine blonde Mähne nach hinten. Er schien schwul zu sein, so exaltiert wie der sprach! Und das war mir ganz recht so.

»Tja, Liebelein. Nicht jede junge Mutter sieht aus wie ein ausgeleierter Altkleidersack!«

Sven griff nach einer Packung Zigaretten und hielt sie mir unter die Nase. Mit einem Blick auf Benni lehnte ich dankend ab. Auch Sven verzichtete aufs Rauchen.

»Sorry. Kommt nicht wieder vor. Du bist ja ein lecker Püppschn, Rita. Du bist genau der mädchenhafte Typ, den wir brauchen.« Er sprach Kölsch und das in dieser sympathischen schwulen Art, die mich fast zum Lachen brachte.

Mein Herz klopfte aufgeregt. »Was macht denn bei euch so ein Model?«

Sven stand auf. »Komm, ich zeig's dir, Liebelein. Dein Liebelein kann ruhig weiterpennen. Süßer, wir sind gleich wieder da.«

Mein zukünftiger Arbeitsplatz war – ein leeres Zimmer. Darin stand ein Bett. An den Wänden hingen Spiegel. Und am Ende des Raums befand sich eine Kamera.

Mir schoss die Röte ins Gesicht.

»Ich soll mich – ausziehen?«

»Nur bis auf die Unterwäsche, Liebelein. Außer du hast selber Lust auf mehr.«

»Und vor wem?« O Gott, waren hinter den Spiegeln etwa – Männer?

»Vor Leuten, die zu Hause vor ihrem Computer sitzen.«

»Und der Kameramann?«

»Es gibt keinen. Du stellst die Kamera selbst ein. Dann kannst du mit deinem Publikum flirten oder so tun, als fühltest du dich unbeobachtet. Es gibt auch noch ein anderes Ambiente, schau hier …«

Wir sahen durch eine Glasscheibe ins nächste »Studio«. Darin sah es aus wie in einem Fitnessstudio. Eine langbeinige Brünette räkelte sich halbnackt an einer Stange und übte den Aufschwung an einem Barren. Dabei hielt sie stets die gespreizten Beine vor die Kamera.

Bei dem Gedanken, dass da irgendwo alte, geile Männer vor ihrem Computer saßen und masturbierten, wurde mir leicht übel.

»Liebelein, ganz locker bleiben. Das sind alles keine professionellen Stripperinnen. Die da ist Nina, die studiert Biologie und Mathematik auf Lehramt.«

Ich schluckte. »Das ist – ungewohnt.«

»Das glaub ich dir gern, Liebelein. Jede Anfängerin macht erst mal das gleiche Gesicht.« Er sah mich treuherzig an: »Ich kann auch dein Herz klopfen hören. Aber andererseits: Es kann auch Spaß machen, zu wissen, dass du Tausende Männer dominieren kannst. Sie zahlen dafür, dich zu sehen.«

Plötzlich fand ich den Gedanken gar nicht mehr so abwegig.

»Du kannst auch sinnlich tanzen. Das wäre dann dieses Studio hier.« Er öffnete die Tür zu einem Zimmer, das aussah wie die Tanzfläche in einer Diskothek. Eine Spiegelkugel drehte sich an der Decke, und es zuckten Lichtreflexe.

»Du verdienst dreitausend Mark im Monat. Und bekommst fünfundzwanzig Prozent pro Minute, die der Kunde online bleibt. Wenn du gut tanzt, bleibt er lange online. Du solltest dich hier fühlen wie in einer Diskothek. Dort tanzt du doch auch und wirst von Männern angestarrt. Stimmt's, Liebelein?«

Ich fühlte ein seltsames Prickeln. Das sinnliche Tanzen lag mir im Blut. Mit Tony war ich jedes Wochenende in Soul-Diskos gewesen, in denen Black Music gespielt wurde. Wir hatten uns oft genug in Ekstase getanzt, uns gegenseitig heiß gemacht, die *vibrations* gespürt. Um danach gigantischen Sex zu haben.

Wenn ich nicht mehr für Tony tanzen durfte, dann eben für – Geld. Ich tat es schließlich für unseren Sohn.

»Und wie ist meine Arbeitszeit?«

»Vier Stunden pro Tag. Oder pro Nacht. Wir sind da total flexibel. Wenn dein Liebelein pennt, kommst du einfach her.«

Ich biss mir auf die Lippen. »Vier Stunden.«

»Genau. Dann kommen andere Models dran.«

»Dreitausend Mark.«

»Wegen mir gern unter der Hand, Liebelein.« Er zwinkerte mir verschwörerisch zu. »Wie du das beim Finanzamt deklarierst, bleibt dir überlassen.«

Wie in Trance lief ich neben ihm her und ließ mir noch andere Studios zeigen.

Eines hatte Wohnzimmeratmosphäre und war mit einer Ledercouch und zwei Sesseln ausgestattet. Eine Asiatin saß gerade auf der Lehne und zog sich lasziv die Strümpfe aus, wobei sie an jedem ihrer Finger leckte.

»Könntest du dir vorstellen, dass du das hinkriegst, Liebelein?«

Ich schluckte. Eigentlich eine supersimple Arbeit. Für eine alleinerziehende Mutter, die hübsch und jung war, sogar der Traumjob schlechthin. Ich räusperte mir einen Kloß von der Kehle. Mit starrem Blick aufs Honorar antwortete ich: »Glaub schon.«

»Na bitte, Liebelein. Und hier wäre sogar noch ein Zusatzverdienst.« Er schob mich weiter über den Gang und öffnete die Tür zu einem Tonstudio, in dem ganz normale Frauen aller Altersklassen in schalldichten Kabinen mit Kopfhörern an Telefonen saßen und um die Wette stöhnten. Sie waren zum Teil übergewichtig und grauhaarig und mit ihren Strickwesten und Allwetterjäckchen so gar keine Sexbomben.

»Ja! Besorg's mir! Du starker Bär!«

»Willst du wieder was auf den Po haben, du ungezogener Junge?«

»Jetzt zieh mal die Unterhose aus. So. Und jetzt fass dich an.«

Die Frauen winkten uns freundlich zu.

»Hi, Svennilein!«

Eine Ältere strickte, eine andere rührte gerade Süßstoff in den Kaffee und wieder eine andere löffelte Diätjoghurt, den sie als Geräuschkulisse kreativ einsetzte.

»Ich hab so was noch nie gesehen!« Mit hochrotem Kopf stand ich da und konnte mir ein Kichern nicht verbeißen.

»Ich höre, dass du gleich so weit bist, du Hengst! Los, sag mir, wie geil du bist!«

Der Diätjoghurt klatschte an die Wand.

Sven schloss die Tür. »Das sind alles Hausfrauen und Mütter, die gleich ihre Kinder von der Schule abholen. Ist nicht jederfraus Sache, aber wer Spaß daran hat, verdient gutes Geld.«

Wir schlenderten zurück ins Büro, wo mein Benni soeben aufgewacht war und sich staunend umsah.

Sven war ganz vernarrt in meinen kleinen Pupsi: »Gott, ist der süüüß, darf ich den mal knuddeln?«

Na gut, jetzt wo er mein Arbeitgeber war, durfte er natürlich. Außerdem mochte ich ihn auf Anhieb.

»Ich hätte ja so gern Kinder«, sagte er schwärmerisch, »aber das lässt sich mit meinem Lebensstil einfach nicht vereinbaren!«

Ich musste grinsen. Der war wirklich ein Herzchen, dieser Sven. Plötzlich hatte ich gar keine Angst mehr vor dem Job. Zumal Svennilein mir gleich die ersten zwei Monatsraten in bar in die Hand drückte!

Meine Hemmschwelle war plötzlich auf Null gesunken. Dass die meisten Online-Gäste alt und hässlich waren, keinen mehr hochkriegten und keine mehr abbekamen und deshalb Befriedigung im Internet suchten, war mir egal. Ich musste sie ja nie kennenlernen.

22

Aruja, Brasilien, März 2006

»Guten Tag, Frau Rosario. Schön, Sie kennenzulernen. Mein Name ist Brunhilde Ellerbeck-Cooper. Tut mir leid, dass ich mich erst jetzt bei Ihnen melde. Ich war eine Zeitlang sehr krank, wissen Sie.« Die mollige Mittfünfzigerin, die nach Chanel Nr. 5 roch, strich sich über die sorgfältig geföhnten blonden Strähnchen. »Ich habe gehört, Sie wollen eine deutsche Anwältin. Und bitte, hier bin ich!« Sie ließ sich auf den Besucherstuhl fallen und schenkte mir ein offenes Lächeln. Sie war das, was meine Mutter als »Dame« bezeichnet hätte. Eine Dame aus besseren Kreisen.

»Ja … also … nein.« Ich wischte mir nervös eine Fliege von der Stirn. »Ich kann Sie gar nicht bezahlen, denn mein Geld hängt irgendwo in Spanien fest.« Ich schluckte. Also mit dieser Rechtsanwältin hatte ich nun wirklich nicht mehr gerechnet! Sie trug ein türkisfarbenes Kostüm, eine weiße Bluse mit Schlüpp und dezent beige Pumps mit dazu passender Handtasche. Um ihren Hals schmiegte sich eine zweireihige Perlenkette, die mit ihren sicherlich teuren Zähnen um die Wette blinkte.

»Das ist doch völlig unerheblich.« Sie lächelte mich milde an. »Ich lasse Sie selbstverständlich nicht im Stich. Das Geld ist absolute Nebensache. Wenn Sie zahlen können, dann zahlen Sie.«

»Aber der Herr Konsul Sattmann hat gesagt, Sie rühren keinen Finger, bevor das gesamte Geld nicht …«

»Völliger Blödsinn.« Sie machte eine wegwerfende Handbewegung, die mich erahnen ließ, was sie vom Lions-Club-Freund ihres Mannes hielt.

»Ja, also?« Ich verkrampfte die Hände in meinem Schoß. Ein winziger Hoffnungsstrahl stahl sich durch das kleine Gitterfenster wie ein verirrter Sonnenstrahl.

»Gut sehen Sie aus!« Frau Ellerbeck-Cooper lächelte mich nett an. »Diese weiße Kurzhaarfrisur steht Ihnen ausgezeichnet. Sehr keck. Sehr – speziell.«

»Tja, wissen Sie, ich … ähm … habe mich in die modische Beratung meiner Mitgefangenen begeben. Irgendwer hatte sogar eine Schere. Die Läuse. Der Haarausfall. Und zum Nachfärben bin ich auch noch nicht gekommen.«

Sie lachte. »Ihren Humor haben Sie ja schon wieder. Und um Ihre Figur beneide ich Sie auch.«

»Ach ja – wirklich?« Nun gut, Frau Ellerbeck-Cooper verbarg sehr geschickt eine Größe 42 bis 44 unter ihrer Kostümjacke. Ihr Hintern quoll über den Plastikstuhl, während meine spitzen Poknochen fast die Sitzfläche durchbohrten.

»Es gab inzwischen eine Anhörung, und ich habe den Eindruck, die Richterin ist Ihnen wohlgesonnen.« Frau Ellerbeck-Cooper war es offensichtlich auch. »Wenn Sie Glück haben, bekommen Sie bei Ihrem Prozess dieselbe Richterin. Dann können Sie mit einer Minimalstrafe rechnen.«

Ich schluckte. »Und wann wir dieser Prozess stattfinden?«

»Ich schätze, in zwei Monaten.«

»Und wie hoch wäre dann eine …« Mir wollte das Wort nicht über die Lippen. »… Minimalstrafe?«

»Zwischen zwei und vier Jahren.« Sie nickte mir aufmunternd zu. »Davon haben Sie eines ja schon fast rum.«

»Wird mir Aruja also angerechnet?«

»Kommt auf die Richterin an. Bei dieser hier würde ich schätzen, ja. Zumindest ein Teil davon.«

Ich kaute auf meiner Unterlippe. »Ich habe kurz nach Weihnachten das Gerücht gehört, wir Ausländerinnen würden in eine andere Haftanstalt verlegt.«

»Das wird jetzt meine oberste Priorität sein.« Das türkise Honigkuchenpferd mit der Seidenmähne sah mich mitleidig an. »Diese Haftbedingungen sind absolut unzumutbar. Ich werde mich für Sie einsetzen.«

»Ich würde so gerne arbeiten!«, warf ich eifrig ein. »Irgendwas. Ich mache alles. Ich kann vier Sprachen. Ich könnte …«

»Nun mal langsam, meine Liebe.« Frau Ellerbeck-Cooper musste mich leider bremsen. »Wenn wir Sie in einer Werkstatt unterbringen könnten, wäre schon viel gewonnen. Aber noch gibt es keinen juristischen Beschluss für Ihre Verlegung. Ich arbeite daran.«

»Würden Sie der Richterin sagen …« Ich schluckte und würgte an Tränen. »… dass meine Bestrafung sowieso lebenslänglich ist?« Nun kullerte doch eine Träne auf meine mageren Hände, die inzwischen Ähnlichkeit mit Vogelkrallen hatten. »Wenn ich jemals hier rauskomme, habe ich kein Zuhause mehr. Ich habe alles verloren: meinen Sohn, meine Familie, meinen Job, meine Heimat, meine Träume … Selbst meine Zeit DANACH wird eine einzige Gefangenschaft sein.«

Auch ihre Augen wurden feucht. »Sie haben wirklich großes Pech gehabt, Frau Rosario. Gibt es denn Neuigkeiten von Ihrem Sohn?«

»Sein Vormund hat mir geschrieben, dass er mit Drogen erwischt wurde!« Ich wischte mir mit dem Handrücken die Tränen aus dem Gesicht, und sie reichte mir ein Papiertaschentuch.

Sie ließ mich erst mal in Ruhe schnäuzen.

In einer plötzlichen Aufwallung weiblichen Mitgefühls legte sie ihre Hand auf meine.

»Sie können sich auf mich verlassen, Frau Rosario. Ich werde mich jetzt verstärkt um Sie kümmern. Zwar können Sie nicht schon wieder nächste Woche mit mir rechnen …« Sie stand auf und gab den Wärterinnen ein Zeichen. »Aber Sie hören von mir.« Sie reichte mir die Hand.

»Und essen Sie was, Mädchen. Für Ihren Prozess werde ich Ihnen vernünftige Kleider mitbringen. Wollen wir Größe 36 verabreden? Das wäre doch ein Ziel, oder?«

Täuschte ich mich oder zwinkerte sie mir aufmunternd zu?

Wir könnten ja beide Größe 36 verabreden, ging es mir durch den Kopf. Mal sehen, wer es schneller schafft!

Ich versuchte ein schiefes Lächeln.

Sie nickte und strich mir über die Wange – eine Geste, die sie sofort zu bereuen schien.

Das war nicht professionell.

23

Köln, Deutschland, Oktober 1995

»Das war nicht professionell!«

Sven schüttelte tadelnd den Kopf, als ich prustend vor Lachen aus dem Studio taumelte.

Seit Benni im Kindergarten war, konnte ich zwei Schichten einlegen und verdiente richtig gutes Geld.

»Es tut mir leid, aber der Kerl, den ich gerade am Telefon hatte, wollte, dass ich miaue wie eine Katze …«

»Der Kunde zahlt, also soll er bekommen, was er will!« Sven fuchtelte mit den Händen. »Liebelein, du musst dir immer sagen: ›Für Geld mach ich alles.‹«

»Ich hab's ja versucht, konnte aber nicht ernst bleiben!«

»Rita, du bist seit Langem mein bestes Pferd im Stall. Und wenn der Kerl will, dass du wieherst, dann wieherst du!«

Das war genau das richtige Stichwort. Ich wieherte vor Lachen.

Selbst Sven musste sich abwenden. Ich sah, wie es ihn schüttelte.

»Komm auf einen Kaffee ins Büro, Liebelein.«

Immer noch von unterdrücktem Kichern gebeutelt, stolperte ich hinter ihm her.

»Der Job macht mich wirklich fertig!«

»Ach komm, Rita. Deine Striptease-Nummern sind inzwischen supergeil! Du bist eine supergeile Mutti!«

Ich konnte nicht anders, ich musste den süßen Sven einmal feste drücken. Ich mochte ihn wahnsinnig gern. Wir waren inzwischen enge Freunde und wussten so ziemlich alles voneinander. Sven wünschte sich sehnlichst Kinder, aber dieser Wunsch sollte ihm verwehrt bleiben. Also wurde er Bennis Babysitter. Solange Benni im Kinderwagen lag, und selbst als Benni zu krabbeln und laufen begann, war Sven der perfekte Patenonkel, der stundenlang mit ihm auf dem Fußboden herumalbern konnte. Während meiner Performances kümmerte er sich liebevoll um meinen Sohn, und so schlossen wir uns immer enger zusammen. Manchmal trafen wir uns sonntags im Stadtwald am Sandkasten und diskutierten ernsthaft, wie ich meine Performance perfektionieren könnte. Sven breitete Kataloge mit Reizwäsche aus, während andere Mütter verstört von uns abrückten. Dabei konnten wir uns kaputtlachen. Wir beobachteten Benni, der gedankenverloren seine Schaufel in den Mund steckte oder mit seinem Pipimann hingebungsvoll ins Gras pinkelte.

Die blöden, unüberlegten und oft auch rassistischen Bemerkungen anderer Kinder und – was noch viel schlimmer war – Mütter ignorierten wir.

»Mein Papa hat gesagt, dass du ein Neger bist!«

»Ich bin kein Neger! Du bist ein Eierloch! Blödmann!«

»Mein Papa sagt, dass du wohl ein Neger bist! Neger, Neger, Schornsteinfeger!«

Bennilein kam weinend angerannt: »Der Junge sagt Neger zu mir!«

Sven tröstete ihn: »Süßer, du bist ein wundervoller kleiner Junge und hast eine wundervolle kleine Mama! Die anderen Bengels sind einfach nur neidisch!«

Sven hatte einen Riesenkoffer »geiler Lederstrapse« ausgebreitet und schockte die Sandkastenmütter zusätzlich. Aber ich war es längst gewohnt, ausgegrenzt zu werden. Das weckte nur den Trotz in mir: Jetzt erst recht. Ich war gut. Ich wollte immer besser werden. Ich simulierte Selbstbefriedigung vor der Kamera und hatte die meisten Einschaltminuten, die mir wiederum Prozente einbrachten.

Sven und ich waren ein eingespieltes Team – beruflich wie privat. Mein Benni hatte eine Art Ersatzvater. Alles war gut.

Bis zwei Dinge geschahen, die diesem Traumleben ein jähes Ende bereiteten.

Das eine war, dass mich mein eigener Bruder Thorsten im Internet sah. Ich fragte mich zwar, warum er zu meinen Kunden zählte, wo er doch mit Ilka verheiratet war! Doch das hielt ihn nicht davon ab, sofort meinen Eltern Meldung zu machen. Dafür schämte er sich nicht. Wenn ich vorher noch nicht für sie gestorben war, dann jetzt endgültig.

Erneut wurde ich von meiner »Familie« als »Hure« und »Schlampe« beschimpft.

Das andere war, dass mein bester Freund Sven eines Tages an Aids erkrankte und bald darauf starb.

Woraufhin ich wieder ohne Job dastand.

24

Aruja, Brasilien, Ende März 2006

Meine Situation verbesserte sich insofern, als man die Schuldige fand, die draußen bei den Wachen gequatscht hatte. Es war Letizia gewesen, die HIV-infizierte Prostituierte.

Die Zellenchefinnen hatten inzwischen tatsächlich so etwas wie Achtung vor mir, da ich mich in die Höhle des Löwen gewagt und meine Freundin Andreia verteidigt hatte.

Jede Woche kam weiterhin ihre Mutter Sandra mit ihren Töchtern zu Besuch, und jedes Mal fiel für mich etwas vom selbst gekochten Essen ab. Darüber hinaus brachte mir Andreias Mutter, die Analphabetin war und in einer Favela hauste, immer wieder Schreibpapier und billige Kugelschreiber mit. Dafür liebte ich sie!

Um nicht wieder in tiefe Depressionen zu verfallen, schrieb ich wie besessen mein Leben auf. Das ermöglichte mir nicht nur stundenlanges Abtauchen in eine Welt der Freiheit, sondern trug mir auch den Respekt vieler Zellengenossinnen ein. Viele von ihnen konnten weder lesen noch schreiben, für sie war ich ein Genie.

Oft klebten sie förmlich an mir und wollten Buchstaben lernen wie Kleinkinder. Geduldig brachte ich ihnen das Alphabet bei. Dafür bekam ich lebensnotwendige Dinge wie Klopapier, Zahnpasta, Essen, Limonade, eine Zigarette.

Natürlich gab es auch Neiderinnen, die sich von mir abgelehnt fühlten, weil ich nicht versuchte, mich in ihre Cliquen einzuschmeicheln. Die Hackordnung hier ließ ich mir einfach nicht aufzwingen, zumal reges Kommen und Gehen herrschte.

Eine gefürchtete Wortführerin oder Zellenälteste, vor der alle katzbuckelten, konnte von heute auf morgen entlassen werden. Dann wurden die Karten neu gemischt. Inzwischen war ich eine der Ältesten im Käfig, und mehrmals hatte man mir einen Platz in einer der Zellen angeboten. Sogar zur Zellensprecherin wollte man mich wählen. Das hätte aber zur Folge gehabt, dass ich mich ständig mit Kleinkriegen und Streitereien hätte herumschlagen müssen: wer putzen, wer waschen, wer Kaffee holen, wem sein Bett abtreten muss. Das wollte ich nicht. Ich wollte meine Ruhe haben. Deshalb schob ich meine Matratze in den Durchgang zwischen Zelle X1 und X2, wo mir die meisten Bewohnerinnen inzwischen mit Respekt begegneten, und erklärte diese zwei Quadratmeter zur neutralen Zone »X5«, zu meinem »Eigenheim«. Das ich nach wie vor mit Andreia teilte.

Das wurde akzeptiert. Oft bekam ich Besuch auf meiner Matratze – zum Reden, zum Portugiesischlernen, zum Vorlesen (natürlich war ich die Vortragende).

Manche versuchten, körperlich zu werden, doch ich wies sie ab. Für eine lesbische Beziehung stand ich nicht zur Verfügung. Ich war nun mal durch und durch hetero. Andreia war so etwas wie eine Tochter für mich. Langsam erholte sie sich von ihrer »Bestrafung«, und ich pflegte ihre Wunden so gut ich konnte. Sie liebte es, wenn ich ihr stundenlang die Haare kämmte, aber weiter gingen wir nie.

Jeden Samstag scharte ich mich mit meinen Kameradinnen vor dem kleinen tragbaren Schwarz-Weiß-Fernseher in X2 und schaute den ganzen Tag die Musikshow, in der viele brasilianische Bands und Sänger auftraten. Schon bald kannte ich sämtliche Texte und Melodien auswendig, und immer häufiger beteiligte ich mich nun am ausgelassenen Samba und Baile Funk. Ich konnte alle Texte laut mitsingen, die beste Sprachschule überhaupt. Die anderen lachten und machten mir Komplimente, wie sehr ich als *Gringa* den brasilianischen Rhythmus im Blut hätte. Dann dachte ich an »Salsa Som« und fragte mich, was wohl aus meinen jungen Freunden geworden war. Bestimmt hatten sie mich aus ihrem Leben verbannt, weil sie glaubten, ich hätte sie im Stich gelassen und wäre ohne Abschied nach Europa abgehauen. Sie hatten ja keine Ahnung, dass ich immer noch ganz in ihrer Nähe war.

»Ich hasse Besuchstage«, stöhnte ich eines Sonntags und rollte mit den Augen. »Und wisst ihr auch, warum?«

»Weil du keinen Besuch kriegst?« Loura von X1 gesellte sich zu mir und strich mir über den Rücken. »Aber meine Mama und meine Schwestern bringen dir was Selbstgebackenes mit!«

»Weil man hier in der Nacht davor kein Auge zubekommt!« Ich drehte mich zu dem jungen Mädchen um, das wie so viele andere auch wegen eines Drogendelikts einsaß.

»Alle sind so aufgeregt und machen sich fein, als käme die Königin von Saba …«

Viele Drogendealer benutzten ihre Freundinnen als Kuriere, und wenn diese erwischt wurden, versorgten sie sie im Knast mit Essen, Handys und anderen Dingen – Hauptsache, sie sagten beim Prozess nicht gegen sie aus. Sollte das doch mal eine machen, lebte sie nicht mehr lange.

»Wenn Benni mir wenigstens geschrieben hätte!« Ich wischte mir über die Augen.

»Ach, Rita, du musst durchhalten.«

»Ich halte es keinen Tag länger hier aus!«

»Vielleicht kommst du ja bald weg!« Louras Augen leuchteten. Wusste sie vielleicht etwas?

»Wie kommst du darauf?«

»Es gehen Listen rum, wer gehen darf.«

»Ach, da bin ich doch nie dabei …«

Loura war schon aufgesprungen und lief ans Gitter, wo die Wärterinnen gerade solche Listen an die Zellenältesten durchreichten.

Ich machte mir nicht mal die Mühe aufzustehen. Es waren immer die anderen, die aufgerufen wurden. Aus irgendeinem Grund schien man mich hier vergessen zu haben. Weder der Konsul noch der Pfarrer noch die nette Anwältin waren hier wieder aufgetaucht. Fast ein ganzes beschissenes Jahr lang saß ich inzwischen im KÄFIG.

Die Welt hatte mich vergessen. Ich würde hier irgendwann als alte Frau sterben. Und noch nicht einmal DAS würde jemand bemerken.

»Rita! *Você!*«

»Ach, Loura, du kannst ja gar nicht lesen«, winkte ich ab. »Lass mich einfach nur in Ruhe, ja?«

Ich versuchte mir Benni vorzustellen, versuchte, mich an sein Gesicht zu erinnern, das immer mehr verblasste. Wo war er? Wie ging es ihm? Dachte er an mich? Vermisste er mich?

Plötzlich stand Andreia vor mir, mit einem traurigen Lächeln im Gesicht: »Rita, *você vai embora*!«

»Wie echt jetzt? Ich steh drauf?«

Wie von der Tarantel gestochen sprang ich auf und fiel meinen Freundinnen um den Hals. »Zeigt! Wo?« Ich riss einem der Mädels die Liste aus der Hand und las tatsächlich – meinen Namen!

»Ich komm hier weg! Ich komm hier weg, ich komm hier weg!«

Barfuß rannte ich zum Gitter. Nicht, dass sie mich vergessen würden!

Draußen herrschte bereits Besuchergewühl, Mütter und Kinder drängelten sich mit Plastiktüten voller Wäsche, Essen und anderem Zeug durch die Menge. Väter und Freunde versuchten, einmal ihre Liebste zu berühren.

»Hallo, ICH! Ich auch!« Ich hämmerte gegen die Gitter. Mein Herz raste.

»*Calma, Rita,* beruhige dich!« Lächelnd zog mich Andreia wieder zurück in mein Zwei-Quadratmeter-Terrain. »Du hast noch Zeit, deinen Kaffee auszutrinken.«

»Außerdem musst du packen.« Loura zerrte meine Plastiktüten unter der Matratze hervor. Es waren inzwischen drei zerfetzte alte Beutel, die mein gesamtes Hab und Gut enthielten.

»Man darf nur eine Tüte mitnehmen.«

»Echt? Aber …« Ratlos musterte ich meine Siebensachen. Jeder Penner in Deutschland hatte mehr.

Spontan überreichte ich Andreia meine warme Decke, die Pastor Seeländer mir mitgebracht hatte. So. Jetzt waren es nur noch zwei Plastiktüten.

Andreia zog mich zu ihrem Lager und zog eine große, bunt bedruckte Leinentasche hervor:

»Damit kannst du fast an den Strand gehen.«

»Wow. Was du alles hortest!« Ich fiel ihr dankbar um den Hals. Gemeinsam sortierten wir meine Habseligkeiten und packten das Wichtigste in die schicke Tasche: Zahnputzzeug, einen Waschlappen, der gleichzeitig als Handtuch diente, ein kleines Stück Seife, eine Dose billige Gesichtscreme. Mein Nagelzwicker, mein Schreibblock, fünf Kugelschreiber, mein *Português*-Wörterbuch, eine Haarbürste, eine Blechtasse. Das war's. Immer wieder drehte ich die edle Strandtasche in den

Händen, hängte sie mir über die Schulter und klopfte darauf, als wäre sie von Chanel.

Nicht zu fassen, dass ich mich mal so über eine billige Leinentasche freuen würde!

Aufgekratzt lief ich zu den Zellen, um mich zu verabschieden.

Von den Ehemaligen waren nur noch Cleunice, Sueli und Paula übrig.

»*Tchau, amigas!* Ich bin dann mal weg!«

Manche sprangen von ihren Betten und umarmten mich, andere ignorierten mich völlig.

»Hier, dein Kaffee!« Andreia brachte mir meine inzwischen halb leere Blechtasse.

»Dein letzter Kaffee, Süße.« Wie anhänglich sie doch war!

»Mach's gut, wir werden dich vermissen …«

Plötzlich war ich von dreißig, vierzig Mädels umringt. Die meisten freuten sich aufrichtig für mich, anderen standen Trauer oder Neid ins Gesicht geschrieben.

Andreia umklammerte mich, als wollte sie mich nie wieder loslassen.

»Ich mag dich wirklich gern, *Ritinha*!«

Mir kamen die Tränen. In den elf Monaten, die ich hier hatte ausharren müssen, waren wir tatsächlich so etwas wie eine Familie geworden. Mehr als meine eigentliche Familie in Höxter. Das hätte ich nie gedacht. Wenn ich ehrlich war, hätte ich nie gedacht, dass ich das hier überleben würde.

Ich war nur noch ein Schatten meiner selbst, wog sicher keine vierzig Kilo mehr.

Plötzlich drückte mir Andreia etwas in die Hand: »Hier. Noch ein Abschiedsgeschenk. Das wirst du brauchen können!« Unter Tränen überreichte sie mir zwei Rollen Klopapier.

»Ach Süße, das kann ich doch nicht annehmen …«

Hände streckten sich nach mir aus, die mir alle auch noch etwas mitgeben wollten: eine Tube Zahnpasta, ein paar lose Tampons …

Obwohl ich seit einem Jahr keine Periode mehr bekommen hatte.

»Danke, ihr Lieben. Danke, ich werd euch nie vergessen …«

Umringt von einer Mädchentraube, kämpfte ich mich zum Gitter vor, wo schon hüben wie drüben Aufbruchsstimmung herrschte. Wärterinnen hakten Namen auf Listen ab, Polizisten verteilten großzügig Handschellen und ketteten jeweils zwei Frauen aneinander.

»Also dann …«

Alle wollten mich noch einmal umarmen, und alle nahmen mir das Versprechen ab, zu schreiben.

»Hier, nimm meinen Rollkragenpullover! Draußen ist es schweinekalt!«

Das kam von Rosa, der ich Lesen und Schreiben beigebracht hatte. Sie hatte ihn selbst gestrickt. Dankbar schlüpfte ich in den kratzigen, dicken Pulli. Er hing mir bis zu den Knien.

Mein Blick fiel auf die kranke Belinda in der Ecke. Sie war schwer drogensüchtig und würde sicher nicht mehr lange leben. Müde hob sie den Blick und sah mich aus leeren braunen Augen an, die tief in ihren Höhlen lagen. Sie war immer im feindlichen Lager gewesen. Am Ende doch noch Frieden?, dachte ich, als sie mit letzter Kraft die Hand hob, um mir zu winken.

Plötzlich spürte ich Breides schwere Hand auf meiner Schulter.

Ich wusste gar nicht, wie mir geschah, als sie mich an sich riss und »Entschuldige!« in mein Ohr murmelte.

Klirrend öffnete sich das Eisentor. Wir Auserwählten passierten es wie ein Schlossportal. »*Vai com Deus!*«, ertönte es hinter mir.

Es bildete sich eine Gasse, und alle machten respektvoll Platz für die alte Jeiza, die stumm die Hand durch die Stäbe streckte und mir noch einmal übers kurze weiße Haar strich.

Dann wurden wir endgültig hinausgeführt.

Einen Moment lang musste ich mit den Tränen kämpfen, konnte mir aber nicht mal die Augen wischen, weil ich an Neide gekettet war. Eine Mitgefangene aus dem feindlichen Lager. Wir hatten noch nie ein Wort miteinander gewechselt. Aber was machte das schon. Die Karten wurden neu gemischt! Meine Lippen zitterten vor Rührung. Diese Frauen hatten mir Kleidung gegeben, mich mit Essen und Cola aufgepäppelt, mir Trost gespendet. Sie hatten mit mir getanzt und gelacht, mich ihre Musik und ihre Sprache gelehrt. Sie hatten mit mir ihre Gaben geteilt, als wäre ich eine von ihnen. Und das war ich ja auch!

So viel Zuwendung hatte ich »zu Hause« niemals bekommen. Da musste ich erst in den Knast gehen, um so viel Liebe zu erfahren!

Auf der Schwelle nach draußen blieb ich einen Moment stehen, um die frische Luft zu inhalieren. Ich musste die Augen zukneifen, weil die Sonne so blendete.

Allerdings war es wirklich bitterkalt.

Als ich barfuß über den kalten, steinigen Parkplatz lief, fielen mir meine Stiefel wieder ein.

»*Minhas botas …*«

»Wir schauen mal, ob wir sie irgendwo finden können.« Ein Polizist gab meine Bitte pro forma weiter, doch wir wurden ohne großes Federlesen zu einem fensterlosen Gefangenentransporter geführt und eingeladen. Als die Klappe dieses Viehtransporters zugeschlagen wurde, wusste ich, dass ich meine Stiefel nie wiedersehen würde. Sicher trug sie längst die Frau eines Wärters, oder eine Wärterin machte damit das Nachtleben von São Paulo unsicher.

Rumpelnd setzte sich der Transporter in Gang. Wir saßen Schulter an Schulter und starrten ins Dunkel. Unauffällig versuchte ich, nach dem Geldbündel zu tasten, das in meinem BH versteckt war. Auch im neuen Gefängnis würde ich ohne Kohle nicht überleben. Durch meine Bewegungen schnitten die Handschellen schmerzhaft in die Handgelenke. Neide, die unfreiwillig mitgemacht hatte, zischte: »Halt endlich still, *bandida!*«

Auf dem Rest der Fahrt befolgte ich ihren Rat und dachte an Andreia, Jeiza, Gabi und die anderen. Wer weiß, mit wem ich es nun zu tun bekommen würde!

25

Köln, Deutschland, 30. April/1. Mai 1996

Immer wieder zog es mich ins »Skyy«, in unsere Soul Disco, in der ich in meiner glücklichen Zeit mit Tony so oft getanzt hatte. Tracey, die jamaikanische Schönheit, die im »Skyy« seit Jahren an der Kasse saß und mich von früher kannte, drückte mir eines Abends kurzerhand den Schlüssel für die Kasse und die Eintrittskartenrolle in die Hand und zwinkerte mir zu: »Ich muss mal kurz weg!«

Sie hatte irgendeinen süßen Typen gesehen, mit dem sie hinter einer Hausecke verschwand. Charles, der Besitzer des »Skyy«, traute seinen Augen nicht, als er die kleine Rita von damals an seiner Kasse sitzen sah: »Was machst du denn hier?«

Wir kamen ins Gespräch, und nachdem Tracey nach drei Stunden immer noch nicht zurück war, hatte ich den Job!

Charles traute mir zu, dass ich Tickets verkaufen, Geld wechseln und Ausweise kontrollieren konnte, damit keine Minderjährigen in den Club kamen. In diesem neuen Job fand ich wieder die totale Erfüllung. Das war meine Welt und meine Musik, das waren meine Menschen! Hier war ich jahrelang mit Tony gewesen, hier hatte ich meine Liebe zur Black Music entdeckt, und hier hatte ich mich immer geborgen und glücklich gefühlt.

Ich fühlte mich in Gesellschaft all der Schwarzen so wohl wie lange nicht. Wir waren wie eine Familie.

»Fang nie was mit einem männlichen Gast an«, instruierte mich Charles noch. »Dann werden dich auch immer alle respektieren.«

Ich hielt mich daran und machte strikt meine Arbeit, auch wenn ich dabei in meinem Kassenhäuschen aus Glas laut mitsang. Die Gäste waren eine faszinierende Mischung aus Amerikanern, Jamaikanern, Afrikanern und Deutschen. Der Club war landesweit für seine Supermusik bekannt. Charles jettete eigens in die USA und nach England, um die neuesten Schallplatten und CDs einzukaufen. Währenddessen vertraute er mir den ganzen Laden an, und der Rubel rollte. Auch das Aufgebot an Livemusik und prominenten Gästen war imposant. Ich lernte George McCrae, Ice Cube, Ice-T und viele andere aus der Szene kennen, flirtete mit Robert SkyWalker Wallace, einem Spieler der Harlem Globetrotters, und mit Carl Douglas, der mit seinem Hit »Kung Fu Fighting« weltweit berühmt wurde.

Schon wieder hatte ich einen Traumjob ergattert! Es wurde mir nie langweilig, und außerdem betrug mein Nettoeinkommen viertausendzweihundert Mark, da ich noch einige Nebenjobs hatte. Zuzüglich des Kindergelds, das ich für Benni bekam, war das weit mehr, als so mancher Familienvater nach Hause brachte. Wenn ich morgens heimkam, frühstückte ich mit Benni und brachte ihn in den Kindergarten, bevor ich mich für ein paar Stündchen schlafen legte. Nachmittags hatte ich dann Zeit für meinen Sohn. Es ging uns also gut, und es fehlte uns an nichts. Nachts hatte ich natürlich einen Babysitter für ihn.

Doch dann zogen im »Skyy« dunkle Wolken auf. Inzwischen hatte sich leider auch in Köln eine rechte Szene gebildet, was wir lange ignorierten.

Im Club herrschten wie immer Hochbetrieb und gute

Stimmung, als beim »Tanz in den Mai«, wie wir es humorvoll beworben hatten, plötzlich eine Horde Neonazis und Skinheads einfiel, um den »Nigger- und Ausländerschuppen« plattzumachen.

Da sich viele unserer schwarzen Gäste in dieser lauen Frühlingsnacht draußen aufhielten, wo sie lachten, rauchten und plauderten, waren sie die Ersten, die mit der betrunkenen Horde konfrontiert wurden.

»Deutschland den Deutschen, Ausländer raus!«

Sie hatten Knüppel und zerbrochene Bierflaschen dabei, mit denen sie auf unsere arglosen Gäste losgingen. Hier und da blitzten Messer auf. Alles, was schwarz war, wurde ohne Vorwarnung angegriffen. Blut spritzte, panische Schreie gellten durch die Nacht.

»Ausländer raus!«

Eine wilde Massenschlägerei begann, und unsere Gäste versuchten verzweifelt zu verhindern, dass diese Verrückten in den Club eindrangen. Wie erstarrt sah ich zu, wie meine Freunde vor der Kasse um unseren Club kämpften. Es floss viel Blut, dann wurden unsere Fensterscheiben eingeschlagen. Als Charles von einem dieser Typen attackiert wurde, erwachte ich endlich aus meiner Starre und reagierte. Unter der Kasse befand sich ein Elektroschockstab. Ich riss ihn mit zitternden Händen hervor und brüllte: »Charles!«

Während Charles versuchte, den bulligen Glatzkopf mit einer Hand abzuwehren, versuchte er mit der anderen Hand, den Stab zu aktivieren, was ihm im Gemenge nicht gelang. Immerhin benutzte er ihn erfolgreich als Knüppel und schlug den Skinhead damit in die Flucht. Blitzschnell schloss ich die Kasse, ließ den Schüssel in meiner Jeanstasche verschwinden und zog den Kopf ein, als ein riesiger Stein in meine Glasscheibe knallte. Scherben flogen, und ich duckte mich hinter dem Tresen, kniff die Augen zu und schützte das Gesicht mit den Armen.

Einer unserer Türsteher hatte nicht so viel Glück wie ich und verlor bei dieser sinnlosen Massenschlägerei sein linkes Auge.

Ein Pfiff gellte durch die Nacht, und wie feige Ratten verzogen sich die Neonazis in die Dunkelheit.

Als die Polizei endlich eintraf – leider viel zu spät –, waren nur noch stöhnende Schwarze anzutreffen, die sich in ihren Blutlachen wälzten.

»Ausweiskontrolle, Papiere!«

Ausgerechnet die Opfer, die in diesem Fall unschuldig waren, wurden nun hochgezerrt und an die Wand gestellt, mit vorgehaltener Pistole.

Ich spähte aus meinem Versteck, als plötzlich Robert, ein Ghanaer mit schwarzen Rastalocken, den ich schon lange vom Sehen kannte, zu mir unter den Kassentisch kroch. »Verrat mich nicht, Rita!«

»Natürlich nicht!« Ich ließ ihn hinter mich krabbeln und schützte ihn zusätzlich mit dem heruntergerissenen roten Samtvorhang.

Während sich die Dunkelhäutigen Ausweiskontrollen unterziehen mussten und mehrere Rettungswagen mit Blaulicht und Tatütata vorfuhren, flüsterte ich:

»Hast du keine Papiere?«

»Nein!«

»Überhaupt keine?«

»No!«

»Mensch Robert, dein Arm blutet ja!«

»Jemand hat mich mit dem Messer erwischt!«

Wir rührten uns nicht von der Stelle. »Wie lebst du denn hier?«

»Ich hab ein billiges Zimmer, das teile ich mir mit drei Kumpels!«

»Hast du Familie?«

»Nein, alle in Ghana. Ich bin mit gefälschten Papieren herkommen, aber die musste ich schon wieder abgeben! Ich arbeite schwarz in einer Bäckerei, aber ich darf mich auf keinen Fall erwischen lassen, sonst werde ich sofort abgeschoben!«

Heftiges Mitgefühl wallte in mir auf. Ich hatte Robert immer als unbekümmert und fröhlich erlebt, tanzend und singend, unsere »good vibes« genießend. Nie hätte ich geahnt, dass er sich in so einer schwierigen Situation befand!

Stunden später, als die Polizei weg war, krabbelten wir aus unserem Versteck hervor.

»Wohin gehst du jetzt?«, fragte ich Robert, der unter seiner schwarzen Haut sehr blass geworden war.

»Ich weiß nicht.« Er zuckte die Schultern.

»Komm mit zu mir!«

Mit dem Taxi fuhren wir in meine Wohnung. Es war inzwischen vier Uhr morgens.

Benni schlief zum Glück tief und fest. Ich bezahlte den Babysitter, zog Robert in die Küche, holte den Verbandskasten hervor und versorgte seine Messerwunde so gut ich konnte.

Er gab Schmerzlaute von sich, als ich Jod daraufpinselte.

»Das müssen wir einem Arzt zeigen, Robert!«

Er schüttelte den Kopf. »*No way.* Ich bin weder krankenversichert, noch habe ich das Geld für eine Behandlung.«

So saßen wir auf dem Sofa, tranken Tee und redeten die ganze Nacht. Robert vegetierte nun schon seit anderthalb Jahren in diesem schmuddeligen, ungeheizten Keller der Bäckerei vor sich hin, mit drei anderen auf wackligen Feldbetten.

Als einzige Waschgelegenheit diente die Gemeinschaftsdusche für Mitarbeiter.

Roberts Familie war in Ghana geblieben. Sie hatte ihren ältesten Sohn quasi vorgeschickt, in der Hoffnung, eines Tages nachkommen zu dürfen. Alle waren bitterarm, und seine sechsjährige Schwester Dorothee war auch noch krank.

Mein Mitleid wuchs ins Grenzenlose. Er war mir sehr sympathisch, und ein bisschen erinnerte er mich an Tony.

Als Benni aufwachte und verschlafen in die Küche tappte, rieb er sich erstaunt die Augen. »Ist das mein Papa?«

Robert ließ ein sanftes Lachen hören und nahm Benni vorsichtig auf den Schoß. Sofort war da ein Band zwischen den beiden.

»Willst du denn, dass ich dein Papa bin?«

»Ja! Alle haben einen Papa, nur ich nicht! Du siehst genauso aus wie mein Papa!«

Während ich Frühstück machte, hörte ich die beiden scherzen und lachen. Benni hatte sofort großes Vertrauen zu dem Mann gefasst, der ihm so ähnlich sah, und auch er zeigte Mitleid mit seiner Verletzung, die noch immer heftig blutete.

»Mama, wir können Robert doch hier wohnen lassen!«

So kam es, dass Benni und ich Robert bei uns aufnahmen.

Erst war es auf meiner Seite nur Mitleid – abgesehen von der Faszination, die er auf mich ausübte, weil er mich an Tony erinnerte. Dann kamen Sympathie und Vertrauen hinzu.

Wir fuhren in die Bäckerei und holten seine Sachen ab. Es war wirklich erbärmlich und menschenunwürdig, wie er und seine Landsleute dort hausen mussten, und ich war froh, Robert ein besseres Leben ermöglichen zu können.

Robert erwies sich als lustiger Zeitgenosse, und Benni vergötterte ihn. Zum ersten Mal in seinem Leben hatte er einen Papa, und dieses Wort sprach er ständig genüsslich aus.

»Mama, du kannst ruhig schlafen gehen, der Papa bringt mich in den Kindergarten!«

»Mama, ich gehe heute mit Papa in den Zoo, gibst du uns Geld?«

»Der Papa und ich, wir kochen heute afrikanisch! Du darfst nicht in die Küche kommen!«

Roberts Einzug bei uns hatte für mich den großen Vorteil, dass ich nun mit gutem Gewissen nachts zur Arbeit fuhr, weil Robert bei Benni blieb. Er musste ja früh raus. So konnte ich mir den Babysitter sparen.

Charles hatte entschieden, keine Schwarzen mehr ohne Begleitung weißer Frauen in den Club zu lassen, was völliger Blödsinn war. Der Schuss ging nach hinten los.

»Charles, das ist geschäftsschädigend! Viele weiße Frauen wollen hier Schwarze kennenlernen, und wenn die schon alle vergeben sind, ist das ›Skyy‹ reizlos!«

»Ja, aber ich will keinen Ärger mehr!«

Leider gab es inzwischen eine ganze Welle von Gewaltakten und Brandanschlägen gegen Ausländer, Asylbewerberheime und Ausländertreffs. Solingen war gerade mal drei Jahre her, und die braune Szene bekam immer mehr Zulauf.

»Wenn die Neonazis jetzt auch noch auf die Idee kommen, dass die Dunkelhäutigen ihnen die Frauen wegnehmen, ist der nächste Anschlag nicht mehr weit!«

Glücklicherweise hörte Charles auf mich, und die dämliche Regel wurde wieder abgeschafft. Der Laden boomte und war eine echte Goldgrube.

Eigentlich war alles gut.

Bis nach einiger Zeit mein Vermieter, Herr Helmbrecht, an unsere Tür klopfte.

»Frau Fuchs? Darf ich Sie mal unter vier Augen sprechen?«

»Aber klar. Worum geht es denn?« Höflich bat ich ihn herein. Meine Männer waren gerade beim Kochen in der Küche, und so ließ ich ihn ins Wohnzimmer durchgehen.

»Setzen Sie sich, Herr Helmbrecht. Was kann ich für Sie tun?«

»Frau Fuchs, wir haben …« Er knetete die Hände und wusste nicht, wie er beginnen sollte. »Wir haben vor Jahren diese Wohnung an Ihren damaligen Freund Tony Kwabena vermietet, weil wir natürlich nichts gegen Ausländer im Allgemeinen und Schwarze im Besonderen haben.«

»Wie schön, Herr Helmbrecht. Da sind wir schon zwei.«

»Wir haben Sie dann als Nachmieterin in den Vertrag übernommen, als Herr Kwabena zurück in die Heimat ging. Soweit hat das alles seine Richtigkeit. Sie haben ja auch immer pünktlich die Miete bezahlt.«

»Ich fühle mich auch sehr wohl in dieser Wohnung. Ein bisschen klein, aber gemütlich.«

Herr Helmbrecht räusperte sich verlegen.

»Selbstverständlich haben wir auch ein Auge zugedrückt, als Sie Ihren kleinen Sohn bekommen haben, Frau Fuchs, das geht uns ja auch gar nichts an.«

»Aber?«

Ich ahnte schon, woher der Wind wehte. Die ach so toleranten Vermieter hatten sehr wohl ein Problem mit der Hautfarbe. Wie großzügig von ihnen, dass sie Bennis Mischlingsdasein noch geduldet hatten!

»Aber jetzt sehen meine Frau und ich mit Unbehagen, dass sich wieder ein afrikanischer Mitbewohner bei Ihnen eingenistet hat, von dem Sie uns keine Meldung gemacht haben.«

Ich nickte betroffen. »Ich wollte ihm helfen. Er hauste menschenunwürdig.«

»Wir wollen ihn gar nicht rausekeln. Bitte, Frau Fuchs, wir wollen nur seine Papiere sehen und ihn in den Mietvertrag aufnehmen, damit alles seine Ordnung hat.«

Ich schluckte. Ich war so perplex, dass ich gar nicht wusste, was ich sagen sollte. Robert hatte keine Papiere. Er war illegal hier. Aber war es klug, das den Helmbrechts unter die Nase zu reiben?

»Sagen Sie, Herr Helmbrecht, nur mal so zum besseren Verständnis: Ist es eigentlich Ihr Recht als Vermieter, von meinen Gästen die Papiere sehen zu wollen?«

Er schüttelte den Kopf. »Frau Fuchs, das soll jetzt hier gar keine Formen annehmen, bitte verstehen Sie mich nicht falsch.«

»Es nimmt aber gerade Formen an.« Ich verschränkte die Arme vor der Brust.

Mein Benni sollte seinen heiß geliebten Papa nicht wegen eines rechten Spießers verlieren müssen!

»Sie haben keine gesetzliche Grundlage dafür, mir vorzuschreiben, welche Hautfarben in meiner Wohnung zu Gast sein dürfen.«

»Nein.« Er erhob sich vom Sofa und wusste gar nicht, wohin er blicken sollte. »Die habe ich nicht.«

»Wenn ich Sie dann also hinausbegleiten darf, Herr Helmbrecht?« Zuckersüß wies ich ihm den Weg zur Tür. Aus der Küche duftete es bereits köstlich, und ich hörte das helle Zwitscherstimmchen von meinem Benni, der begeistert in einer Schüssel rührte.

An der Tür drehte sich mein bis dahin so netter und harmloser Vermieter plötzlich entschlossen um. »Aber die POLIZEI hat sehr wohl das Recht, Papiere einzufordern. Wenn Sie das jetzt auf so eine Ebene bringen wollen, Frau Fuchs – bitte sehr.«

Er riss die Wohnungstür auf und polterte die Treppe hinunter.

Verdammt, geht die Rassenscheiße jetzt schon in meiner eigenen Wohnung los!, dachte ich wutentbrannt. Erschöpft lehnte ich den Kopf an den Türrahmen.

In dem Moment flog die Küchentür auf.

»Did he talk about the police?«

Robert hatte nicht nur Mehl im Gesicht, sondern war auch ganz weiß um die Nase.

»Psst, lass Benni nichts merken!« Der manschte gerade selbstvergessen mit irgendwelchen Hirsebreibällchen herum.

Ich zog Robert auf die Küchenbank und flüsterte auf Englisch auf ihn ein:

»Sag, was können wir denn machen, um an deine gottverdammten Papiere zu kommen?«

»Es gibt nur einen Weg«, sagte Robert geknickt. »Ich kann nicht mehr nach Ghana zurück, denn – ich habe keine Papiere mehr! Aber DU könntest nach Ghana fliegen!«

Mein Herz setzte einen Schlag aus.

»Ich? Was soll ich denn in Ghana?«

Seine Augen leuchteten. »Mit meinen Papieren könnten wir heiraten!«

Ich starrte ihn fasziniert an, als er mir von seinem Land vorschwärmte. Schon Tony hatte diesen Glanz in den Augen bekommen, wenn er mir seine Heimat schilderte.

Ghana. Ich würde sein Land kennenlernen. Ich würde Tony – eine Nachricht hinterlassen. Dass es uns gab. Dass es Benni gab. Mein Herz wummerte.

Aber wie konnte ich Robert heiraten, wo ich doch Tony liebte?

Andererseits: War Tony nicht längst verheiratet? Passte ich ihm überhaupt noch in den Kram? Würde ich ihm überhaupt noch was bedeuten?

Pah! Mein verletzter Stolz hatte wohl auch noch ein Wörtchen mitzureden. Wenn Tony eine andere geheiratet hatte, dann konnte ich das auch. Du bist ersetzbar, Tony. Ghana hat viele schöne Männer.

Robert fasste mein Zögern falsch auf.
»Traust du dich nicht, oder was?«
»Doch, ich wollte schon immer mal …«
»Pass auf, Rita. Das machen viele so. Du fliegst nach Ghana und heiratest dort meinen Cousin.«
»Wie jetzt? Deinen Cousin?«
Ich schaute ihn perplex an. »Nicht dich?«
»Nee, denn ich bin quasi nicht existent.«
»Nee, ist klar.«
»Mein Cousin hat nicht nur den gleichen Namen wie ich, der sieht mir auch noch ziemlich ähnlich.«
»Okay. Will der denn überhaupt? Ich meine, da könnte ja jede kommen …«
»Den werde ich schon bearbeiten. Ist ja nur zum Schein.« Er drückte meine Hand und öffnete folgsam den Mund, weil Benni ihm gerade ein Hirsebällchen hineinstopfte.
»ERST der Papa, dann die Mama …«
Schon für Benni sollte ich es tun, dachte ich gerührt.
»Mit den Heiratspapieren kommst du zurück. Wir melden uns dann beim Kölner Standesamt und lassen sie beglaubigen. Anschließend bekomme ich die deutsche Staatsangehörigkeit und damit einen Pass. Danach können wir uns ja wieder scheiden lassen.«
Ich starrte ihn an. »Und das soll funktionieren?«
Er grinste. »Das ist einer unserer beliebtesten Tricks!«

26

Düsseldorf, Deutschland, Oktober 1996

O Gott, ich war doch noch nie geflogen!

Und jetzt saß ich am Düsseldorfer Flughafen und beschwor mich, ganz ruhig zu bleiben. Mein Magen krampfte sich zusammen beim Anblick der Flugzeuge auf dem Rollfeld. Ich versuchte mir einzureden, dass die ja alle ganz neu und modern aussahen und sicherlich ständig gewartet wurden.

Doch meine Illusion wurde jäh zerstört, als ich eine klapprige Maschine mit der Aufschrift »Ghana Airways« anrollen sah, die aussah, als wäre sie ein Überbleibsel aus dem Zweiten Weltkrieg.

»Wenn ich das hier überlebe, bringe ich Robert um«, murmelte ich entsetzt.

Mein Gesicht war aschfahl geworden, und meine Finger zitterten so sehr, dass ich mir noch nicht mal eine Zigarette anstecken konnte.

Es war so weit. Zusammen mit der gefühlt halben Bevölkerung Ghanas bestieg ich diese Höllenmaschine.

Die dicken Mamas zogen als Erstes ihre Schuhe aus, legten die Beine auf die Sitze, Kinder tobten durch die Sitzreihen, und die Männer holten Plastikbecher und *Tax Free*-Whiskey aus dem Handgepäck.

»He du! Auch einen?«

Jemand reichte mir einen vollen Becher, wahrscheinlich

weil ich in die Gegend starrte wie ein angeschossenes Reh, mit angstgeweiteten Augen und Schweißperlen auf der Stirn.

»Ja. Immer nur her damit.« Ich kippte den Whiskey auf ex, schüttelte mich, weil er so sehr in der Kehle brannte. »Brrrrr. Schmeckt das scheußlich!«

Das halbe Flugzeug lachte, und sofort hatte ich den zweiten Becher vor der Brust.

Ich sah lachende Münder und viele freundliche schwarze Gesichter.

»Anders steh ich das hier nicht durch!« Das zweite Glas kippte ich gleich hinterher.

Das Flugzeug setzte sich ächzend in Bewegung, und die Stewardess erklärte uns mit ernster Miene, was wir im Falle einer Notlandung tun sollten und wo die Notausgänge waren. Für mich sah das aus wie ein anmutiger Tanz, und der Whiskey ließ mich selig lächeln.

Dann wurde die Maschine plötzlich rasend schnell, und ich stand mit dem Fuß auf einer imaginären Bremse. Mit beiden Händen krallte ich mich panisch in die Armlehnen.

O Gott, o Gott, das überleb ich nicht!, ging es mir durch den Kopf, während die Flügel vor meinem Bullauge in der Luft zitterten und seltsame Geräusche von sich gaben.

Irgendwann war die Maschine in der Luft, und ich entspannte mich etwas.

Um mich herum wurde Musik gehört, gesungen und laut geredet. Die Passagiere riefen sich Sätze zu, von der ersten bis zur letzten Reihe und wieder zurück. Die Stewardess servierte Getränke, was die Ghanaer mit lautem Applaus begrüßten.

Endlich gelandet, ratterte die Maschine mit einem Riesenkrach über den Asphalt, und ich starrte mit höllischen Kopfschmerzen aus dem Fenster: War DAS etwa schon Ghana?

Aber hier sah es genauso grau und regnerisch aus wie in

Düsseldorf, und die Bäume wiegten sich heftig im Herbstwind.

Es war nur eine Zwischenlandung in London Heathrow.

Zwei Stunden standen wir auf dem Rollfeld, dann stiegen noch weitere Hundertschaften nicht minder fröhlicher, bunt gekleideter Landsleute ein. Ich sah mich um: Tatsächlich war ich die einzige Weiße hier an Bord!

Nach einer weiteren halben Stunde ruckelte dieses Höllending wieder los.

Erneut nahm ich die Klammeräffchenposition ein, und mein dicker Nebenmann tätschelte mir mit seiner braunen Pranke die Hand.

Doch diesmal wurde es nicht ruhiger, als wir in der Luft waren.

»Was ist das?« Mein Kopf schnellte herum. »Hören Sie das nicht?«

»Nein, Mädchen, beruhige dich, es ist doch alles ganz normal!«

Der Dicke bestellte mir einen weiteren Whiskey. So war ich ziemlich tiefenentspannt, als wir in Rom bereits wieder zwischenlandeten: wegen eines technischen Defekts, wie die Stewardess durchsagte.

Ich fragte mich, wie oft wir wohl noch abheben und landen würden, bevor wir Afrika erreichten. Plötzlich wurde mir bewusst, dass wir demnächst nur noch Wasser unter uns haben würden, und ich sandte ein Stoßgebet gen Himmel, dass dies unsere letzte Zwischenlandung gewesen sein möge.

Dann fiel ich glücklicherweise in einen erlösenden Dämmerschlaf, aus dem ich erst wieder erwachte, als der Dicke neben mir erneut meine Hand tätschelte:

»Willkommen in Ghana, kleine, weiße Frau. Siehst du, du lebst noch!«

Draußen auf dem Rollfeld schlug mir eine ungewohnte drückende Hitze entgegen, die in der Airporthalle sogar noch schlimmer war. Zwar drehten sich überall Ventilatoren, doch die schienen den Mief nur gleichmäßig zu verteilen.

Über eine Stunde drängten wir uns am Kofferband, dann ließ ich mich mit den aufgeregten Afrikanern durch die Passkontrolle spülen. Freundlich wurde ich reingewinkt.

Am Zoll standen allerdings zwei Uniformierte mit Schlagstöcken und forderten mich auf, meinen Koffer zu öffnen.

Mir brach der Schweiß aus. Und zwar nicht, weil ich verbotene Substanzen darin hatte, sondern weil er so brechend voll war mit Mitbringseln und Geschenken, dass Robert ihn nur durch Draufsetzen zubekommen hatte. Wenn ich den jetzt öffnete, würde ich ihn nie wieder zukriegen! Ich wedelte mit einem Zwanzig-Dollar-Schein, die Beamten nahmen ihn und winkten mich durch.

Verabredungsgemäß sollte mich Roberts Bruder Prince abholen, und da stand er auch schon und winkte fröhlich. Prince sah Robert ähnlich, war aber noch viel attraktiver als dieser.

»*Hey Rita, welcome to Ghana, how are you!*« Er deutete eine Umarmung an und wies auf zwei Begleiter, die sich sofort meines Riesenkoffers bemächtigten.

Müde und gleichzeitig aufgekratzt ließ ich mich von Prince aus dem Flughafengebäude schleusen. Die ungewohnten Eindrücke und die Hitze erschlugen mich fast.

»Hier ist unser *car!*«

Zunächst ging es ins Zentrum von Accra. Dass die Afrikaner nicht unbedingt in Strohhütten wohnten, war mir schon klar, doch diese moderne Stadt mit überwiegend weißen, hübschen Gebäuden und gepflegten, blühenden Gärten erstaunte mich doch.

Wenn ich hier den Cousin heiraten sollte, warum nicht!

Mein Herz schwoll vor Stolz und Aufregung. Es herrschte reger Betrieb auf den Straßen, und die Polizisten in ihren beigen Uniformen mit kurzen Hosen interessanten Tropenhelmen und schneeweißen Hemden regelten den Verkehr genauso elegant, wie die Stewardess die Notausgänge anmoderiert hatte.

»Solch eine Verkehrspolizei würde sich in Köln auch gut machen«, gab ich aufgeräumt von mir, »das würde den bierernsten Stress gehörig auflockern.«

Fröhliches Gelächter meiner drei Begleiter war die Antwort. Die strahlende Sonne, der blaue Himmel und der laue Fahrtwind, der meine blonden Haare flattern ließ, taten ein Übriges, um meine Laune zu heben. War Tony hier? Ich klebte förmlich am Fenster und starrte jeden gut aussehenden Mann im Anzug an, der über die Straße ging. Von hier stammte also die große Liebe meines Lebens. Wie nahe war ich ihm gerade? Luftlinie einen Kilometer? Oder weniger? War er in dem Gebäude dort? Oder stieg er gerade aus diesem Bus? Spazierte er mit Weib und Kind durch diesen Park?

Ich begann, mich wirklich zu freuen. Rita allein in Ghana! Das traute sich ja nun auch nicht jede, oder?

»Hier kannst du Geld wechseln, Rita.« Prince stieg mit mir aus und führte mich in die klimatisierte, saubere Halle, in der sich erneut große Ventilatoren drehten.

»Dreihundert Dollar?« Ich schob die Scheine in den Schalter.

»Nein, das kannst du in drei Wochen nie und nimmer ausgeben«, hielt Prince mich zurück. »Mit hundert kommst du locker aus!«

Überrascht stopfte ich die ghanaischen Cedi stapelweise in meinen Rucksack. Er ging kaum noch zu.

»Lass dich hier bloß nicht mit so viel Geld in der Stadt blicken.« Besorgt nahm Prince mich am Arm und bugsierte mich wieder zum Auto.

»*Let's go to Kumasi!*«

Bei den vielen neuen Eindrücken vergaß ich zunächst meinen Hunger, denn ich hatte auf der gesamten Flugreise nichts gegessen.

Wir ließen die Stadt hinter uns und fuhren an der Küste entlang, wo ich viele kleine Fischerboote auf dem Meer entdeckte.

»Oh, schaut nur, der Wahnsinns-Sonnenuntergang! Ist das fantastisch, wie sich die Sonne jetzt in den Wellen spiegelt«, rief ich begeistert aus. Meine drei Begleiter strahlten.

»Den Anblick haben wir hier jeden Tag, *little Rita!*«

Dann passierten wir einen Strand, an dem viele Menschen zu lauter Musik tanzten und sich einige im Wasser tummelten. Das war Lebensfreude pur! Vielleicht war Tony hier? Vielleicht war er einer der Männer da vorn, die mit einer Frisbeescheibe spielten? Oder einer der Wellenreiter weiter hinten? Oder saß er an der kleinen, bunten Bar?

»Lass uns hier anhalten, bitte, Prince!«, bettelte ich und klatschte in die Hände wie ein aufgezogenes Äffchen. »Lass mich einmal ins Meer springen, bitte!«

»*No, Rita.* Wir haben einige Stunden Fahrt vor uns, und im Dunkeln ist das gefährlich.«

Enttäuscht lehnte ich mich zurück. Einige Stunden? Ich beschloss, lieber nicht zu fragen, wie viele genau.

Endlich hielten wir am Straßenrand, wo fliegende Händler ihre Waren anboten.

Ich kam inzwischen fast um vor Hunger. Prince kaufte für uns alle gegrillte Fleischspieße und Früchte, die aussahen wie Melonen, jedoch anders schmeckten.

»Wie heißen die?«, fragte ich schmatzend.

»Popo.«

»Oh. Bei uns heißt Popo was anderes!« Ich zeigte auf meinen Allerwertesten.

Wir lachten im Schein der Feuerchen, die hier überall am Straßenrand brannten. Ansonsten war es inzwischen stockdunkel.

Prince erklärte mir, dass man diese Frucht *pawpaw* schrieb, kaufte noch ein paar Flaschen Cola und Mineralwasser und scheuchte uns wieder ins Auto. In der totalen Dunkelheit der Nacht ging die Fahrt weiter. Ab und zu konnte ich trotzdem noch Frauen in ihren bunten Kleidern mit Kindern am Straßenrand entlanggehen sehen. Hier war mein Tony aufgewachsen? Das hier war für ihn Realität? Wo mochte er sein? Na, hier wahrscheinlich eher nicht.

Die Straße fühlte sich jetzt an wie ein umgepflügter Acker. Nach etwa einer Stunde tat mir nicht nur mein »Popo« weh, sondern der ganze Körper.

Dann tauchten plötzlich grelle Scheinwerfer auf und blendeten mich. Ich erkannte Männer in Tarnanzügen mit Gewehren. In der Schwärze der Nacht waren sie wirklich kaum zu erkennen.

»Shut up, all of you«, zischte Prince.

Panik stieg in mir auf, als die Männer mit Taschenlampen ins Wageninnere leuchteten. Waren das jetzt Banditen oder Beamte? Sie sahen nicht aus, als wollten sie nur freundlich die Fahrzeugpapiere kontrollieren. O Gott, jetzt hat dein letztes Stündlein geschlagen, Rita! Mein einziger Gedanke galt Benni.

Prince sprach mit den Leuten in einem einheimischen Dialekt, und schließlich durften wir weiterfahren. Ich wischte mir den Angstschweiß aus dem Gesicht.

»Das war die Polizei, die machen Straßenkontrollen«, erklärte mir Prince. *»It's all okay, Rita.«*

So rumpelten wir weiter, und irgendwann döste ich ein.

Ich erwachte von einem lauten Knall, der durch die Nacht peitschte. Ein Schuss.

Wurden wir nun erschossen? Mein Herz setzte einen Schlag aus, und ich krallte mich panisch an den Vordersitz.

»*Fuck!*«, fluchte Prince. »Reifen geplatzt!«

Wir stiegen aus dem Auto und standen in der pechschwarzen Finsternis.

»Ja, was ist?«, fauchte Prince gereizt. »Hat jemand ein Feuerzeug?«

Ich hatte eines und leuchtete Prince so gut es ging. Fluchend hantierte er mit dem Reifen. Alle paar Minuten gingen die anderen Feuerzeuge an, da die Dinger sonst zu heiß wurden.

Tatsächlich schaffte Prince den Reifenwechsel, und wir konnten unsere Fahrt fortsetzen.

Als wir in Kumasi ankamen, wurde es bereits hell. Wie lange wir in diesem stickigen, heißen Auto gesessen hatten, konnte ich beim besten Willen nicht mehr sagen.

27

São Paulo, Brasilien, 1. April 2006

»Wie lange sitzen wir schon in diesem stickig heißen Auto?«

»Weiß nicht, halt die Schnauze!«

»Ich halt es in diesem Rollkragenpullover nicht mehr aus …«

»Rita, ich bring dich um!«

»Bitte hilf mir, ich muss aus diesem Pullover raus!«

Obwohl Neide sich heftig sträubte, vollbrachten wir beide eine zirkusreife Nummer, bis ich schließlich von dem kratzenden Monster befreit war.

Uff. Jetzt ging es schon etwas besser. Vor Stunden hatte der Wagen vor dem neuen Gefängnis angehalten, aber unsere Begleiter machten wohl Siesta. Wir brüteten in der Hitze, bis unsere Gehirnflüssigkeit kochte.

Endlich tat sich was. Schwere Schritte, die Tür wurde aufgerissen.

»Aussteigen!«

Eine finster dreinblickende Polizistin scheuchte uns hinaus.

»In einer Reihe aufstellen!«

Mit zusammengekniffenen Augen blinzelte ich in die gleißende Mittagssonne.

Vor mir erstreckten sich mehrere graue Betonbauten, die von Mauern und Stacheldrähten umgeben waren.

»PFC«, stand in großen Buchstaben über dem gemauerten Eingang.

»Was bedeutet das?«, zischte ich Neide zu, die vor mir stand.

»Penitenciária Feminina da Capital«, zischte sie zurück. »Das Frauengefängnis der Hauptstadt. Achtung, da kommt einer!«

Ein Wärter, etwa in meinem Alter, kam auf uns zu. Ich fürchtete schon, für unser Tuscheln eins mit dem Gewehrkolben übergebraten zu bekommen, doch er sagte mit ruhiger, sympathischer Ausstrahlung:

»Macht euch keine Sorgen, Mädels. Hier ist es eigentlich ganz in Ordnung. Gegen den KÄFIG von Aruja das reinste Hotel.« Er lächelte ohne jede Häme. »Am Anfang kommt ihr dreißig Tage lang mit ein oder zwei Kolleginnen in Isolation, das heißt ohne Besuch und Kontakt nach draußen. Aber dann könnt ihr arbeiten, zur Schule gehen und jeden Tag eine Stunde in den Hof. Mit dem Geld, das ihr verdient, könnt ihr Bestellungen im Laden aufgeben.«

Früher wäre ich bei »dreißig Tage Isolation« verzweifelt zusammengebrochen, heute hörte ich nur die verlockenden Worte »Arbeit«, »Hof«, »Laden« und »Schule«. Ja, ich wollte mein Portugiesisch perfektionieren, und ja, ich wollte arbeiten, egal was! Die dreißig Tage würde ich locker auf einer Pobacke absitzen. Offensichtlich hatte die Zelle ein DACH, und vielleicht sogar fließendes WASSER – wer weiß, vielleicht sogar ein BETT. Das hörte sich an wie das Müttergenesungswerk.

»Weiter!«

»Hier rein!«

»Einzeln eintreten!«

Meine Träume wurden von einer schneidenden Frauenstimme unterbrochen, die militärisch Befehle gab.

Der Nette mit den Lachfältchen blieb zurück.

»Name!«

»Rita Rosario.«

»Was ist das für eine Tasche?«

»Das Geschenk einer Mitgefangenen, darin sind meine Sachen …«

»Ausleeren!«

Energische Hände entrissen mir die bunte Stofftasche.

»Mund auf!«

»Aber ich …«

»Ausziehen!«

»Schneller!«

Dieselben Hände nahmen mir meine Klamotten weg und warfen sie auf einen Haufen.

»Bücken!«

Tatsächlich suchten Frauenhände in Plastikhandschuhen in meinen intimsten Körperöffnungen nach … ja, wonach eigentlich? Ging es noch demütigender?

Die anderen hatten teilweise tatsächlich Drogen und Handys in diesen Körperöffnungen versteckt. Ihre Drogenbosse hatten ihnen Anweisung gegeben, für sie erreichbar zu sein, denn eigentlich waren SIE es, die dieses Gefängnis kontrollierten, wie ich später bei einer organisierten »Rebellion« am eigenen Leibe erfahren sollte.

»Vortreten! Uniform entgegennehmen! Nächste!«

Wieder andere behandschuhte Hände reichten mir mechanisch ein weißes T-Shirt und eine braune Hose. Gesichter. Viele Gesichter. Teilnahmslose Gesichter.

»Aber meine Sachen …«

Ein schwarzer Müllsack wurde mir hingehalten, in den ich hastig meine Siebensachen stopfte.

»Weitergehen!«

Mit den anderen frisch uniformierten Gefangenen schleppte ich meinen Müllsack über einen gepflasterten Innenhof, in dem auch ein paar Bäume vor Mauern und Stacheldraht vor sich hin kränkelten. Vorbei an einem gefährlich aussehenden

Rottweiler im Zwinger, der uns knurrend beobachtete, sowie an mehrstöckigen barackenähnlichen Gebäuden, deren Fenster vergittert waren.

Pavillon 1 bis Pavillon 8.

Mein Herz hämmerte. Unsere Unterkunft. Irgendwo hier würde ich …

Im Pavillon 3 nahm uns eine streng aussehende schwarze Wärterin in Empfang. Am Gürtel, über den ihr Bauch in der braunen Hemdbluse quoll, steckte ein Schlagstock.

»Rosario, dritter Stock, Zelle 13.«

Während ich mich die steinernen Stiegen hinaufmühte, griff beherzt von hinten eine maskuline Lesbe nach meinem Müllsack und wuchtete ihn, immer zwei Stufen auf einmal nehmend, in den dritten Stock. Mit einem zaghaften Lächeln dankte ich dem *sapatão,* wie diese Sorte Mitgefangener hier genannt wurde. »Stiefelknecht«, in diesem Falle. Nähere Bekanntschaft mit ihr wollte ich allerdings nicht machen. Bestimmt hatte dieses hilfsbereite Mannweib schon einen begehrlichen Blick auf mich zartes, blondes Wesen geworfen, aber hoffentlich war ich ihr zu mager.

Eine Zellentür wurde aufgeschlossen und ich mitsamt meinem Sack hineingeschoben.

Drinnen saß eine in sich gekehrte Brasilianerin meines Alters auf dem einzigen Bett.

»Olá, Rita.«

»Oi. Margarita.«

Die Zelle war drei mal sechs Meter groß, neben der Tür befand sich ein Einbauschrank aus Sperrholz, links das schmale Einzelbett. Dahinter eine ein Meter hohe Mauer, hinter der das deckellose Klo stand, in das man hinter diesem Sichtschutz sein Geschäft erledigen sollte. Oben ein Loch, aus dem spärlich kaltes Wasser kam, das gleichzeitig Klospülung und

Dusche war. Ein wackeliger Holztisch mit zwei Stühlen stand an der Wand.

Das war's. Da Margarita zuerst hier gewesen war, gehörte das Bett natürlich ihr.

Dennoch. Ein wahrer Luxus im Vergleich zu Aruja! Ich würde jede einzelne Minute genießen.

Margarita wollte offensichtlich nicht groß reden, was mir nur recht war. In den ersten Tagen schrieb ich nur Briefe und Tagebuch, sodass ich kaum bemerkte, wenn das »Essen« durch die Klappe geschoben wurde: ein dreistöckiger Henkelmann, in dem Reis, Bohnen und Salat zu finden waren. Gierig stürzte ich mich auf die faden Blätter. Was für eine Vitaminbombe nach einem Jahr klebrigem Nichts!

Einige Wochen später durften wir zum ersten Mal die Zelle verlassen, um zur »Schule« zu gehen.

Eine Mitgefangene versuchte, uns Spanisch beizubringen, das ich ja längst beherrschte. Aber ich war einfach nur froh und dankbar, an so einer Veranstaltung teilnehmen zu können. Wir plapperten ein paar Anfängersätze nach, und ich musste fast grinsen, als hinter mir ein typisch deutscher Akzent zu hören war.

Ich schnellte herum. »He! Bist du auch Deutsche?«

»Ja! Hallo, ich bin Jacqueline.« Eine hakennasige, lange Dünne schüttelte mir die Hand. »Zweieinhalb Jahre. Und du?«

»Rita. Noch kein Urteil.«

»Ich hab deutsche Zeitschriften!«

»Ist nicht wahr!«

»Und ein Wörterbuch, Deutsch-Português! Kannst du haben!«

»Danke.«

»Psst! Wer stört, fliegt raus!«

»'tschuldigung.« Jacqueline und ich warfen uns verschwörerische Blicke zu. Obwohl ich inzwischen Portugiesisch sprach, war es doch rührend, plötzlich wieder deutsche Töne zu hören. Auch wenn Jacqueline die Weisheit nicht mit Löffeln gefressen hatte und im normalen Leben sicherlich nicht meine beste Freundin gewesen wäre: Ich freute mich sehr.

Zurück in der Zelle, stürzte ich mich auf die *taz*, die gerade erst eine Woche alt war! Seit Ewigkeiten hatte ich keine Zeitung mehr in die Finger bekommen! Ich musste erst mal daran riechen, inhalierte selig den Duft von Druckerschwärze.

»Tststs«, entfuhr es mir erstaunt, obwohl Margarita nichts mit meinen Selbstgesprächen anfangen konnte. »Die Merkel ist tatsächlich Bundeskanzlerin geworden!«

Am Nachmittag durften wir für eine halbe Stunde in den Hof.

Wie aufgezogen begann ich im Kreis zu laufen und sog dabei gierig die frische Luft ein.

Elf Monate hatte ich im stinkenden Käfig gesessen, ohne mich bewegen zu dürfen!

Es war wie Urlaub.

Ich! Durfte! Meine! Beine! Bewegen!

»Spinnst du? Den Zug kriegst du nicht mehr«, alberte Jacqueline.

Natürlich hätte sie lieber geplaudert, aber dazu war ja noch mehr als genug Zeit.

Ein schriller Pfiff aus einer Trillerpfeife ließ uns zurück in die Zellen hoppeln. Mit meiner überschüssigen Energie nahm ich immer zwei Stufen auf einmal. Eine Stunde strammes Laufen, und meine Endorphine tanzten! Ich war ganz außer Atem und freute mich darauf, meine Zeitungslektüre fortzusetzen.

Ups! Wo war denn meine einsilbige Zimmergenossin? Das Bett war leer.

»Margarita? Was machst du da auf dem Klorand?«

Ein Schniefen war die Antwort. Margarita versuchte, aus dem vergitterten Fenster zu schauen.

»He, komm da runter!«

Margarita warf sich schluchzend in meine Arme.

Und plötzlich war ICH in der Rolle der Trösterin. Margarita war auch Mutter, sie hatte drei halbwüchsige Kinder, um die sie sich die größten Sorgen machte. Weinend erzählte sie mir ihre Geschichte. Dabei bemühte sie pausenlos Jesus Christus und die Heilige Jungfrau Maria.

»He, du musst dich bewegen, Margarita! Lass dich nicht so hängen! Und den ganzen Tag in der Bibel zu lesen macht auch nur traurig!«

Ich brachte sie zum Bett, das natürlich ihr zustand. Ich selbst konnte ohne Probleme auf dem Fußboden schlafen, daran war ich schließlich gewöhnt.

»Hier, schnäuz dir die Nase.« Ich reichte ihr die Rolle Klopapier, die hier zur Standardausrüstung gehörte und somit ungewohnter Luxus war. »Vom vielen Weinen wirst du noch ganz krank. Du willst doch gesund bleiben für deine Kinder, oder?« Intuitiv strich ich ihr übers Haar und kam mir plötzlich sehr alt und weise vor. »Du musst das Beste aus dieser Zeit machen!« Oh, ich hörte mich schon genauso an wie die Mädels in Aruja, als sie mich aus dem tiefen Loch der Depression ziehen wollten.

»Und immer schön essen, hörst du! Morgen gehst du in den Hof, ob du willst oder nicht!«

Sie nickte unter Tränen, als ich ihr tapfer ein paar lustige Geschichten aus meinem Leben erzählte. Kurz darauf kugelte sie sich bereits vor Lachen.

An mir war offensichtlich eine Gefängnistherapeutin verloren gegangen.

Nach wenigen Tagen wurde eine weitere Mitgefangene in unsere Zelle gesteckt, die mir auf Anhieb unsympathisch war. Diese dicke alte Frau war mit Vorsicht zu genießen. Leider entpuppte sie sich als Betschwester, was meine fast schon geläuterte Margarita wieder zu endlosem Jammern animierte.

Da war ich inzwischen deutlich pragmatischer. In meiner Ecke schrieb ich von früh bis spät Tagebuch, las die Bücher und Zeitschriften, die ich von Jacqueline hatte, verbesserte mein Portugiesisch und machte mich durch Putzen, Waschen und Geschirrspülen nützlich. Leider erhörte Gott ihr Flehen insofern, als nach einigen Tagen noch zwei Frauen in unsere Zelle gequetscht wurden, die ebenfalls furchtbar fromm waren und in den Klageweibergesang einstimmten. Nun waren es vier jammernde Betschwestern, die der Himmel mir beschert hatte!

Das ging mir entsetzlich auf die Nerven. Umgekehrt rückten die vier Betschwestern immer mehr von mir ab, weil ich mich weigerte, in ihre Litaneien mit einzustimmen, da ich mich sehr gut allein beschäftigen konnte. Doch irgendwann waren die dreißig Tage rum, und ich durfte mich auf einen Besuch von Herrn Sattmann freuen.

In der Hoffnung, er könnte mir etwas Besonderes zu essen, zu trinken oder zu lesen mitgebracht haben, betrat ich den Besucherraum. Doch Herr Sattmann ging davon aus, dass mich schon sein purer Anblick in Entzücken versetzen würde. »Seien Sie froh, dass ich überhaupt gekommen bin!«

Mein enttäuschtes Gesicht sprach Bände.

»Sie sollten sich inzwischen an Reis mit Bohnen gewöhnt haben.« Herr Sattmann zwirbelte seinen Schnurrbart, in dem noch etwas Eigelb vom Frühstück klebte.

»Würden Sie sich bitte trotzdem aufschreiben, welche Dinge ich dringend benötige? Und könnten Sie mir die bei Ihrem nächsten Besuch mitbringen?«

Herr Sattmann ließ sich gnädigerweise dazu herab, eine Liste zu erstellen. Auch ein Konto ließ er für mich eröffnen. »Sie erhalten inzwischen vom deutschen Staat fünfundsechzig Euro Grundsicherung im Monat. Das nennen wir in Deutschland inzwischen Hartz IV, nach der Reformagenda 2010.«

Ich starrte ihn verständnislos an.

»Allerdings haben Sie das später auf Heller und Pfennig zurückzuzahlen.«

»Bitte, ich muss dringend an mein Konto in Spanien«, flehte ich wieder, nachdem ich ihm so peinliche Dinge wie »Tampons« und »Monatsbinden« diktiert hatte. Nach zwölf Monaten hatte ich zum ersten Mal wieder meine Periode bekommen, dank der komfortablen Ruhezone »ein Quadratmeter Fußboden Zelle 13«, der »Mastkur« Reis und Bohnen mit Salat und dem besonderen Spa- und Fitnesserlebnis »eine Stunde im Hof im Kreis herumlaufen«.

»Dann kann ich auch endlich die Rechtsanwältin, Frau Dr. Ellerbeck-Cooper, bezahlen. Wie geht es denn mit meinem Prozess voran? Gibt es irgendwelche Neuigkeiten?«

»Da müsste ich im Internet nachgucken.« Herr Sattmann kritzelte auch diese Notiz in seinen Block. »Wenn es ein Aktenzeichen gibt, kann man den Prozess einsehen.«

»Ach, das wäre wirklich sehr nett und hilfreich. Vielen Dank.« Innerlich kochte ich vor Wut.

Dass er sich partout nicht die Mühe machen wollte, mein Geld aus Spanien zu organisieren! Männer! Was MACHTE dieser eitle Pfau eigentlich mit deutschen Steuergeldern? Bestimmt ließ er sich abends auf internationalen Empfängen als deutscher Konsul feiern. Ich sah ihn große Reden vor schönen Damen halten, mit einem Glas Champagner in der Hand.

»Hier ist eine Rückmeldung zu Ihrem Sohn, vom SOS-

Kinderdorf-Vater, Herrn Brakel-Riesel. Benjamin stört den Unterricht, macht keine Hausaufgaben und wird das Klassenziel nicht erreichen.«

Mein Magen zog sich schmerzhaft zusammen. In Spanien war Benni zwar kein Streber gewesen – welcher Dreizehnjährige ist das schon? –, aber er war gut mitgekommen und wäre mit Sicherheit versetzt worden.

Ich schaute zu Boden und versuchte, tief durchzuatmen.

»Vielen Dank, dass Sie mich darüber informieren.«

Vor diesem selbstherrlichen Golfschnösel würde ich mir bestimmt nichts anmerken lassen!

»Da wäre auch noch ein Brief von Ihrem Sohn. Den können Sie später lesen.«

»Natürlich.« Ich riss das kostbare Geschenk an mich und sah, dass der blaue Luftpostumschlag aufgerissen worden war. Hatte Herr Sattmann ihn schon gelesen? Mit einem Blick auf den Brief stellte ich fest, dass die von Benni angegebene aktuelle Telefonnummer abgeschnitten war.

Seine Schrift verschwamm vor meinen Augen.

Ich war entmündigt. Selbst wenn ich ein Handy besessen hätte – was ich niemals wagen würde, denn das wurde mit Dunkel- und Isolationshaft im Keller bestraft –, hätte ich keine Chance gehabt, die geliebte Stimme meines Sohnes zu hören. Warum?

Bestimmt weil es besser für Benni war, erst mal Abstand von seiner kriminellen Mutter zu bekommen.

Der riesige Kloß in meiner Kehle ließ sich einfach nicht runterschlucken. Ich hatte das Gefühl, daran zu ersticken.

Auf schwachen Beinen verließ ich den Besucherraum, Bennis Brief an mich gedrückt.

In der Zelle saßen die Betschwestern und musterten mich mit giftigen Blicken.

Nanu? Was war denn los? Hatte ich ihnen was getan? Außer dass ich nicht mitbeten wollte?

Plötzlich schrien sie hasserfüllt: »*Porca Alemã!* Du deutsche Drecksau!«, und hielten mir ein blutverschmiertes T-Shirt unter die Nase. »Das ist DEIN Menstruationsblut!«

»Bitte?« Erschrocken wollte ich zurückweichen, prallte aber gegen die kalte Zellentür.

»Du hast deine Tage, gib's doch zu!«

»Ja, ich war nicht vorbereitet. Ich hab versucht, mit Klopapier ... Ich bekomme demnächst Binden«, stammelte ich und spürte, wie ich knallrot im Gesicht wurde.

»DAS HIER WAR IM EIMER!«, kreischten sie und zogen das blutverschmierte Klopapier hervor. »Du eklige Drecksau!«

»Ich habe keine Ahnung, wie das Blut an das T-Shirt kommt ...«

»Es war mein EINZIGES T-Shirt«, kreischte die dicke Alte. »Ich verlange, dass du es ersetzt!«

Mir pochte die Halsschlagader. Mir war schon klar, dass sie mich schikanieren wollten und das T-Shirt selbst durch den Eimer gezogen hatten. Trotzdem bekam ich Platzangst: Wir waren zu fünft in dieser winzigen Zelle, vier waren gegen mich und schrien mich an ... Der Gestank geronnenen Bluts war widerlich.

»Was ist hier los?« Die männlich wirkende Wärterin schloss die Zelle auf und setzte einen Militärstiefel in unser stinkendes Loch.

»Die! Die *Gringa!* Sie ist ein dreckiges Schwein!«

Sie schrien, spuckten mich an und wedelten mit dem T-Shirt.

»Gringa«, polterte die Wärterin los. »Bei dir in Deutschland in deiner Drecksbude kannst du machen, was du willst, aber hier hast du auf Sauberkeit zu achten!«

Mir brach der Schweiß aus, und ich fing an zu weinen. »Ich

war das nicht, ich säubere mich doch nicht mit dem T-Shirt einer Mitgefangenen.«

»Doch! Sie hat sich damit die Muschi abgewischt!«

»Nein! Das ist nicht wahr!«

»Regelt das untereinander! Ich will kein Wort mehr hören!«

»Ich war das nicht, ich hab Klopapier benutzt.«

»Sie ist eine dreckige Schlampe!« Sie gingen mit den Fäusten auf mich los.

»Aufhören! Sofort!« Die Wärterin knallte einmal ihren Schlagstock gegen das Gitter. »*Gringa!* Mitkommen!«

Aufatmend stolperte ich in den Gang, in dem sich inzwischen fünfzig Frauen versammelt hatten und mich angewidert angafften.

»Du ziehst um!«

»Ja? Gerne!«, stammelte ich.

»Hol deinen Sack!«

Unter den höhnischen Blicken der vier Betschwestern sammelte ich auf allen vieren meine Siebensachen ein, rollte meine Matte zusammen und versuchte noch, an mein Spülmittel zu kommen, mit dem ich bisher immer den Abwasch für alle gemacht hatte. Die Dicke stieß es absichtlich mit dem Fuß um, sodass ich nicht mehr danach greifen konnte. »Damit reinigen wir das T-Shirt. Obwohl das dein Job wäre, du Schlampe.«

Mit einem letzten Blick auf Margarita, die ich anfangs getröstet hatte, zog ich mich aus der Gefahrenzone Zelle 13 zurück. Margarita schaute mich nicht mal mehr an.

28

Kumasi, Ghana, Oktober 1996

»*Obruni, Obruni!*«

Ganze Scharen von Kindern umlagerten das Hotel in Kumasi, in dem Prince mich untergebracht hatte. Lachend streckten sie die Hände aus, in der Hoffnung, irgendwas von mir »weißer Frau« zu ergattern. Ein besonders niedliches Kleinkind mit großen schwarzen Augen nahm ich auf den Arm und knuddelte es. Es erinnerte mich an Benni.

»Ja, Kinderlein, ich hab doch nichts …«

»*Obruni, obruni!*«

Mein Blick fiel auf die gegenüberliegende Straßenseite, wo sich ein einfacher Shop befand.

Ich setzte den Kleinen ab, überquerte die Straße und betrat den Laden, vor dem einige junge Männer herumlungerten und mich mit ihren Blicken verfolgten.

Schnell fand ich, was ich suchte, und kaufte haufenweise Süßigkeiten.

So ärmlich wie diese Kinder gekleidet waren, bekamen sie bestimmt nicht oft Süßigkeiten.

»*How are you? What's your name? Do you want to marry me?*«

Da stand schon einer der Jungspunde neben mir und strahlte mich an.

»*Don't you think it's a little bit too early to think about marriage?*«, gab ich kokett zurück. Der Bengel war höchstens sechzehn oder siebzehn.

Er lachte und entblößte strahlend weiße Zähne, und da musste ich auch lachen.

Vor lauter ausgestreckten kleinen Händen konnte ich fast nichts mehr sehen.

An diesem ersten Tag fuhr mich Prince in das Dorf, aus dem er und sein Bruder Robert stammten. Auch hier waren wir von einer aufgeregten Menschenmenge umringt, noch bevor wir aus dem Auto stiegen.

»He, lasst die *Obruni* doch erst mal aussteigen!«

Prince schaufelte mir eine Gasse frei. Wieder sah ich Dutzende bittend ausgestreckter Hände und große, flehende Augen.

»Gib ihnen keine Süßigkeiten, sonst wirst du sie nie wieder los!«

Prince schob mich zu einem älteren Paar. Grauhaarige, vom Leben gezeichnete einfache Menschen, die nur das besaßen, was sie am Leib trugen.

Der Mann war dünn und groß, die Frau klein und verrunzelt.

»My aunt, my uncle! You will marry their son.«

Aha. Das sollten also meine Schwiegereltern werden. Sehr interessant.

Sie begrüßten mich zurückhaltend, was ich ihnen nicht verübeln konnte.

Ob sie eingeweiht waren? Bekam ihr Sohn Geld dafür, dass er mich heiratete? Und waren sie damit überhaupt einverstanden?

Da sie kein Englisch sprachen, blieb es bei der verlegenen Begrüßung.

Wir betraten eine Bar, die nur mit Stroh gedeckt war. Rote Plastikstühle waren das einzige Mobiliar, und es waren nur Männer anwesend.

Prince gab mir eine Cola aus, was mir peinlich war, denn die Menschen da draußen dürsteten sicher viel stärker danach.

»Wo sind die Frauen?«

»Die arbeiten.«

»Also wie bei uns«, scherzte ich und erntete ein paar verlegene Lacher.

»Wo ist denn mein – Bräutigam?« Fragend sah ich Prince an.

»Der kommt noch. Der hat gerade keine Zeit.«

Gefolgt von einem Tross aufgeregter Menschen, schlenderten wir an einigen Wellblechhütten vorbei, die als Shops und Ersatzteillager für Autos dienten.

»Hier arbeiten wir. Wir hoffen, dass Robert bald Geld schickt.«

Ja. Das würde wohl noch dauern. Woher sollte er es denn haben, bei dem mickrigen Lohn in der Bäckerei?

Kurz befiel mich ein mulmiges Gefühl, doch ich wurde schnell wieder abgelenkt.

Vor einer Hütte saß eine junge Frau auf einem Plastikstuhl und lackierte sich die Zehennägel. Strahlend winkte sie mich näher.

Neugierig betrat ich das einfache Geschäft. Es roch nach Gummi und Eisenteilen.

»He! Schicker Nagellack!«

»Do you want?«

»Why not!«

Sie bot mir den anderen Plastikstuhl an, und ehe ich mich versah, pinselte sie schon auf meinem großen Zehennagel herum.

»How are you?«

Wir kamen ins Plaudern, sie sprach gebrochen Englisch und wollte wissen, ob ich Mann und Kinder hätte.

Schmunzelnd berichtete ich von Benni, meinem heiß geliebten Schatz.

»*He is six years old, we live in Cologne, and his father is from Ghana.*«

»What's his name?«

Ich zögerte keine Sekunde. »Tony Kwabena. *He is an engineer. He lives in Ghana and I'm looking for him.*« Hastig drehte ich mich um, um zu sehen, ob Prince mich hören konnte. Aber er stand draußen und palaverte mit den anderen. Das war meine Chance!

»*Do you know him?*«

»*I heard about him.*« Sie nickte beiläufig. Keine Ahnung, ob sie mich überhaupt verstanden hatte, aber sie war eifrig um Höflichkeit bemüht.

»*Would you tell him that he has a son?*«

»*He doesn't know?*«

»*Not yet.*«

Ich kramte hastig ein Foto von Benni und mir aus der Tasche und hielt es ihr unter die Nase.

»*He looks gorgeous!*« Ganz begeistert riss sie das Foto an sich. »*May I keep it?*«

»Du willst es behalten? Warum denn? Hast du selbst keine Kinder?«

Ihre Augen füllten sich mit Tränen.

Auf einmal war die junge Frau ganz traurig. »Ich versuche seit zwei Jahren, schwanger zu werden. Es klappt einfach nicht.«

»Oh. Das tut mir leid für dich.«

»Was macht ihr da?«, rief Prince genervt von draußen.

»Weiberkram. Dauert noch.«

»Mein Mann will mich jetzt verlassen. Aber wo soll ich dann hin?«

Verwirrt sah ich sie an. »Warum? Ich meine, sieh dich doch

mal an! Du bist bildschön, jung, er kann froh sein, dass er dich hat.«

»Er will sich eine andere nehmen.«

»Wieso?«

»Bei uns ist es üblich, dass sich ein Mann eine andere Frau nehmen darf, wenn sie nach zwei Jahren immer noch nicht schwanger ist. Kinder sind wichtig, weißt du. Kinder sind unsere Altersversorgung!«

»Warum gehst du nicht mal mit ihm zum Arzt? Vielleicht liegt es ja an IHM?«, schlug ich vor.

Sie senkte den Blick. »Das würde bei uns ein Mann nie tun. Es liegt immer an der Frau.«

Prince unterbrach unser Plauderstündchen.

»Komm, Rita. Wir haben noch einiges vor.«

Wir verabschiedeten uns, und ich brachte es nicht fertig, ihr das Foto von Benni und mir wieder wegzunehmen.

Ich erzählte Prince sofort aufgeregt von der armen Frau, die im Begriff war, wegen Unfruchtbarkeit verstoßen zu werden. »In Deutschland wäre das nie und nimmer möglich«, ereiferte ich mich. »Sind die Gesetze hier denn so grausam?«

»In unserem Land gibt es weder Rente noch Sozialversicherung«, erklärte er mir, während er mich weiterschob. »Viel Platz für Sentimentalitäten ist da nicht. Die Familien brauchen den Nachwuchs, damit für die Alten gesorgt ist.«

Langsam dämmerte es mir. Deswegen hatte Tony auch unbedingt zu seiner Familie zurückgemusst. Er hatte sie unmöglich im Stich lassen können.

»Und was wird aus der Frau?«

Prince zuckte die Achseln. »Er wird sie zu ihrer Familie zurückschicken. Das ist für alle eine Schande, aber so sind die Regeln. Das sind weniger geschriebene Gesetze als alte Traditionen.«

Mich fröstelte.

Währenddessen brachte mich Prince in ein riesengroßes Ziegelsteinhaus.

»Das Haus meiner Eltern.« In dem auch Onkel, Tanten, Cousins, Cousinen und Dutzende von Kindern wohnten. Neugierig betrat ich einen Raum, in dem mehrere Frauen an alten Nähmaschinen saßen und Kleider sowie Hosen nähten.

»Diese Seide wird nur in Ghana hergestellt. Die Nähmaschinen sind von Roberts Geld angeschafft worden.«

»Ach ja?« Erstaunt wirbelte ich herum. Schickte Robert seinen spärlichen Schwarzarbeiterlohn hierher?

Wir durchquerten mehrere Räume und traten hinaus in den Innenhof, wo eine ältere Frau über offenem Feuer *fufu* stampfte und ein älterer Herr auf einer Holzbank unter einem Baum saß.

»Meine Eltern. Das ist Roberts und mein Vater.«

Der weißhaarige Herr richtete sich zu seiner vollen Größe auf.

Ich wich überrascht zurück, als ich merkte, wie riesig dieser Mann war. Viel größer als Robert und Prince, der ehrerbietig zu seinem Vater aufschaute und ihm respektvoll die Hand küsste.

In diesem Moment wurde ein kleines Mädchen von einer laut schimpfenden jungen Frau in den Hof gezerrt. Ängstlich versuchte die etwa Sechsjährige, sich zu verstecken.

»Das ist Dorothee. Roberts Tochter«, erklärte mir Prince.

Ich spürte einen schmerzhaften Stich. Hatte er mir nicht erzählt, Dorothee sei seine kleine Schwester? Und zu Hause mimte er den liebevollen Papa für Benni! Warum hatte er mich belogen? Vertraute er mir nicht?

Ich beugte mich zu der kleinen Dorothee hinunter, um sie zu begrüßen, doch sie wich ängstlich vor mir zurück, als wäre ich ein Ungeheuer.

»Sie hat noch nie eine weiße Frau gesehen«, erklärte Prince.

Die junge Frau versetzte ihr einen brutalen Stoß und keifte, sie solle mich gefälligst begrüßen.

»Was soll denn das!« Wütend funkelte ich die Frau an. »*Stop it immediately!* Schlag dieses Kind nie wieder, ist das klar?«

War es offensichtlich nicht. Sie schubste es erneut und schrie weiter auf es ein.

Ich ging in die Knie und versuchte, das verstörte Mädchen mit Bonbons zu locken wie ein scheues Tier. Mit gesenktem Blick kam sie zögernd näher, wahrscheinlich aus Angst vor weiteren Schlägen.

Dann sprang sie mit katzenhafter Schnelligkeit vor und riss mir die Bonbons aus der Hand. Wie ein Wiesel sprang sie davon.

»Was hat man ihr von mir erzählt?«

»*They told her you are her new mother.*«

Kein Wunder, dass das arme Wesen fast umkam vor Angst. Wie konnten die hier so unsensibel sein!

Roberts und Princes Mutter ließ ihr *fufu fufu* sein, schnappte sich das Kind und sprach in einem resoluten, aber nicht lieblosen Ton mit Dorothee.

Trotz der Spuren, die ein arbeitsreiches Leben hinterlassen hatte, war sie immer noch eine schöne Frau. Sie strahlte eine solche Würde und Eleganz aus, dass ich schlucken musste. Sie begrüßte mich mit einem herzlichen Lächeln.

»Du willst also meinen Sohn heiraten?«

»Ähm … Ich dachte, seinen Cousin?«

Und wer war überhaupt die junge Frau, die Dorothee so kaltherzig behandelte? Doch wohl nicht ihre Mutter? Das bedeutete ja, dass Robert bereits eine Familie in Ghana hatte …

Den zu heiratenden Cousin hatte ich auch noch nicht zu Gesicht bekommen. Oder er war einer der vielen Männer, die mich ungeniert beäugten, um nicht zu sagen: begafften?

»Was wird aus der kleinen Dorothee? Wo ist ihre Mutter?«

Nach wenigen Tagen kam Dorothee auf mich zugelaufen und umarmte mich halbherzig.

»Wer hat sie geimpft? Woher dieser Sinneswandel?«

»Sie findet dich wirklich nett«, beteuerte Prince, und alle nickten eifrig.

»Ihre Mutter ist gestorben«, beschwichtigte man mich.

Die Kaltherzige war auf einmal verschwunden.

Ich starrte das kleine Mädchen an. Plötzlich näherte sich eine uralte Frau, die so gruselig aussah, dass ich sofort spürte: Die führt etwas Böses im Schilde. Auf ihren Stock gestützt, kam sie angewankt und funkelte mich mit hasserfüllten Augen an.

Oh. Oje. Ich ließ Dorothee los und richtete mich zu meinen lächerlichen eins siebenundfünfzig auf.

Die Gespräche der Umherstehenden verstummten.

»Das ist Roberts und meine Großmutter«, flüsterte Prince ehrerbietig. »Dorothees Urgroßmutter.«

Wie in Trance ging ich auf sie zu, mit ausgestreckter Hand. Ich glaube doch nicht an Voodoo oder ähnlichen Humbug!, rief ich mir in Erinnerung. Wenn sie mich hier nicht will, kann sie es mir ja sagen.

Und genau das tat sie mit ihrem giftigen Blick. Du bist hier nicht willkommen, du zerstörst hier etwas, und dafür werde ich dich töten, stand darin.

Ich wusste, dass ich ihr gegenüber machtlos war.

Danach war nichts mehr. Schwärze. Absolutes Blackout.

Drei Tage lang lag ich mit hohem Fieber in meinem Hotel.

»Sie kommt zu sich«, hörte ich Prince erleichtert rufen. »Die Alte hat den *Juju*-Zauber auf dich herabbeschworen!«

»Damit du Dorothee nicht die Mutter wegnimmst!«

»Aber das habe ich doch gar nicht vor.« Verwirrt und komplett ausgedörrt leckte ich mir über die Lippen. »Lasst mich einfach nach Hause fahren, okay?«

»Wenn sie jetzt die Hochzeit platzen lässt, ist das Großmutters Schuld«, hörte ich die verschiedenen Cousins brüllen.

»Dann werden wir nie an unser Geld kommen!«

»Dorothee wird nie zur Schule gehen können!«

»He, Leute, ich mach's ja, beruhigt euch!« Ich drückte mir den nassen Lappen auf die Stirn, den mir helfende Hände gereicht hatten. »Ich find's nur unfair, dass ich vorher die Spielregeln nicht wusste!«

»Sie macht's, *guys,* sie macht's«, wurde bereits gejubelt.

»Aber schafft mir die verrückte Oma vom Hals«, krächzte ich. »Oder erklärt ihr, was es mit der Hochzeit auf sich hat!«

Am Tag darauf fuhren wir nach Accra zum Standesamt. Als Nächstes ging es zum deutschen Konsulat. Der schwierigste Teil meiner Mission stand mir ja noch bevor, nämlich die Heirat mit dem Cousin dort anerkennen und beglaubigen zu lassen.

Noch immer hatte sich mir mein Bräutigam nicht vorgestellt.

Ein bisschen unbehaglich fühlte ich mich schon, als »der Cousin« endlich auf mich zukam.

Er hatte sich fein gemacht, einen braunen Anzug mit weißem Hemd angezogen und seine Schuhe auf Hochglanz poliert.

»Hallo Rita.«

»Hallo … ähm …?«

»Robert.«

»Ah. Klar. Robert. *How are you?*«

Gemeinsam betraten wir den Raum, in dem wie am Fließband Eheschließungen vollzogen wurden.

Nett, dass ich noch nicht mal deinen richtigen Namen weiß, dachte ich beleidigt.

Wieder zwang ich mich, an Benni zu denken. Ich tu's für Benni!, beschwor ich mich, während ich tief ein- und ausatmete. Ich tu's für meinen Sohn. Und auch für Dorothee. Wenn ihr Vater eine Aufenthaltsgenehmigung hat, kann er mit der mies bezahlten Schwarzarbeit aufhören und ihr mehr Geld schicken.

Schon spielte ich mit dem Gedanken, die entzückende kleine Dorothee nach Deutschland zu holen. Ich hatte sie vom ersten Moment an ins Herz geschlossen. Sie allein war Grund genug, diese Heirat hier durchzuziehen.

Der Mann stand immer noch neben mir. Er hatte Aknenarben und roch unangenehm.

Die Ehe würde jetzt gleich vom Konsul beglaubigt werden. Es wusste ja niemand, dass sich der wahre Robert bereits illegal in Deutschland aufhielt. Dass er längst in meiner Wohnung wohnte und Teil meiner Familie war. Obwohl er hier schon eine hatte?

Lügen, so viele Lügen ... Ich fühlte mich sehr unbehaglich.

Ich schloss die Augen. Wenn das jetzt Tony wäre!, ging es mir durch den Kopf. Dann wäre ich die glücklichste Frau auf der ganzen Welt. Aber hier stimmte es hinten und vorne nicht. Bald würde irgendjemand mit Roberts Pass nach Deutschland einreisen, selbst Asyl beantragen und ihm das kostbare Dokument überbringen. Bei der Ausländerbehörde würde dieser Jemand dann angeben, seinen Pass verloren zu haben. So kam einer nach dem anderen zu einem legalen Status, auch wenn es etwas dauern konnte.

Viele Afrikaner machten das so. Das war ihr unverbrüchlicher Zusammenhalt. Ich konnte nur den Hut ziehen. Wenn ich da an meine eigene kaputte »Familie« dachte …

»He? Hallo? Wo rennt der hin?«

Auf einmal merkte ich, dass ich plötzlich ganz allein vor den Toren des Konsulats stand.

»Der hat kalte Füße bekommen!«

»Aber wieso denn?«

Ratlos sah ich mich um.

»Er hat gesehen, was die Großmutter mit dir gemacht hat.«

»Ach ja?«

»Und er schmeißt sich lieber ins Meer, als sich ihrem bösen Blick auszusetzen!«

»Ich habe ihm schon das Doppelte an Geld geboten, er macht es trotzdem nicht«, sagte Prince, der meinem »Bräutigam« noch keuchend nachgelaufen war.

»Dann will ich jetzt nichts als heim. Ich will zu meinem Sohn.«

So fanden wir uns noch am selben Abend am Flughafen in Accra wieder.

Prince war wahnsinnig niedergeschlagen, weil sein genialer Plan nicht aufgegangen war.

Und ich war wahnsinnig niedergeschlagen, weil ich Tony nicht gesehen hatte.

»Danke für alles, was du für uns getan hast, Rita.«

Wir umarmten uns. »*Good luck, Prince.* Und gib auf Dorothee acht!«

»*Good luck, sweet little Rita. Perhaps it works next time.*«

Oder vielleicht auch nicht. Ich strebte dem Abfluggate entgegen. Leb wohl, Tony!

Mit wohligem Gruseln nahm ich zur Kenntnis, dass es sich diesmal um eine ausgebuchte TUI-Maschine handelte, die lauter braun gebrannte Urlauber zurückbrachte. Zwei wettergegerbte Typen mit Lederhüten und Krokodillederstiefeln standen auf, um mich auf meinen Fensterplatz zu lassen.

»Hier, schöne Frau. Hier kannst du rein.«

Deutschland hatte mich wieder.

29

São Paulo, Brasilien, Juni 2006

»Hier. Hier kannst du rein.« Der mächtige Aufseherdrachen polterte mit seinen schweren Stiefeln durch Gänge und Treppenhäuser zum Pavillon 1, Zelle 7. Hinter jeder Tür rumorte es wie in einem Hexenkessel. Überall brodelte es in den überbelegten Zellen. Es wurde geschrien, gekeift, gestritten, mit Blechnäpfen geworfen, an den Haaren gezogen, geheult, gekratzt, gespuckt und sehr oft hämisch und dreckig gelacht.

»Da sind nur zwei drin, und die sind verdammt nett. Verscherz es dir nicht mit ihnen, sonst werd ich ungemütlich!«

Beim Anblick meiner neuen Mitbewohnerinnen wusste ich sofort, warum der *sapatão* so angetan von ihnen war. Betschwestern waren es jedenfalls keine.

Tati und Sheila waren ein lesbisches Paar. Gerade lagen sie schmusend und küssend auf dem einzigen Bett.

Ich schluckte. Na denn. Hoffentlich würden sie die Störung durch mich irgendwie erdulden.

»Danke«, entrang ich mir in Richtung meiner Retterin, doch die Wärterin war schon mit Randalen in Nachbarzellen beschäftigt.

Ich zerrte meinen schwarzen Müllsack in mein neues Reich und hörte die Zellentür hinter mir zuschlagen.

»Hallo erst mal, ich bin die Rita, und ich tu euch nichts, wenn ihr mir auch nichts tut.«

»Wir haben schon von dir gehört. Du bist die *Gringa,* die so gut Portugiesisch kann.«

O. Sie waren nett! Sie lächelten mich an!

Während ich noch mit wummernder Halsschlagader vor ihnen stand, sprangen sie vom Bett und machten eine einladende Geste: »Bitte. Du bist die Älteste. Du sollst das Bett haben.«

»Aber ich will euch echt nicht stören ...«, stammelte ich.

»Tust du nicht, *Gringa*. Wenn wir Liebe machen wollen, können wir das auch nachts, wenn du schläfst.«

»Außerdem gehst du ja zur Schule, nicht wahr? Vier Stunden jeden Abend? Da hätten wir dann das Bett zum Kuscheln.«

»Ja, ähm, klar. Das hört sich nach einer fairen Lösung an.«

Mit zitternden Fingern packte ich meinen Sack aus, und die beiden hilfsbereiten Mädels räumten eine Schrankhälfte für mich leer.

»Zeig mal! Ist das dein Sohn?!«

Oh. Jetzt war mir der Brief aus der Hand gefallen, und ein Foto von meinem Benni segelte auf den Fußboden. Mein Herz setzte einen Schlag aus. Er hatte die Haare abgeschnitten. Sein Markenzeichen, seine Braids waren – weg. Er sah haargenau aus wie Tony! Das Kindliche in seinem Gesicht war fast verschwunden, und war das da auf seiner Oberlippe etwa – Bartflaum? Ich bekam Gänsehaut. Mein Benni. Er wurde langsam zum Mann. Und ich durfte das nicht miterleben. Fröstelnd strich ich mir über die Arme. Jetzt bloß nicht heulen!

»Süß! Voll der süße *negão*!«

»Ist das wirklich deiner? Oder hast du den adoptiert?«

»Das heißt, sein Vater war ein Schwarzer?«

»Gute Wahl, Rita, ich steh ja auch auf Schwarze ...«

Tati war pechschwarz, Sheila dunkelbraun. Ich fühlte mich wie ein Milchtropfen zwischen Kakao und Kaffee. So nannten sie mich auch sofort liebevoll. »Was schreibt er denn, *pingo de leite?*«

»Ich hab's selbst noch nicht gelesen.« Meine Stimme war heiser.

»Okay, Rita. Wir lassen dich in Ruhe. Lies deinen Brief. Bitte. Setz dich. Wir sind gar nicht da.«

Sie verkrümelten sich in die Ecke mit dem Waschbecken und taten so, als wären sie mit Geschirrspülen und Spülsteinschrubben beschäftigt. Ich sank aufs Bett und blendete den Rest der Welt aus. Nur Benni war jetzt wichtig. Mein Sohn war mir so nah.

Mit klopfendem Herzen entzifferte ich die krakeligen Zeilen.

Benni schrieb, dass er nach anfänglichem Ärger in der Schule jetzt in einer besseren Klasse war, wo er gut mitkam und einen viel netteren Lehrer hatte. Drei Smileys.

Ich atmete auf. Wie bei einem teuren Mehr-Gänge-Menu, bei dem man zwischen den Gängen Pause macht, schloss auch ich jetzt die Augen und hielt genießerisch inne, stellte mir meinen Benni vor. In einer Hauptschule in Bad Driburg. Bestimmt saß er in der letzten Reihe, weil er der Älteste und Größte war. Schon bei meiner Abreise nach Spanien hatte er mich um zwei Köpfe überragt. Ich bildete mir ein, seine weiche, braune Haut zu spüren, seinen Duft zu riechen, seine Fußballschuhe quietschen zu hören. Sein »He, was geht ab?« zu hören. Sein »Was gibt's zu essen?«, sein »Hi, Mom!«, sein »Ich will einfach nur chillen, klar?«

Vor meinem inneren Auge sah ich Benni im Bett. Bei ihm eine fremde Mutter. Strich sie ihm übers Haar? Redete sie mit ihm über den Tag? Redeten sie über mich? Stand mein Foto auf seinem Nachttisch? Der Trennungsschmerz drohte mich schier zu überwältigen.

Ich öffnete die Augen wieder, strich mit der Hand über den kostbaren Brief und las weiter:

»Mami, du weißt, wie sehr ich dich liebe und vermisse, aber jetzt hab ich mich auch noch unsterblich verliebt! Sie heißt Jessica und sitzt zwei Reihen vor mir. Sie ist so süüüß und hilft mir bei den Matheaufgaben. Wir haben uns schon geküsst ...«

Wieder überrieselte es mich kalt und heiß. Mein kleiner Junge auf Freiersfüßen! Wie wunderschön für ihn, meinen kleinen großen Schatz. Und wie grausam für mich, seine Mutter, die das alles nicht miterleben durfte! Mit einer fahrigen Bewegung wischte ich mir über die Augen und die Nase.

Ach, wie ich es ihm gönnte! Er hatte wahrlich genug mitgemacht. Immer wieder hatte ich ihn aus seinem vertrauten Leben herausreißen müssen, aus von mir mühsam gebauten kleinen Nestern, die dann doch nicht hielten, was sie versprachen. Immer wieder hatte ich ihn weitergezerrt, hin zu neuen Abenteuern, neuen Männern, neuen – Katastrophen. Ich nagte an meiner Unterlippe, kaute an meinem Daumennagel, bis es blutete. Dabei blutete mir das Herz! Das Leben, das ich ihm zugemutet hatte, hatte mein Benni nicht verdient!

Wenn ich ganz ehrlich war, musste ich mir eingestehen, dass mein unstetes Leben, meine Suche nach einem Vaterersatz für Benni, nach Liebe und Geborgenheit, ja, nach diesem kleinen bisschen Glück, von dem ich so fest glaubte, dass es mir zustand, uns immer wieder vom Regen in die Traufe gebracht hatte. Am Ende meinen Benni in ein Kinderheim und mich – in den Knast. War das meine Strafe? Gab es einen Gott, der so grausam war? Ich zwang mich, tief ein- und auszuatmen, um nicht laut loszuschreien. Die Tränen liefen mir unablässig über die Wangen und tropften auf das dünne, dicht beschriebene Papier.

»Mom, du bist und bleibst meine Traum-Mom, und es ist vieles einfach voll scheiße gelaufen. Aber du sollst wissen, dass ich immer an dich denke und weiß, dass du es schaffst.

Wenn du rauskommst, stell ich dir Jessica vor. Ich schreib dir wieder, Mom. Love und besitos. Ruf mich jederzeit an unter …«

Tränenblind starrte ich an die dunkelgrüne Wand. Ja. Dir auch, mein Schatz, alle Liebe dieser Welt. Genieß dein Leben! Ich hätte alles darum gegeben, ihn in diesem Moment anzurufen und seine vertraute Stimme zu hören. Und sei es nur eine Minute.

»Hey, *Gringa,* du sprichst ja wirklich schon super Portugiesisch! Was willst du denn eigentlich noch in meinem Kurs?«

Die freundliche Lehrerin, Julia, ebenfalls eine unschuldig Inhaftierte, beugte sich über meinen Tisch.

»Ist mir ja fast peinlich, dass eine Deutsche die Grammatik besser drauf hat als viele Einheimische!« Sie strahlte mich mit ihren weißen Zähnen an. Ihr Haar, das einmal dunkelbraun geleuchtet haben musste, war schon leicht angegraut, und mit ihrer heiteren Gelassenheit, ihrer Geduld und Freundlichkeit erinnerte sie mich irgendwie an Oma Lotte. Deshalb lernte ich auch so gern bei ihr und fühlte mich in ihrem Kurs so wohl.

»Rita, ich möchte dir einen Vorschlag machen.«

»Ja?« Halb stolz, halb ängstlich, ließ ich von meinen Grammatikaufgaben ab und blickte sie erwartungsvoll an.

»Ich würde dich gerne für das brasilianische Abitur anmelden.«

»Was?« Mir fiel die Kinnlade herunter.

»*Ensino Médio completo!* Ich weiß, dass du das schaffen kannst!«

»Aber – ich hab's noch nicht mal auf Deutsch!«

»Das ist unfassbar. Du bist blitzgescheit und darüber hinaus noch fleißig! Es macht mir wirklich Spaß, so eine Schülerin im Kurs zu haben!«

Mein Herz pochte, meine Wangen glühten. »Und … ähm … Wie lange dauert das Dings, das …«

»*Ensino Médio completo?* Normalerweise drei Jahre.« Julia hörte nicht auf zu strahlen. »Aber bei dir könnte ich mir vorstellen, dass du es schon in zwei Jahren schaffst!«

»Dann hat sich das leider schon erledigt.« Ich verschränkte die Arme vor der Brust.

Sie legte den Kopf schief und schaute mich fragend an. *»Por quê?«*

»Weil ich natürlich schon lange vorher hier rauskomme.«

Sie lächelte mich unverwandt an, ein hübsches Grübchen kam zum Vorschein. »Aber bis dahin kannst du es doch versuchen?«

Ich sah sie fragend an. Spürte, wie sich auf meinem Gesicht ebenfalls ein breites Lächeln ausbreitete. »*Claro*. Hab ja sonst nichts Besseres zu tun!«

Jetzt würde ich, quasi Schulter an Schulter mit Benni, nur durch schlappe zehntausend Kilometer getrennt, mit ihm für den Schulabschluss büffeln: er für den Hauptschulabschluss und ich für die Hochschulreife. Ja; das war ein hervorragender Plan. Wieder fühlte ich mich Benni ganz nahe.

30

Köln, Deutschland, November 1996

»Hallo, mein Schatz! Mami ist wieder da!«

Ich stand vor dem Kindergarten und breitete die Arme aus. Benni ließ sich hineinfallen.

»Wie ist es dir ergangen?«

»Die Kinder sind blöd. Einer hat Neger zu mir gesagt.«

»Aber du hast dir das hoffentlich nicht gefallen lassen?«

»Nee, ich hab dem blöden Nils eine gehauen, aber da hat die Erzieherin mich gleich weggezerrt, und ich musste allein im leeren Spielzimmer bleiben. Anschließend musste ich mich beim blöden Nils entschuldigen!«

»Das darf doch nicht wahr sein!« Wutschnaubend packte ich mir meinen Benni und kämpfte mich durch den Strom der herausquellenden Kinder und Mütter.

Das war nun schon das dritte Mal, dass Benni sich solch rassistischen Bemerkungen ausgesetzt sah! Natürlich hatte ich ihm eingeimpft, sich das nicht gefallen zu lassen, ihm aber auch gesagt, dass Gewalt keine Antwort auf blöde Sprüche war.

»Frau Herkenrath, was ist denn nun schon wieder passiert?!«

»Ah, gut, dass Sie kommen, Frau Fuchs. In der Spielgruppe gibt es Läuse, und wir müssen Sie bitten, Benni bis auf Weiteres zu Hause zu lassen!«

»Damit er wochenlang ausgegrenzt wird?«

»Er stört sowieso die Gruppe, ist aggressiv und unkonzentriert.«

»Und wie immer ist Benni an allem schuld?«

Wütend stampfte ich mit Benni davon. Geradewegs zu einem Afro-Friseur, den ich anwies, Benni die Haare raspelkurz zu schneiden.

Er weinte bitterlich, als er sich fast glatzköpfig im Spiegel sah. Mein armer kleiner Spatz.

Natürlich hatte Benni keine Läuse, wie der Friseur uns bestätigte.

»Du gehst morgen wieder in den Kindergarten, Benni. Wir dürfen uns das nicht gefallen lassen.«

Zu Hause angekommen, begann ich mit einer Putzorgie, wie immer, wenn ich nachdenken und mich abreagieren musste. Benni saß währenddessen vor dem Fernseher und sah eine Märchenkassette an. Die Schmach, seine wunderschönen Haare verloren zu haben, musste er erst mal verdauen.

»Mach dir nichts draus, Süßer. Die wachsen wieder. Und du siehst mit Glatze noch tausendmal hübscher aus als der dicke Nils!«

Mit Schrubber und Eimer machte ich mich daran, den Fußboden zu putzen.

»Robert hat aber alles ganz schön verdrecken lassen«, schimpfte ich, weil ich gerade so richtig schön in Rage war. »Was klebt denn da auf den Bodendielen?«

»Wir haben Cola umgeworfen.« Benni sah mich treuherzig an.

»Ja, und kann man die denn nicht sofort wegwischen?«

»Robert sagt, das ist Frauensache.«

»Na, dem werd ich was erzählen!« Ich hatte sowieso noch ein Hühnchen mit ihm zu rupfen. Die ganze Heiratsschwindelei, dazu die kleine Tochter, von der er mir nichts gesagt, die

Großmutter, die mich verwünscht, die bösartige Frau, die Dorothee geschlagen hatte, das Geld, das er angeblich immer schickte! Wovon denn! Hier herrschte eindeutig noch Klärungsbedarf. Zumal meine Vermieter schon wieder Druck gemacht hatten! Eigenbedarf! Na super!

Wo steckte Robert überhaupt? Wo trieb er sich herum?

Ich scheuerte die Dielen. Plötzlich bemerkte ich eine Unebenheit. Ups! Da war ja eine locker!

Vorsichtig hob ich sie an.

»Na, sieh mal einer an«, murmelte ich erschrocken. »Da ist ja ein Hohlraum drunter!«

Ich ertastete einen dicken, wattierten Umschlag. Mit zitternden Fingern öffnete ich ihn. Meine Augen weiteten sich. Heraus fielen – zehntausend Mark! Schön säuberlich gebündelt! »Das gibt's doch nicht!«

Ich legte das Geld beiseite. Woher hatte er das? Ich hatte immer viel Bargeld im Haus, da ich meinen Lohn von Charles oft unter der Hand bekam, vom vielen Trinkgeld ganz zu schweigen!

Jetzt fielen mir Fotos in die Hände. Robert mit Dorothee und – dieser Frau! Ich kniff die Augen zusammen und starrte auf das Bild. Das war die Frau, die Dorothee geschlagen hatte, damit sie mich begrüßen sollte! Das war Dorothees Mutter!

Ich kramte weiter, der Spürhund in mir wurde wach.

»Ach nee. Was ist denn das?«

Eine Heiratsurkunde fiel mir entgegen. Und eine Sterbeurkunde, sowie ein Polizeibericht mit der Beschuldigung des Mordes. Doch das Verfahren wurde aus Mangel an Beweisen eingestellt. Letztendlich war es offiziell ein Suizid.

Robert hieß gar nicht Robert. Sein wirklicher Name war Joseph Kwasi Opore.

Und er hatte diese Frau bereits vor acht Jahren geheiratet.

Mir wich alles Blut aus dem Gesicht. Deshalb war die Frau so sauer gewesen! Deshalb hatte mich die Großmutter verwünscht!

Mir wurde schlecht.

Wachsbleich saß ich vor meinem Wischwassereimer.

»Deswegen sollte ich den Cousin heiraten.« Ich schlug mir mit der flachen Hand vor den Kopf. »In Ghana hat er Frau und Tochter, hier wollte er Frau und Sohn samt Wohnung und Verpflegung gratis!«

Fassungslos sprang ich auf und rannte in die Küche, wo ich laut klappernd mit Besteck um mich warf. »Und ich gutmütige Kuh wollte ihm helfen!« Seinetwegen hätte ich fast meine Wohnung verloren!

»Mama, mit wem schimpfst du?«

»Entschuldige, Süßer, ich bin gerade ziemlich sauer auf Robert.«

»Was hat Papa dir denn getan?«

»Ich glaube, wir müssen uns von Papa trennen, Benni. Er hat Mama belogen.«

Es gab keinen Zweifel mehr. Robert hatte sein ganzes Geld für seine andere Familie gespart und sich hier auf meine Kosten durchfüttern lassen.

Ich presste Benni an mich und wollte ihm wie gewohnt die Rastalocken streicheln, doch da war ja nichts mehr. Nur eine Kinderglatze. Mir kamen die Tränen. Ich dumme, gutgläubige Kuh! Und alles nur, damit Benni einen Papa hatte! Einen Vater, mit dem er sich identifizieren konnte, der ihn vor solchen »Nilsen« und Kindergartentanten beschützte!

Plötzlich fielen mir Tonys Worte wieder ein: »Das Kind wird hüben wie drüben nicht anerkannt werden, es wird sich nirgends zugehörig fühlen …«

Benni begann zu weinen. »Ich will meine Haare wiederhaben! Ich will nicht, dass Papa gehen muss!«

Ich starrte tränenblind zum Fenster, vor dem es herbstlich stürmte.

»Er ist nicht dein Papa, Benni. Dein richtiger Papa ist in Ghana, und der hätte mich nie belogen und ein Doppelleben geführt.«

Nein. Der hatte uns einfach nur verlassen.

Nun musste ich auch schluchzen. Ach Tony, was hast du uns nur angetan!

In dem Moment klingelte es an der Wohnungstür.

Wenn das jetzt Robert war, konnte er was erleben.

Schwungvoll riss ich die Tür auf.

Auf der Matte stand Tanja, meine vierzehnjährige Schwester. Sie sah verheult aus, verzweifelt und trotzig. Sie hatte einen großen Seesack dabei. Sah ganz so aus, als wollte sie länger bleiben.

31

São Paulo, Brasilien, November 2006

»Was soll ich denn DAMIT?«

Fassungslos starrte ich auf den riesigen Sack voller Einkäufe, den mir Herr Sattmann über Pastor Seeländer schicken ließ.

»Sie haben doch darum gebeten!« Der evangelische Pastor schnaufte noch vom Schleppen.

»Ja, aber doch nicht um kiloweise frische Lebensmittel!«

Entgeistert besah ich mir die Bescherung, die unter anderen Umständen sicherlich zu Jubelschreien geführt hätte.

Schwarzbrot, Käse, Putenbrust, Salami, Kuchen, Schokolade, Frischmilch und Obst in rauen Mengen! Dabei brauchte ich Tampons, Binden, Seife, Niveacreme, vielleicht ein Deo! Aber was wussten denn Männer davon?!

»Das kann ich ja unmöglich alleine schaffen.«

»Dann stellen Sie den Rest in den Kühlschrank.« Pastor Seeländer wischte sich den Schweiß von der Glatze. »Meine Frau friert auch immer die Reste in kleinen Portionen ein.«

Er schaute mich so treudoof an, dass ich fast lachen musste. »Wissen Sie, wir haben hier keinen Kühlschrank. Und schon gar kein Gefrierfach.«

»Ach … Nein? Auch nicht in der Gemeinschaftsküche, oder so?«

Ich schüttelte nur fassungslos den Kopf.

»Nein. Es sind über dreißig Grad in den Zellen, und diese Lebensmittel gehen hier bis morgen kaputt!«

»Ihnen kann man aber auch gar nichts recht machen.« Er kratzte sich verlegen am Kopf.

»Nun hat mir der Sattmann dermaßen Feuer unterm Hintern gemacht, dass ich gleich in den Großmarkt gefahren bin. Sehen Sie, die Rechnung ...« Er fummelte in seiner hinteren Hosentasche herum. »Hundertzwanzig Reais, umgerechnet ... äh ... Das müssten Sie Herrn Sattmann dann irgendwann zurückzahlen.«

Mir brach der Schweiß aus. Nicht nur, dass ich das weder bestellt hatte noch gebrauchen konnte, ich musste es auch noch bezahlen!?

Trotzdem versuchte ich, ganz ruhig zu bleiben. Ich brauchte diesen Sattmann.

»Schon gut, ich teile die Köstlichkeiten mit meinen Zellengenossinnen.«

Inzwischen hatten auch wir, die eingespielte Dreier-WG Tati, Sheila und ich, noch zwei weitere Frauen dazubekommen: Marlen und Sandra. Eine war voll auf Drogen, die andere mit Vorsicht zu genießen. Dennoch waren mir meine Zellengenossinnen deutlich lieber als die verfressenen Weiber aus der Nachbarzelle, Rosangela und Denise.

Hier hatten die Wände Ohren. Kaum zog ich meinen Riesensack durch den Flur, kamen mir schon zig fordernde Hände entgegen.

Da in unserer Zelle noch nicht mal mehr Platz für eine prall gefüllte Einkaufstüte war, verteilte ich den Inhalt großzügig unter meinen Mitgefangenen.

Was blieb mir auch anderes übrig?

»Bist du eigentlich inzwischen verurteilt?«

Julia, meine freundliche Portugiesischlehrerin, war inzwischen meine einzige richtige Freundin geworden. Nach dem Unterricht blieben wir allein in dem kleinen, grün getünchten Raum mit den spartanischen Bänken und zerkratzten Pulten zurück. Längst hatte ich ihr meine Geschichte erzählt. Und sie mir ihre.

Sie hatte nichts weiter getan, als ihren Pass zu verleihen. Damit wurden dann kriminelle Aktivitäten durchgeführt.

Dafür hatte Julia achtzehn Monate gekriegt. Wegen Urkundenfälschung und vorsätzlichen Betrugs. Doch ihr Anwalt arbeitete daran, die Klage abzuschmettern. Auf Julia warteten ihr Ehemann, der ebenfalls Lehrer war, und zwei halbwüchsige Söhne, Leo und Luis. Sie bewohnten ein schönes Einfamilienhaus mit Garten in einem Vorort von São Paulo.

»Nein«, beantwortete ich ihre Frage. »Ein Jahr und einen Monat bin ich jetzt schon in Haft und habe keine Ahnung, wozu die mich am Ende verdonnern werden!« Seufzend legte ich meinen Kopf auf die Tischplatte. »Die Anwältin meint, zwischen einem Jahr und acht Monaten und fünf Jahren und drei Monaten ist alles drin.«

»Und du bist sicher, dass du die richtige Anwältin hast?«

Julia setzte sich neben mich und legte mir fürsorglich die Hand auf die Schulter.

»Ich hab keine Ahnung.« Verzweifelt hob ich den Kopf und sah sie ratlos an.

»Sie hat mich bisher zweimal besucht. Einerseits hieß es, sie rührt keinen Finger, bevor sie nicht viertausend Euro in cash gesehen hat. Andererseits hat sie mir selbst gesagt, dass sie mich nicht im Stich lassen wird. Tut sie aber doch!«

»Ich kann dir meinen Anwalt empfehlen, der heißt Nelson. Der bringt mich in Kürze hier raus.«

»Aber die Ellerbeck-Cooper hat schon eine Vollmacht von mir, die sie berechtigt, die viertausend Euro einzuziehen, wenn sie endlich von meinem Konto in Spanien hier angekommen sind!« Ich presste die Fäuste an die Schläfen und versuchte, mir den stechenden Schmerz wegzumassieren, der mich fast verrückt werden ließ. »Kannst du dir das vorstellen? Weder der Konsul noch die Anwältin sind in der Lage, die Bank in Torremolinos anzuschreiben und mit meiner Vollmacht das Geld dort abzuheben! Sie weigern sich auch, zum deutschen Konsulat in Spanien Kontakt aufzunehmen! Manchmal glaube ich, sie ziehen alles absichtlich in die Länge! Und ich werde schier wahnsinnig beim Gedanken daran, dass mein Benni ohne mich aufwächst! Ich bin seine Mutter! Er hat doch nur mich! Er braucht mich, Julia! Ich muss hier raus!«

Meine Freundin sah mich besorgt an. »Du solltest wirklich zu Nelson wechseln.«

»Ach, dann sind die auch noch sauer auf mich! Das kann ich mir gar nicht leisten!«

»Was ist dir wichtiger, Harmonie oder ein vernünftiger Anwalt?«

Von Harmonie konnte beim besten Willen keine Rede sein.

Ich zuckte die Schultern. »Der Sattmann hat mir eben die Ellerbeck-Cooper wärmstens empfohlen ...«

»Weil sie eine Frau ist?« Julia zog skeptisch die Augenbrauen hoch. »Mal abgesehen von dem Geld, wenn du einen Prozess bekommst, hast du dann was zum Anziehen?«

Ich verzog das Gesicht. »Na, das hier. Schick, was?«

Nach wie vor steckte ich in der Anstaltskleidung, die durch die vielen Handwäschen ganz dünn geworden war. Außerdem schlotterte mir die Hose um die Hüften. Da Gürtel verboten waren, hatte ich sie mit Wäscheklammern am T-Shirt befestigt.

Julia schüttelte tadelnd den Kopf. »Wenigstens das könnte

deine tolle Anwältin ja schon mal in Angriff nehmen, ob das Geld nun da ist oder nicht!«

»Sie hat was von Größe 36 gesagt. Aber das war vor Monaten. Seitdem hat sie sich nicht mehr blicken lassen! Dabei weiß ich von Jacqueline, dass sie im Gefängnis war«, stöhnte ich. »Nur mich hat sie nicht rufen lassen!«

Julia legte den Arm um mich. Es tat so gut, dass jemand mal echtes Mitgefühl zeigte!

»Was wirst du tun, wenn du draußen bist?«, fragte Julia vorsichtig.

»Ach, Julia!« Ich lehnte den Kopf an ihre Schulter und kämpfte mit den Tränen. »Darüber möchte ich gar nicht nachdenken. Mein Sohn Benni ist in seinem SOS-Kinderdorf angekommen. Ich kann ihn da nicht mehr rausreißen, das wäre einfach unfair ihm gegenüber! Er hat jetzt eine Freundin, weißt du …« Ich blinzelte, bemüht, nicht loszuheulen. »Und das gönne ich ihm auch so sehr. Aber für mich ist in seinem Leben gar kein Platz mehr!«

»Ach was!« Julia nahm mich beherzt in den Arm. »Ich habe auch zwei große Söhne. Die können das bloß nicht so zeigen, dass sie ihre Mama brauchen.« Sie lächelte verständnisvoll. »Welcher junge Kerl kann sich schon überwinden, seiner Mutter wöchentlich einen Brief zu schreiben?«

»Ihr Brasilianer könnt eure Liebe sehr wohl zeigen! Ich sehe doch, wie anhänglich und treu deine Jungen sind«, heulte ich los. »Benni ist alles, was ich habe«, presste ich verzweifelt hervor. »Ich lebe nur noch, weil es Benni gibt!«

»Benni wird es immer geben. Es geht ihm gut. Freu dich für ihn, dass er sich in Deutschland wieder so gut eingelebt hat!«

»Das tue ich ja auch, aber was ist mit mir?« Ich vergrub meinen Kopf in der Armbeuge und blendete meine Zukunft einfach aus. Julia legte ihre Hand darauf:

»Hast du denn gar niemanden mehr?«

»Ich dachte immer, meine Oma Lotte würde zu mir stehen«, sprudelte es nur so aus mir heraus. »Du erinnerst mich an sie, weißt du das?«

Julia lächelte warmherzig. »Echt? Sehe ich schon aus wie eine *avó?*«

»Nein, du weißt schon, was ich meine.« Ich rang mir ein schiefes Lächeln ab. »Sie war immer so fürsorglich, so geduldig. Sie war nie böse auf mich, wie die anderen aus meiner sogenannten Familie.«

Ich hatte Julia inzwischen von meinen Eltern, meinen Brüdern und Tanja erzählt.

»Oma Lotte war immer auf meiner Seite.« Ich wischte mir mit dem Handrücken die Nase. »Aber die Sache mit dem Gefängnis scheint auch sie nicht verwunden zu haben. Sie hat mir nie geschrieben. Nie.« Wieder musste ich weinen.

»Und wo siehst du dich selbst – eines Tages?« Liebevoll strich Julia mir eine dünne Strähne aus dem Gesicht.

Stumm schüttelte ich den Kopf.

»Du hast also niemanden mehr?«

»Ich weiß gar nicht, ob meine Oma Lotte noch lebt!«

Nun schluchzte ich hemmungslos. Julia reichte mir eine dieser dünnen Papierservietten, die wir als Lesezeichen für unsere Schulbücher benutzten. »Wie du das aushältst, ist mir ein Rätsel. Alle anderen kriegen Besuch oder wenigstens Briefe. Allen anderen werden Lebensmittel gebracht, Klamotten, Zeitschriften und Pflegeartikel. Du bist wirklich die Einzige, die ganz allein auf sich gestellt ist! Und das als Ausländerin. Aber du lässt dich nicht hängen, du lernst unsere Sprache, schreibst Aufsätze, die inzwischen besser sind als die der Muttersprachlerinnen. Du lernst wie besessen und hast an deinem Arbeitsplatz noch nicht einen Tag gefehlt!« Sie nahm mich an den

Schultern und rüttelte mich sanft. »Rita, du bist verdammt tapfer! Ich mag dich sehr gern, weißt du das?«

Spontan nahm sie mich in den Arm. Da brachen wahre Sturzbäche aus mir heraus. Das war das erste Mal, dass mich ein Mensch in den Arm nahm, der aufrichtig an mir interessiert und bereit war, mir zuzuhören.

Weder der selbstherrliche Konsul noch der leicht vertrottelte Pastor noch die kühle Anwältin hatten sich wirklich für mein Schicksal interessiert. Die machten einfach nur ihren Job, blieben eine Viertelstunde und glänzten dann monatelang durch Abwesenheit. Bevor die kein Geld sahen, machten die keinen Finger für mich krumm.

Julia mit ihrer warmherzigen Art war ein echter Trost für mich.

»Ich mach dir einen Vorschlag, Rita: Wenn du rauskommst, bleibst du erst mal bei mir, nein, bei uns! Mein Mann Pedro und meine Söhne Leo und Luis werden sich freuen! Wir haben ein Haus und ein Arbeitszimmer, da ist sogar ein Computer drin! Dort kannst du dein Buch zu Ende schreiben!«

Längst hatte Julia bemerkt, dass ich wie besessen schrieb. Das war meine Art, nicht aufzugeben. Ich träumte davon, meine Geschichte eines Tages zu veröffentlichen. Nur wo und mit wessen Hilfe, das stand noch in den Sternen.

»Danke, Julia, das ist wahnsinnig lieb, und es gibt mir einen Funken Hoffnung.«

Die Vorstellung, am Tage meiner Entlassung ohne einen Cent, ohne Anziehsachen und ohne Rückflugticket vor dem Gefängnistor zu stehen und nicht zu wissen, wohin, trieb mich fast in den Wahnsinn.

Alle anderen hatten ein Zuhause, wurden erwartet, schmiedeten Pläne, freuten sich, zählten die Tage. Ich war schon so weit, dass es mir egal war, ob und wann ich entlassen wurde.

Hier hatte ich wenigstens ein Dach über dem Kopf, Menschen, mit denen ich sprechen konnte, einen geregelten Tagesablauf und eine Arbeit. Ich durfte Klistierspritzen in Plastikfolie einschweißen. Das machte ich acht Stunden pro Tag und ging dann noch vier Stunden zur Schule.

So verging ein Tag nach dem anderen.

Nur für die Zeit des Eingeschlossenseins, von acht Uhr abends bis sechs Uhr morgens, nahm ich die stickige überfüllte Zelle in Kauf. Längst hatte ich mein Bett wieder aufgeben müssen, denn Marlen und Sandra hatten ältere Rechte. Auf meiner Schaumstoffmatte am Boden direkt neben der Toilette versuchte ich jeden Abend zu lernen, obwohl der Fernseher lief und sie mir oft genug die Glühbirne rausdrehten. Ich kam an die Glühbirne nicht ran, hätte dafür aufs Bett steigen müssen, was sie mir nicht erlaubten. So schrieb ich im Schein des Fernsehers an meinem Buch. Unaufhörlich, jede Nacht.

»Liebes, bleib stark.« Julia strich mir über den Rücken. »Solange du noch hier bist, musst du unbedingt das brasilianische Abitur machen! Du findest dann leichter einen Arbeitsplatz. Wir kümmern uns um dich! Du bist nicht allein, hörst du?«

Ich konnte gar nicht wieder aufhören zu schluchzen. »Ach Julia, es hat doch alles keinen Zweck! Ich würde mich am liebsten umbringen, aber nicht einmal das gelingt mir!«

Julia ging gar nicht darauf ein. »Mein Mann hat mir schon mal die Prüfungsfragen vom letzten Jahr aus dem Internet runtergeladen. Komm, Mädel, reiß dich zusammen. Wir gehen die jetzt mal der Reihe nach durch!«

32

Köln, Deutschland, Silvester 1998/1999

»*Happy Birthday, liebe Rita, happy Birthday to you!*«

Es war mein neunundzwanzigster Geburtstag, und natürlich feierten wir im »Skyy«.

Inzwischen war ich inoffiziell Geschäftsführerin geworden. Charles überließ mir den Laden vertrauensvoll. Nun war ich Herrin über zwanzig Angestellte, und der Laden brummte.

Alle meine Freunde und Mitarbeiter ließen mich hochleben. Die *good vibes* der Soul Music hüllten uns ein, wir tanzten, lachten, waren einfach gut drauf.

Tanja hatte unbedingt mitkommen wollen. Seit zwei Jahren lebte sie jetzt bei Benni und mir, und obwohl mir unsere Eltern die Hölle heiß gemacht hatten, ich solle sie sofort zurückschicken, sie sei noch schulpflichtig, hatte ich sie noch für die letzten beiden Schuljahre in Köln angemeldet. Tanja wollte auf keinen Fall zurück. Was ich gut verstehen konnte.

Das würden meine Eltern mir nie verzeihen. Dass ich ihnen ihren Augenstern Tanja weggenommen hatte.

»Aber direkt nach Mitternacht gehst du nach Hause!«

»Ja, jetzt motz doch nicht rum! Ich bin sechzehn!«

»Ich diskutiere da gar nicht mit dir, Tanja! Das war die Bedingung, dass du bei uns wohnen kannst. Klar?«

»Ist ja schon gut!«

»Und Alkohol trinkst du auch nicht!«

»Eh, Rita, ich bin kein Baby mehr! Alle trinken Alkohol!«

Misstrauisch beäugte ich meine aufgebrezelte Schwester, die sich gleich mal mit einem sehr gut aussehenden Schwarzen namens Eddy auf die Tanzfläche verzog.

»Ist sie nicht viel zu jung für so was?« Charles, der Seniorchef, sah mir besorgt über die Schulter.

»Ich kann sie nicht anbinden!« Seufzend legte ich eine neue CD auf. »Verstehen kann ich sie. Sie will sich ausprobieren und frei sein, genau wie ich damals.«

»Da warst du aber schon siebzehn.«

»Die Kinder werden immer frühreifer.« Ich umarmte meinen lieben alten Freund und ließ mich dann von einem Gast auf die Tanzfläche führen.

Er sah sehr gut aus, trug einen eleganten Abendanzug und hatte einen gepflegten Kurzhaarschnitt, wie Tony damals. Er mochte Anfang zwanzig sein. Wieder mal exakt mein Beuteschema. Charles sah mich, schüttelte nur den Kopf und lachte.

»Rita, ich habe gehört, dass du heute Geburtstag hast, und da wollte ich dich unbedingt persönlich kennenlernen!« Der gut Gebaute strahlte mich an.

»So? Eilt mein Ruf mir schon voraus?«

»Allerdings! Du bist die heißeste weiße Frau in der gesamten schwarzen Szene!«

Auch wenn ich mich über dieses Kompliment freute, schaute ich doch ständig besorgt zu meiner Schwester hinüber. Die tanzte wirklich schon sehr sexy und ließ ihr Becken sinnlich kreisen. Hatte sie sich das etwa von mir abgeschaut?

Die Musik änderte sich, klar. Charles, das Schlitzohr, hatte einen langsamen Blues aufgelegt, der uns zwang, enger zu tanzen.

Der Unbekannte roch gut. Seine Hände fühlten sich gut an. Er hatte genau die richtige Mischung aus Nähe und Distanz.

»Und wer bist du?« Ich schaute zu ihm auf, wobei ich meinen Kopf weit in den Nacken legen musste.

»Thiago. Thiago Rosario. Aus Guinea-Bissau.«

»Ein Land, von dessen Existenz ich noch gar nichts wusste!«

»Mein Land liegt in Westafrika an der Atlantikküste, zwischen Sierra Leone, Mali und der Elfenbeinküste. Wir haben Bodenschätze, Erdöl zum Beispiel. Bei uns wächst Reis, Mais, Hirse, Zuckerrohr, und unsere Erdnüsse werden exportiert!« Stolz schwang in seiner Stimme mit. »Wir hatten allerdings auch einen Diktator, vor dessen Politik ich geflüchtet bin.«

»Aha«, ich nickte, wollte jetzt aber nicht über Politik reden. »Und was machst du hier so?«

»Ich warte, dass mein Asylantrag bewilligt wird, danach möchte ich ein Afro-Café aufmachen.«

Aus dem Augenwinkel sah ich, wie eng Tanja mit ihrem Afrikaner tanzte. Zu eng, meiner Meinung nach. Das war schon kein Tanzen mehr, das war schon … Was machten die denn da?

»Ich werde dir auch deine Gäste nicht abspenstig machen, Rita, im Gegenteil, wir könnten uns gegenseitig Kundschaft bringen.«

»Moment mal.« Ich löste mich aus seiner zärtlichen Umarmung. »Tanja! So hatten wir nicht gewettet! Was soll das werden?«

»Lass mich in Ruhe! Du hast doch selber schon wieder einen Kerl an der Angel!«

»Das ist was anderes! Ich bin neunundzwanzig, und du bist sechzehn!«

»Na und?! In den Ländern, wo diese Männer herkommen, haben die Frauen mit sechzehn schon zwei Kinder!«

»Und? Möchtest du das etwa auch?!«

Wir gifteten uns noch eine Weile an, dann wandte ich mich wieder meinem Tanzpartner zu. »Thiago. Ich drück dir die Daumen für dein Afro-Café! Komm rüber, wenn du was brauchst!«

»Ärger mit der Kleinen?« Thiago wies mit dem Kopf zur Tür, in der plötzlich eine ganze Hühnerschar aufgebrezelter Mädels aufgetaucht war. Wütend schimpften sie auf Tanja ein und machten mit ihren grellen Fingernägeln obszöne Gesten.

»Arschkuh! Lass die Finger von Eddy!«

»Sorry. Ich muss da mal nach dem Rechten sehen.«

»Was ist? Wie alt seid ihr?«

»Wie alt ist DIE blöde Pussy denn!«

»Das ist meine Schwester, und die geht jetzt nach Hause.«

»Ach nee«, zickten die aufgeplusterten Gänse rum. »Die SCHWESTER! Aha! Sooo kommt man also in diesen Club! Ich bin auch deine Schwester, uuuuuhhh!« Eine der angetrunkenen Schnepfen entblößte ihre Brüste.

Charles kam hinzu. »Ärger?«

»Tanja muss sofort raus hier.«

»Die hat meinen Kerl angegraben, die blöde Kuh!«

»Schluss jetzt! Alle raus.« Charles und ich schmissen die Mädels raus, und so leid es mir tat, Tanja musste auch gehen.

»Das verzeih ich dir nie«, zischte sie mich an, während die spärlich bekleideten Mädels draußen feixend mit ihren Stöckelschuhen in der Gosse standen.

»Naaa, muss das Baby nach Hause?«

»Tanja, geh zu Benni. Schick seine Babysitterin nach Hause. Dafür kannst du das Geld behalten, ist doch ein Deal, oder?«

»Pff, ich denk ja gar nicht dran …«

»Tanja! Das ist mein letztes Wort!«

Die ätzenden Gänse trieben sich noch immer vor unserem Eingang herum.

»Ignorier sie einfach.« Ich rief nach einem Taxi, das in der

Nähe stand, drückte ihr zwanzig Mark in die Hand, drehte mich um und ließ sie stehen.

Ich war ziemlich sauer, dass ich mich hatte breitschlagen lassen. Ich hätte sie nie und nimmer mitkommen lassen dürfen, Geburtstag und Silvester hin oder her.

In der nächsten Stunde tanzte ich immer wieder mit dem freundlichen, gut aussehenden Thiago, der sehr um mich bemüht war.

Bis plötzlich zwei Polizisten das »Skyy« betraten. »Draußen wurde ein junges Mädchen zusammengeschlagen«, meldeten sie, an ihre Mütze tippend.

Ich bekam weiche Knie. Sofort löste ich mich von Thiago und raste in Panik nach draußen.

Da lag Tanja in ihrem Blut! Ihre Nase war gebrochen, und sie hatte ein blaues Auge. Ihr Rock war zerrissen, die Bluse hing in Fetzen, sie röchelte und konnte kaum sprechen: »Diese Säue! Haben behauptet, dass Eddy mit einer von ihnen geht! Aber das stimmt nicht! Eddy hat MICH aufgefordert!«

Keine fünf Minuten später saßen wir im Krankenwagen.

»Du solltest doch nach Hause gehen!« Kopfschüttelnd hielt ich ihre Hand. »Was ist denn passiert?« Ich stand selber total unter Schock.

»Ich hab mich mit ihnen angelegt! Die waren zu fünft, ich war allein!«

»Tanja, ich hätte dir nie erlauben dürfen, dass du mitkommst! Ich mache mir schreckliche Vorwürfe, ich hätte mich durchsetzen müssen, warum hast du nur nicht auf mich gehört?«

»Weil ich kein Baby mehr bin? Darum? Autsch!«

Während wir mit Blaulicht ins Krankenhaus rasten, hörte ich die Stimme meiner Mutter: »Wenn du das Kind nicht zu uns zurückschickst, Rita, kannst du was erleben!

Ich hatte Tanja damals trotz allem schwer ins Gewissen

geredet, doch wieder nach Hause zurückzugehen. Aber das hieß, Eulen nach Athen zu tragen! Ich war doch selber abgehauen und nie zurückgekehrt!

»Und jetzt treibt sie sich auch schon mit einem Neger rum, genau wie ihr Vorbild Rita!«, hörte ich meine Mutter keifen. »Fehlt nur noch, dass sie uns auch so einen Bastard nach Hause bringt …«

Man behielt Tanja zur Beobachtung im Krankenhaus.

Niedergeschlagen machte ich mich in den frühen Morgenstunden auf den Heimweg.

Alles hatte ich falsch gemacht! War mit dem Kopf durch die Wand gerannt, hatte den falschen Männern vertraut und immer noch keinen Papa für Benni.

Dabei wollte ich doch einfach nur mit meinem Kind glücklich sein.

33

São Paulo, Brasilien, März 2007

»*Blizz!*«

Meine Zellengenossinnen sprangen auf wie von der Tarantel gestochen. In Windeseile zogen sie ihre Schätze wie Handys, Drogen und Messer aus ihren Verstecken und bildeten eine Feuerleiter. Marlen, vollgedröhnt wie sie war, lag nur mit leerem Blick auf der Erde und verdrehte die Augen.

»Rita, du bist die Kleinste, rauf mit dir!«

Ehe ich mich versah, war ich von Tati und Sheila nach oben gewuchtet worden.

»Da! Über der Glühbirnenhalterung! Kratz den Zement in der Aushöhlung weg! Schnell!«

Hastig bohrte ich die Fingernägel in den bröckelnden Putz und ertastete einen kleinen Hohlraum über einem Deckenbalken. »Schnell! Mach schon!«

Hektisch reichten sie mir ihre Kostbarkeiten, und ich stopfte sie mit zitternden Fingern hinein, während die anderen mich an den Beinen hielten. Blitzschnell machte ich das Loch wieder zu und schob den Deckenventilator davor. Sandra, die gerade erst aufgewacht war, stopfte ihr Handy in ein Kondom und schob es sich auf dem Rücken liegend in die Vagina.

Kaum hatten sie mich wieder hinuntergelassen, wobei ich mehr fiel als sanft zu Boden glitt, wurde die Zellentür von außen aufgerissen.

Ein halbes Dutzend bewaffnete Wärterinnen und Wärter stürmten die Zelle. Auch Polizisten kamen mit ihren Militärstiefel hereingepoltert.

»Arme hoch!«

Wir verschränkten die Arme hinter dem Kopf.

»Einzeln vortreten!«

Mit einem Metalldetektor wurden wir abgesucht, wobei es bei Sandra wie wild anfing zu piepsen. Auch Denise aus der Nachbarzelle wurde zur Seite geschubst: »Ausziehen! Bücken!«

O Gott, das wollte ich mir gar nicht weiter ansehen.

Tati, Sheila und ich wurden die Treppe hinuntergestoßen. »Hinsetzen! Arme über den Kopf! Keiner rührt sich!«

Mit Hunderten von anderen Frauen saß ich im Speisesaal auf dem Fußboden. Stundenlang.

»Gesicht nach unten!«

Klapp-klapp-klapp, hallten die schweren Schritte über den Betonfußboden. Gewehrmündungen waren auf uns gerichtet. Wer sich bewegte oder wagte, etwas zu sagen, hatte schnell den Gewehrkolben im Gesicht.

»Sie versteht kein Portugiesisch«, flüsterte Tati und zeigte auf mich. »Sie ist krank!«

Mit gnädigem Nicken erlaubte mir jemand, mich zu den Schwangeren auf die Fensterbank zu setzen. Aber nicht immer hatte ich dieses »Glück«. Oft hatte ich stundenlang auf dem Fußboden hocken müssen, die Hände über dem Kopf verschränkt. Bis mir Sterne vor den Augen tanzten und ich mir vor Angst buchstäblich in die Hose machte.

So eine Kontrolle konnte sich stundenlang hinziehen.

Währenddessen wurde in unseren Zellen das Unterste zuoberst gekehrt: Matratzen hochgerissen, Schränke ausgekippt, unser Kaffeepulver mit dem Waschmittel und Lebensmitteln auf einen Haufen gekippt, alle unsere Müllsäcke ausgeleert,

Zigaretten, Schreibpapier, Bücher und Pflegemittel wie Zahnpasta oder Seife zerschnitten, um sie auf Drogen zu kontrollieren.

Jedes Mal verlor ich das letzte bisschen Würde, wenn ich in der verwüsteten Zelle meine zerstörten Habseligkeiten auf allen vieren zusammensuchen durfte. Das Wichtigste war mein Buch. Zum Glück waren meine Aufzeichnungen und meine Schulbücher unversehrt geblieben.

»Wem gehören die Handys?« Eine dicke Wärterin warf die Mobiltelefone auf den Fußboden, stemmte die Hände in die Hüften und brüllte: »Wenn sich keine meldet, kommen alle ins *castigo*.«

»Mir«, antwortete Marlen, die immer noch unter Drogen stand.

»Und die da hat eins in der Möse.« Rosangela aus der Nachbarzelle zeigte auf Sandra, die kreidebleich wurde.

Beide wurden brutal an den Armen hochgerissen und mit Gewehrkolben von Polizisten die Treppe hinuntergestoßen.

Wegen Handy- und Drogenbesitzes mussten sie für dreißig Tage ins *castigo*.

Das war Einzelhaft im Keller ohne fließend Wasser, Licht und Strom. Mein Herz raste, als man die beiden Zellengenossinnen an mir vorbei die Treppe hinunterstieß.

»Wir bringen euch was zu essen«, flüsterte ich verstohlen.

»Hat hier jemand was gesagt?«, brüllte die Wärterin.

»Sie hat nur gesagt, dass sie sich über mehr Platz freut«, sagte Tati und strich ihre raspelkurzen Haare nach hinten.

»Ja.« Ich sah mich unsicher um. »Zu dritt ist es hier fast schon gemütlich.«

Die Zellentür fiel ins Schloss.

Wir ließen uns auf das Bett plumpsen und atmeten tief durch.

34

Köln, Deutschland, Februar 2000

Wir ließen uns aufs Bett plumpsen und lachten unsere Verlegenheit weg.

»Ich versteh das gar nicht, sonst krieg ich immer einen hoch!«

»Macht doch nichts, Thiago! Es muss doch nicht immer funktionieren! Es war auch so sehr schön!«

Mir war völlig klar, dass das einzig aufrichtige Gefühl, das ich von Thiago erwarten durfte, die Liebe zu Benni war. Wir beide respektierten und mochten uns, aber die große Liebe war es auf beiden Seiten nicht. Thiago wohnte jetzt seit fast einem Jahr bei uns, und auch Benni schien nur auf ihn gewartet zu haben. Die beiden verstanden sich prächtig, alberten miteinander herum, Benni hatte inzwischen den gleichen markanten Kurzhaarschnitt wie sein neuer »Papa« und erinnerte mich schmerzlich an Tony. Stolz ging er an der Hand seines Ziehvaters zur Schule, und niemand traute sich, meinen kleinen Jungen verbal zu verletzen.

Thiago gab Benni Halt und Selbstvertrauen, und nichts war mir damals wichtiger. Er war zwar acht Jahre jünger als ich, aber das war für mich überhaupt kein Problem.

Wir hatten durchaus Kuschelsex, und ich war jetzt auch in einem Alter, in dem ich hauptsächlich Halt und Vertrauen suchte.

»Tanja, was hältst du davon, wenn ich Thiago heirate?«

»Einen Scheiß!«

»Aber er hat nur eine Duldung, die auf Abschiebung hinausläuft, und Benni soll nicht noch mal einen Papa verlieren.«

»Benni, Benni, Benni. Immer nur Benni. Ich bin doch auch noch da!«

»Tanja, ich hab dich gern bei mir aufgenommen, wirklich. Aber du musst mich auch verstehen.«

Tanja kehrte mir trotzig den Rücken zu.

»Heirate ihn doch. Mach dich ruhig lächerlich.« Wütend warf sie die Arme in die Luft und wirbelte zu mir herum: »Es reicht dir wohl nicht, dass ich mein Zimmer hergeben musste. Wirklich toll, mit einem Kleinkind das Zimmer zu teilen. Da kann man richtig gut lernen. Voll super, eh, echt jetzt.«

»Geh doch für das letzte Schuljahr wieder zu unseren Eltern zurück. Sie freuen sich bestimmt.«

»Das ist doch nicht dein Ernst, oder?« Tanja durchbohrte mich schier mit ihren Blicken.

»Meinst du, ich geh mit siebzehn in das spießige Kaff zurück und lass mich wieder von den Eltern bevormunden?«

»Hier schwänzt du doch sowieso nur die Schule! Und hängst im Afro-Café rum.«

»Das musst DU gerade sagen, Rita. Ausgerechnet DU!«

»Tanja, ich bin erwachsen, und du hast noch nicht mal einen Schulabschluss!«

»Aber DU vielleicht? Was gibt dir eigentlich das Recht, hier den Moralapostel zu spielen?«

Tanja hatte inzwischen ein Nasenpiercing und trieb sich – wer konnte es ihr verdenken – im »Skyy« und in dem Afro-Café herum, wo Thiago arbeitete. Zum Babysitten war sie nur noch für ein stattliches Honorar bereit.

Ich war hin- und hergerissen. Einerseits verstand ich sie,

war sie doch ein Abbild meiner selbst. Andererseits war ein störrischer, eifersüchtiger Teenager das Letzte, was ich in meinem anstrengenden Leben brauchen konnte.

Der Einzige, der rundum glücklich war, war Benni. Und für den wollte ich jeden Kompromiss eingehen. Es würde eine Vernunftehe werden, aber das war ja in meiner Familie und auf der ganzen Welt nichts Besonderes.

Es wurde eine schöne Hochzeit auf dem Kölner Standesamt. Benni sah hinreißend aus in seinem silbergrauen Anzug mit dem Stehkragenhemd. Er fühlte sich in dem Tumult pudelwohl und genoss es, fast mehr im Mittelpunkt zu stehen als das Brautpaar. Tanja gab widerwillig mit grellem Lidschatten, in einem viel zu kurzen Cocktailkleidchen und mit Mörderheels die Brautjungfer.

Die ganze Belegschaft vom »Skyy« streute Blumen und Reis, während Charles die Champagnerkorken knallen ließ.

Die anschließende Feier fand wie geplant in einem Nebenraum statt. Es wimmelte natürlich von Schwarzen, und sogar Eddy war unter den tanzenden Gästen, was Tanja fuchsteufelswild werden ließ:

»Wie geschmacklos von dir, ihn einzuladen!«

»Hab ich nicht, Tanja, echt nicht, das würde ich dir niemals antun!« Nach der Schlägerei an Silvester hatte Eddy mit Tanja nichts mehr zu tun haben wollen.

Jetzt war Eddy dreist genug, mich anzutanzen und mir ins Ohr zu hauchen:

»Zu schade, dass ich nicht an Thiagos Stelle bin!«

Tanja spuckte Gift und Galle. Ich ignorierte sie, so gut ich konnte.

Wir hatten ein reichhaltiges kaltes Buffet bestellt, und die Getränke kamen frei Haus vom »Skyy«. Tanja trank viel zu viel. Thiago und ich versuchten, sie zu überzeugen, dass es für heute reichte.

Das Nächste, was ich hörte, war Bennis aufgeregte Stimme: »Mama, die Tanja liegt vor der Toilette und kotzt!«

Mit vereinten Kräften gelang es uns, die fast ohnmächtige Tanja aufzuheben, notdürftig zu reinigen und in die Wohnung zu fahren.

Da ich sie nicht schon wieder ins Krankenhaus bringen wollte, wo man womöglich eine Alkoholvergiftung diagnostizieren würde, verzichtete ich lieber auf den Rest meiner Hochzeitsfeier.

Mein Hochzeitstag endete damit, dass ich Tanja im Kinderzimmer den Eimer hinhielt, während Thiago und Benni es sich vor dem Fernseher gemütlich machten.

Gleich nach der Hochzeit gingen wir als Erstes zur Ausländerbehörde.

Nach all den Geschichten, die wir inzwischen gehört hatten, war das Unterfangen der blanke Horror für mich.

Thiago fuhr bereits morgens um vier mit der U-Bahn hin, um sich pünktlich um halb fünf in eine der Warteschlangen einzureihen. Thiago hatte mir erklärt, dass er auf keinen Fall später dort eintreffen dürfe, da wir sonst vermutlich an diesem Tag nicht mehr an die Reihe kommen würden. Viele Ausländer standen tagelang in der Schlange. Für mich reichte es, pünktlich um sieben dort zu sein, wenn die Behörde aufmachte. So konnte ich Benni und Tanja noch das Frühstück machen.

»Bitte, Tanja, nimm Benni heute auf dem Weg zur Schule mit!«

»Wieso? Das Baby kann ja wohl alleine gehen«, giftete sie zurück, in meinem Bademantel vor dem Schminkspiegel sitzend und mit meinem Glätteisen hantierend. Dann drehte sie die Musik so laut, dass sich jede weitere Diskussion erübrigte.

Also schickte ich Benni schweren Herzens allein auf den Schulweg und hetzte zur Ausländerbehörde, wo ich Thiago glücklicherweise bereits mit einer Nummer in der Hand im Warteraum vorfand.

Nach drei Stunden wurden wir vorgelassen. Der Sachbearbeiter prüfte Thiagos Akte, die nigelnagelneue Heiratsurkunde und stellte ihm einige Fragen zu meiner Familie und zu Details aus unserer Wohnung.

»Welche Zahnpasta benutzt Ihre Frau?«

»Ähm, die rote.« Richtige Antwort. Wir hatten natürlich geübt.

»Wo steht bei Ihnen die Waschmaschine?«

»In der Küche. Neben dem Trockner.«

»Wie heißen die Verwandten Ihrer Frau?«

»Horst, Elvira, Thorsten, Ilka, Thorben, Meike, Karsten, Tanja und Benni.«

Fast richtig. Der Beamte hakte diverse Punkte ab.

»Sie werden verstehen, dass ich prüfen muss, ob Sie wirklich zusammenleben.«

Wir nickten gefasst und hielten uns an den Händen.

»Nur, mit meiner ›Familie‹ haben wir nicht so viel zu tun«, setzte ich erklärend hinzu.

Dafür waren Thiago, Benni und ich jetzt eine Familie.

»In welche Schule geht Benni, und wie heißt seine Lehrerin?«

»Astrid-Lindgren-Schule, Subbelrather Straße, Frau Höker.«

Der Beamte nickte erfreut. »Sehr gut. Darf ich bitte auch mal Ihre Papiere sehen, Frau …«

»Rosario«, sagte ich stolz.

Er betrachtete mein Geburtsdatum und verglich es mit Thiagos.

»Wow! Sie sind acht Jahre älter als er! Sieht man Ihnen nicht an.«

Schließlich drückte er einen Stempel auf die bisherige Duldung: »Die ist jetzt gelöscht. Ich stelle Ihnen eine dreimonatige Aufenthaltsgenehmigung aus, aufgrund der Eheschließung.«

»Müssen wir jetzt alle drei Monate hier antanzen?«, fragte ich bedrückt.

»Wir staffeln das. Wenn Sie in drei Monaten wiederkommen, stellen wir eine Aufenthaltsgenehmigung für sechs Monate aus, dann für zwölf und so weiter. Also am besten: schön glücklich verheiratet bleiben.«

Und genau das hatte ich vor. Ich trat im »Skyy« kürzer und arbeitete nur noch drei Nächte die Woche. Den Rest der Zeit verbrachte ich mit meinem heiß geliebten Benni.

Es gab für mich noch einen anderen wichtigen Punkt: Auf keinen Fall wollte ich einen anderen Nachnamen haben als Benni. Der hieß nämlich immer noch Fuchs, wie meine »Familie«, von der ich mich gründlich distanziert hatte.

Dies stellte sich als einfach heraus: Mit Thiagos Einverständnis bekam Benni nach drei Tagen einen völlig neuen Ausweis mit dem Namen Benjamin Rosario.

Das neue Leben als glückliche Ehefrau veränderte mich. Wir leisteten uns eine Wohnzimmerschrankwand, einen neuen Fernseher, einen gebrauchten Kombi als Familienkutsche und machten fortan jedes Wochenende damit Ausflüge in die Umgebung. Tiergehege im Stadtwald, Zoo, bergisches Land, Eifel, das volle Programm.

Tanja weigerte sich, bei so einem »Spießerprogramm« mitzumachen, und trieb sich lieber mit ihren Freunden rum. Leider klaute sie mir immer öfter Geld, trug ungeniert meinen Schmuck, ja, sogar meine Unterwäsche.

Großzügig überließ ich ihr meine engen Jeans, denn irgendwie passten sie mir gar nicht mehr so richtig. Ich hatte ein Leben lang Größe 36 gehabt, aber jetzt war mir schon Größe 38 zu eng.

Ich liebte die Samstagabende, kuschelte am liebsten mit Benni und Thiago vor dem Fernseher, knabberte Chips, backte sonntags einen Kuchen und dehnte unser Frühstück oft bis zum Mittag aus. Mich durchflutete ein warmes, wohliges Gefühl, wenn ich auf meinen Ehering blickte, wenn ich in der Küche Bennis und Thiagos fröhliche Stimmen hörte oder mich abends an meinen Mann schmiegte.

So verging die Zeit, und alles stimmte.

Na ja, fast. Nicht nur Tanja trieb sich herum und ließ die Schule schleifen.

Auch Thiago begann, immer öfter allein auszugehen. Das machte mir anfangs nichts aus. Ich ließ ihn, denn mit seinen zweiundzwanzig Jahren konnte ich nicht von ihm erwarten, dass er immer nur zu Hause saß und mir den Rücken kraulte. Manchmal ging er auch mit Tanja aus – warum nicht. Es war mir sogar ganz recht, denn so passten die beiden aufeinander auf.

Doch irgendwann war es mir gar nicht mehr so recht. Abend für Abend saß ich allein zu Hause. Aus Kummer und Frust aß ich Schokolade, Kuchen, Eis und alles, was mir schmeckte. Ich kochte zu viel und zu fett. Benni genoss es, endlich seine Mama um sich zu haben. Er blühte auf und brachte regelmäßig Schulfreunde mit. Kochte ich sein Leibgericht, Spaghetti Carbonara mit viel Sahne und Speck, aß ich oft zwei oder sogar drei Teller leer. Warum nicht, jetzt war ich auch mal dran.

Irgendwie hatte ich das Bedürfnis, mir eine Schutzschicht anzufuttern, nach den langen Jahren voller Existenzängste, Einsamkeit und dem nagenden Gefühl, versagt zu haben. Das

Resultat war Kleidergröße 42. Meine gesamte Garderobe ging in Tanjas Besitz über, die sich koketter denn je ausstaffierte und für mich nur noch ein mitleidiges Lächeln übrighatte mit meinen schlabbrigen Herrenhemden, übergroßen T-Shirts und dehnbaren Leggins.

Eines Tages wog ich über neunzig Kilo, und das bei meiner Größe von einem Meter siebenundfünfzig.

Ziemlich schwerfällig kämpfte ich mich am Morgen des Muttertags 2001 die Treppe zu unserer Wohnung hinauf und keuchte wie ein Walross, als ich schließlich im Dunkeln den Schlüssel ins Schlüsselloch steckte. Das Licht im Treppenhaus war längst ausgegangen.

»Shit, ich muss wirklich wieder fit werden«, ächzte ich. »Das ›Skyy‹ ist irgendwie nichts mehr für mich.«

Übermüdet tastete ich nach dem Lichtschalter im Flur und watschelte auf Strümpfen ins Bad. Benni schlief friedlich im Kinderzimmer, wie ich durch den offen stehenden Spalt sehen konnte. Von Tanja wie üblich noch keine Spur. Im »Skyy« hatte ich sie nicht gesehen, und das Afro- Café war auch längst geschlossen.

So leise wie möglich schälte ich mich im Dunkeln aus meinem Zweimannzelt und öffnete geräuschlos die Tür zum Schlafzimmer. Die gleichmäßigen Atemzüge Thiagos waren zu hören, unterbrochen von einem gelegentlichen Ratzen. Wenigstens er war schon da, das war ja mal was! Im besten Fall würden mich meine Lieben nachher mit einem Muttertagsfrühstück überraschen. Ich freute mich schon auf einen schönen Familienausflug, aber vorher wollte ich noch ein paar Stündchen schlafen.

Ich hob die Decke und schlüpfte zu meinem Mann ins Bett. Gerade wollte ich mir die Füße wärmen, als ich gegen etwas Ungewohntes stieß.

Komisch. Der machte sich aber heute breit! Wieso lag der denn in meiner Hälfte!

Ich betastete behutsam seinen Rücken, ließ meine Hände zu seinem knackigen Po wandern und spürte – Spitzenwäsche!

Ruckartig setzte ich mich auf.

Er hatte eine Frau im Bett! Mit rasendem Herzklopfen hüpfte ich aus dem Bett. Mittlerweile hatten sich meine Augen an die Dunkelheit gewöhnt, und noch bevor ich Licht machte, erkannte ich die Silhouette, die nicht Thiago war.

Ich knipste das Licht an, woraufhin Thiago wie ein ertappter Schuljunge sofort aufsprang.

Die Frau in meiner Hälfte war Tanja. Sie drehte mir den Rücken zu und rührte sich nicht.

Dass ich keinen Tobsuchtsanfall bekam, überraschte mich selbst. Vielleicht wollte ich tatsächlich einfach nur meinen friedlich schlummernden Benni nicht wecken und ihm keine Szene zumuten, die ihn für den Rest seines Lebens traumatisieren würde.

Seelenruhig schaltete ich das Licht wieder aus, ging in die Küche und zündete mir eine Zigarette an.

Thiago kam splitternackt hinterhergerannt. Traurig warf ich ihm einen letzten Blick zu.

»Es ist nicht so, wie du denkst, Rita, glaub mir! Ich weiß auch nicht, wie Tanja da reingekommen ist. Ich hab fest geschlafen, glaub mir …«

»Zieh dir bitte etwas an, Thiago.« Ich wies mit dem Kinn zur Tür. Gelassen rauchte ich weiter.

Thiago kämpfte mit einer Unterhose. »Rita, sie stellt mir immer nach, aber ich würde doch nie und nimmer mit deiner kleinen Schwester schlafen …«

»Wie lange geht das jetzt schon?«

»Ich schwöre, Rita, ich liebe nur dich! Es war höchstens ein- oder zweimal und hat gar nichts zu bedeuten …« Sein Blick glitt zur Tür. Merkte er, dass er sich widersprach?

Plötzlich sah ich Tanja, die, in ein verführerisches Negligé gehüllt, das einmal mir gehört hatte, im Türrahmen lehnte.

»Das geht schon seit einem Jahr so«, sagte sie eiskalt. »Guck dich doch mal an, Rita! Glaubst du, Thiago fährt noch auf dich ab?«

Ich schluckte. Tapfer bemühte ich mich, nicht die Fassung zu verlieren.

»Thiago, sag mir bitte die Wahrheit.«

»Sie läuft mir nach, Rita, ich kann gar nichts dagegen tun. Sie ist total verrückt nach mir, sie sagt, ich kann es ihr am besten besorgen, aber das hat nur mit Sex zu tun, nichts mit Liebe! Ich liebe nur dich, Rita!«

Ich ließ ihn nicht mehr weiterreden. Entschlossen stand ich auf und zerdrückte die Zigarette im Aschenbecher – so, wie ich am liebsten Tanja zerdrückt hätte.

Auf sie hatte ich eine noch viel größere Wut als auf Thiago. Ich spürte beinahe so etwas wie Hass, als ich über meine kleine Schwester nachdachte. Sie war kein unschuldiges Opfer, so viel stand fest. Was sie getan hatte, war auch nicht aus blinder Leidenschaft oder Verliebtheit passiert. Sie hatte aus eiskalter Berechnung gehandelt. Um mich zu verletzen. Wie oft hatte ich ihre eifersüchtigen Blicke gespürt, wenn Thiago, Benni und ich lachend von einem Ausflug wiederkamen, zu Hause Spaß hatten oder einfach nur aneinandergekuschelt vor dem Fernseher saßen. Sie hatte es aus reiner Bösartigkeit getan. Aus Neid.

Kein Wunder, sie war eine aus meiner »Familie«. Wie hatte ich das nur vergessen können?!

Sosehr ich Benni das Familienglück und seinen Papa gönnte – auch meine Toleranz kannte Grenzen.

»Es gibt nichts mehr zu sagen. Noch heute werdet ihr meine Wohnung verlassen.«

»Ach, fick dich doch«, zischte Tanja und zeigte mir den Mittelfinger.

Thiago wimmerte wie ein kleiner Junge und rannte aus der Küche. Ich hörte, wie er sich im Schlafzimmer aufs Bett warf und dort heulte wie ein Schlosshund. Tja. Ade, Aufenthaltsgenehmigung!

Davon wurde Benni wach und kam verstört in die Küche.

»Was ist los, Mami?«

»Nichts, mein Schatz. Tanja zieht aus, und Thiago ist darüber sehr traurig.«

Ich brachte es noch nicht übers Herz, ihm zu sagen, dass er seinen Papa verlieren würde.

Ich führte Benni ins Wohnzimmer, breitete die Wolldecke über ihn und strich ihm übers Haar. »Auch Thiago wird sich eine andere Wohnung suchen«, sagte ich vorsichtig. »Wir beide müssen jetzt wieder alleine klarkommen, Benni. Aber das haben wir früher auch geschafft!«

»Ich will meinen Papa!«, weinte Benni. »Du darfst ihn nicht rauswerfen, Mama, was hat er dir denn getan?«

»Er hat mir etwas gestohlen, Benni.«

»Was hat er dir denn gestohlen? Er kann es dir ja wiedergeben!«

»Das kann er mir leider nicht wiedergeben, Benni. Die Würde.«

»Was ist Würde?«

Ich strich ihm traurig über die Wange.

»Vielleicht finden wir ja irgendwann den Richtigen.«

Tanja, die gerade mit hassverzerrtem Gesicht ihre Ladegeräte aus den Steckdosen zerrte, warf mir einen verächtlichen Blick zu.

»Dann nimm erst mal dreißig Kilo ab!«

Ich hörte noch lange Gepolter im Flur, dann fiel die Wohnungstür zu.

Benni und ich waren wieder allein.

Das war mein Muttertag 2001.

35

São Paulo, Brasilien, 9. Mai 2007

Meine Hoffnung, heute am Muttertag einen Brief von Benni zu bekommen, erfüllte sich nicht. Vielleicht hatten meine Zellengenossinnen ihn abgefangen, was schon mehrmals passiert war. Aber vielleicht hatte Benni mir auch wirklich nicht geschrieben. Weil er mich vergessen hatte. Ich wusste nicht, was schlimmer war.

An diesem kalten Maitag schlich ich schon vor Sonnenaufgang hinunter in den Speisesaal, um mir einen Kaffee zu holen.

Mein Körper, meine Seele – alles war klamm. Ich sehnte mich nach menschlicher Wärme, nach einem Menschen, der sich für mich interessierte. Fast war ich geneigt, mit irgendeinem Unbekannten aus dem Nachbargefängnis einen Briefkontakt anzufangen, wie das hier einige taten. Oder eine Kontaktanzeige in die Zeitung zu setzen.

»Arme, einsame, ausländische Strafgefangene sucht lieben Mann, der sie ab und zu besucht und ihr schreibt. Spätere Heirat nicht ausgeschlossen.«

Aber selbst so eine harmlose Kontaktanzeige war Herrn Sattmann entweder nicht möglich oder er befand es nicht der Mühe wert. Ich hatte ihn bei seinem letzten Besuch flehentlich darum gebeten, was entwürdigend genug war.

Er wollte sich erkundigen, was so eine Anzeige kostete, und dabei war es auch geblieben.

Traurig saß ich in der öden Halle, die sich Speisesaal nannte, und nippte an meinem Pappbecher-Kaffee. Auf dem Tisch lagen ein paar tote Fliegen, die niemand entsorgte. Ich auch nicht. Inzwischen war ich so abgestumpft, dass ich noch nicht mal mehr Brechreiz bekam. Auch dieser Tag würde irgendwie rumgehen.

Am heutigen Muttertag herrschte unter den Gefangenen große Aufregung.

Einige Insassinnen saßen bereits voller Vorfreude an den langen Holztischen und bastelten Papierblumen und bliesen Luftballons auf, die sie an die Fenstergitter banden. Erste Besucher strömten mit Kind und Kindeskind in den Raum, beladen mit Geschenken, Kuchen, Girlanden und Musikkassetten.

Fettgeruch nach Gebratenem und Gebackenem vermischte sich mit dem üblichen Gestank. Der Lärmpegel nahm zu. Eine fette Ratte huschte an der grün gestrichenen Wand entlang und rettete sich ins Freie. Ein kleiner Junge rannte barfuß hinter ihr her und versuchte, ihr auf den Schwanz zu treten, wurde aber von seiner Mutter eingefangen und geknuddelt.

Er hatte Ähnlichkeit mit Benni, als er noch klein war. In jedem dieser dunkelhäutigen Jungen sah ich Benni. Benni, der jetzt fast erwachsen war. Der mich nicht mehr brauchte. Der sein Leben ohne mich weiterlebte. Was ich ihm nicht verübeln konnte – im Gegenteil. Mein Benni war immer ein Kämpfer gewesen, und ich war trotz allem stolz auf ihn! Ich rieb mir fröstelnd über die Arme und starrte abgestumpft auf das Getümmel, das sich immer mehr ausbreitete. Der sonst so kahle Speisesaal wurde langsam, aber sicher zu einem bunten Ameisenhaufen. Immer mehr Insassinnen kamen schreiend die enge Treppe herunter und stürzten sich auf ihre Angehörigen. Das Radio wurde aufgedreht, die ersten begannen, ausgelassen zu tanzen. Mich beachtete niemand. Ich kam mir vor wie hinter einer Glaswand. Der Wunsch, Benni möge mit einem Blumenstrauß hier stehen, mich anstrahlen und »He, Mom, was geht ab?« sagen, war so übermächtig, dass ich die Augen schließen musste. Ich versank in einem Tagtraum:

»He, Benni! Schön, dass du mich besuchst!«

»Ja, war 'ne weite Reise, Mom, aber am Muttertag lass ich dich doch nicht allein! He, du hast ja total abgenommen! Jetzt übertreibst du es wieder in die andere Richtung!«

»Groß bist du geworden, Benni, lass dich mal ansehen. Wer zahlt dir denn deine neuen Klamotten?«

»Das Jugendamt, Mom, musst du alles auf Heller und Pfennig zurückzahlen. Und mein Flugticket hierher natürlich auch.«

»Ist doch Ehrensache, Benni. Dass du gekommen bist, ist mir mehr wert als alles Geld der Welt. Komm, lass dich mal umarmen, mein Großer …«

Gefangen in meiner Fantasiewelt, merkte ich gar nicht, dass ich die Arme um mich geschlungen hatte.

Plötzlich peitschte ein lauter Knall durch den Saal. *Peng!* Schüsse! Polizei! Fenster klirrten. Menschen fingen an zu kreischen, Frauenstimmen überschlugen sich, Kinder schrien, Stühle fielen um, Fußgetrappel wie von einer flüchtenden Elefantenherde.

Mein Tagtraum zerplatzte wie eine Seifenblase, und mein geliebter Benni löste sich in Luft auf.

»Was …«

»Rebellão!«

»Wer gegen wen?«

»Vamos! Vamos subir, Rita!« Ausgerechnet die fiese Schlampe Rosangela, mit der ich seit ihrem Verrat an Marlen kein Wort

mehr gesprochen hatte, riss mich mit ihren fleischigen Armen von meiner Bank und zerrte mich die enge Treppe rauf. Alle drängelten, schubsten und schrien durcheinander. Selbst Besucher, Väter, Kinder, Großeltern, Kleinkinder, Babys, alles wurde die steilen Steinstufen hochgezerrt, und wie aufgeschrecktes Wild verschwanden die Häftlinge mit ihren Familien in ihrem Bau.

Wir schlossen unsere Zelle von innen ab und ließen uns schnaufend auf die Erde fallen.

Ich sah Sterne.

»Was ist denn jetzt schon wieder los?«

»Hast du nicht gehört? Jorgina aus Pavillon 5 hat eine Wärterin mit dem Messer attackiert!«

»Ach du liebe Scheiße!«

»Die Wärterin ist blutend im Hof zusammengebrochen, der Alarm ging los, und jetzt schießt die Polizei blindwütig in die Menge! Unten liegen schon mehrere Tote!«

Hoffentlich keine Kinder! Bitte keine unschuldigen Besucher!, dachte ich entsetzt. Mein Puls raste, fast bekam ich keine Luft mehr. Das bedeutete ja, dass die fiese Rosangela mir gerade das Leben gerettet hatte! Aber vielleicht wäre ich ja lieber gestorben?

»Wisst ihr nicht, dass es schon gestern in anderen Staatsgefängnissen in São Paulo zu Aufständen kam? *Rebellão!* Das ist ein organisierter Aufstand der Gefangenen! Wir sind ab sofort alle Schwestern! Oberster Befehl von der Drogenmafia!«

»Aber das ist ja ...« Ich versuchte, die Wortfetzen zu verstehen, die von allen Seiten auf mich einprasselten. »Dann hat Jorgina da draußen nur den Anfang gemacht?«

»Wir sind verpflichtet, bei der Rebellion mitzumachen!«, schrie Rosangela auf mich ein. »Wer sich drückt, ist ein Kameradenschwein!«

Fassungslos sah ich mich um. Die Zellentür war inzwischen aufgestoßen worden, und draußen rannten vermummte Mitgefangene über die Gänge. Sie hämmerten an jede Zellentür und brüllten irgendwas, das wie »Mitmachen! Los, wer sich drückt, wird kaltgemacht!« klang.

Vorsichtig spähte ich aus der Zelle. Alles, was an mir vorbeirannte, war beängstigend vermummt, mit Schlagstöcken, Messern, Stuhl- und Tischbeinen bewaffnet. Mit dem Schlachtruf »PCC!« stürmten die selbsternannten Heldinnen wieder die Treppe hinunter.

Plötzlich brach die Horde unten in Jubelschreie aus.

»Wir haben die Schlüssel!«

»Scheiße, wir haben den Wärterinnen die Schlüssel abgenommen!«

Hastig zog ich mich in die Zelle zurück und kletterte mit zitternden Beinen aufs Klo.

»Was siehst du?«

»Die Wahnsinnigen da unten schmeißen alle Möbel in den Hof und zertrümmern sie! Jetzt zünden sie einen riesigen Scheiterhaufen an!«, gab ich Meldung.

»Los, rauskommen! Mitmachen!«, brüllte eine raue Stimme. Oje. Ein *sapatão*. Wenn mich dieser Kraftprotz zu fassen bekäme, würde er mich gegen die Wand schlagen. Also trippelte ich gehorsam die Treppe hinunter, watete durch Blutlachen und musste würgen.

Unten herrschte heilloses Chaos. Sie hatten die gesamte untere Etage zerlegt. Im Wachbüro hatte die rasende Meute sämtliche Akten aus den Schränken gerissen. Papiere und Dokumente lagen zerstreut auf dem Boden, viele wühlten wie besessen darin in dem Versuch, die eigene Akte zu finden und darin zu lesen. Wände wurden eingerammt, und die aufgehetzte Meute bewaffnete sich mit Ziegelsteinen. Das Blut rauschte mir in den Ohren, als ich mich in dem Versuch, mich unsichtbar zu machen, an die Wand presste.

»Verschwinde nach oben!« Wieder riss mich jemand am Arm und schubste mich die Treppe rauf. »Mach, dass du in deine Zelle kommst!«

Die vermummte Gestalt schien es gut mit mir zu meinen.

Panisch rannte ich gegen den Strom und tastete mich zu meiner Zelle. Sie stand offen. Darin saß zu meiner Überraschung Jacqueline, die andere Deutsche! Sie hatte eine klaffende Wunde an der Stirn, auf die sie einen schmuddeligen Lappen presste.

»Wir Ausländerinnen sollten uns da auf jeden Fall raushalten!«, keuchte sie. »Wir geraten so oder so zwischen die Fronten!«

»Jacqueline! Lass sehen!« Ich ließ mich neben sie auf die Matte gleiten und versuchte, ihre Wunde zu inspizieren.

»Finger weg!«, zischte sie mich an. »Mach mir lieber einen Kaffee!«

Völlig aufgewühlt und durcheinander machte ich mich daran, mit der aus einer Dusche geklauten Heizspirale zu hantieren. Irgendwie gelang mir ein heißes, schwarzes Gebräu.

»Mach den Fernseher an!« Jacqueline wies mit dem Kinn auf den tragbaren Schwarz-Weiß-Fernseher, der auf dem Schrank stand. Gehorsam kletterte ich auf den Tisch und fummelte mit zitternden Fingern an den Antennen herum. Mit unseren Kaffeebechern in der Hand starrten wir auf die flimmernde Mattscheibe.

»Verstehst du das?« Jacqueline presste immer noch den Lappen auf die Wunde und Blut sickerte heraus.

»Sie rebellieren in allen Gefängnissen! Insgesamt sind es achtzig! Auch auf den Straßen São Paulos tobt ein regelrechter Krieg …«

»Das sehe ich! Klappe doch mal!«

Jetzt sahen wir die Bilder. Feuerwehrleute, Polizisten, Gefängniswärter, Insassen und Zivilisten lagen zu Dutzenden tot auf der Straße. Es herrschte Bürgerkrieg!

Autobusse brannten, Banken waren überfallen worden, Menschen kurzerhand hingerichtet!

»Ich werd zum Affen!«, stöhnte Jacqueline und starrte mit schreckgeweiteten Augen auf den Fernseher. Die Stimme des Kommentators überschlug sich fast.

»Was reden die?«

»Primeiro Commando da Capital«, versuchte ich, aus dem Ganzen schlau zu werden. »Ach, deswegen schreien die ›PCC!‹ Das ist ihr Schlachtruf!«

»Auf Deutsch, du Eule!«

»›Erstes Kommando der Hauptstadt‹, Brasiliens mächtigste Drogenmafia! Der verhaftete Chef, der berüchtigte Marcos »Marcola« Camacho, und etwa siebenhundert weitere Mitglieder sind vor Kurzem im Landesinneren in ein Hochsicherheitsgefängnis verlegt worden!«, übersetzte ich für sie. »Diese Mega Rebellion ist nun die Antwort darauf!«

»Na toll!«, stöhnte Jacqueline. »Dann ist unser Gefängnis eine tickende Zeitbombe.«

»Ist mir schon klar!« Ich wischte mir den Angstschweiß von der Stirn. »Die haben Listen von Häftlingen, die als Verräter gelten! Diejenigen, die mit Wärtern kollaborieren, die der Polizei einen Tipp gegeben haben, aber auch Ausländerinnen, die sich in keine Clique eingliedern …«

»Oh, Scheiße, Rita, ich hab so ’ne Angst.« Jacqueline standen buchstäblich die Haare zu Berge.

»Ich soll doch in drei Wochen hier raus! Meine Familie hat mir schon das Flugticket geschickt!«

Wimmernd krümmte sie sich auf einer Matratze. »Wenn die Schweine mich jetzt vorher noch erwischen …«

»Jacqueline, bleib ganz ruhig. Die haben bestimmt größere Nummern als dich auf dem Kieker.«

So ganz glaubte ich zwar selbst nicht, was ich da sagte, aber was würde es helfen, Jacqueline hier noch mehr Panik zu machen?

Wieder kletterte ich aufs Klo, um aus dem Fenster zu spähen.

»Was siehst du?«

»Auf dem Dach des Nachbargefängnisses spazieren vermummte Häftlinge herum. Aus den Wachtürmen werden PCC-Fahnen geschwenkt!«

»O Gott, ich sterbe vor Angst! Diese Idioten!«

»Die Tür zur Wäscherei wird gerade mit einem Brecheisen aufgestemmt!« Ich drehte den Kopf, um in unseren eigenen Hof sehen zu können. »Unsere Direktorin wird von weiblichen Häftlingen mit vorgehaltenem Messer an einen Laternenpfahl gefesselt!«

Mir wurde schwindelig. »Hoffentlich ermorden sie Dona Angela nicht! Denn egal, wie es ausgeht, sie hat eigentlich immer für Gerechtigkeit gesorgt!«

Wieder knallten Schüsse.

»Rita, im Treppenhaus brennt es auch schon!« Sandra stürmte herein, ihr schwarzes Gesicht rußverschmiert.

»Dann nichts wie raus hier!«

»Nein! Verbarrikadiert euch hier, draußen ist es zu gefährlich für euch!«

Während wir noch diskutierten und ich für Jacqueline alles übersetzte, wurde wieder mit Stöcken gegen unsere Tür geschlagen.

»Alle beteiligen sich an der Rebellion! Wer sich weigert, mitzumachen, wird es morgen büßen!«

»Egal, was wir machen, wir sind in der Falle.«

»Rita, versteckt euch unterm Bett. Ich stopfe die Matte davor.« Sandra verbarrikadierte uns mithilfe von Töpfen, Decken und Lumpen und wuchtete den alten Fernseher davor. Dann zerbrach sie den Besen und raste mit dem neuen Schlagstock davon.

»Haltet die Schnauze und rührt euch nicht!«

»Rita, ich sterbe vor Angst!«

»Stell dich tot, Jacqueline! Du musst jetzt ganz tapfer sein.«

36

Köln, Deutschland, 21. Juni 2001

»Benni, du musst jetzt ganz tapfer sein. Es sind viertausend Kilometer! Schaffst du das?«

»Klar. Autofahren mit dir macht doch immer Spaß.«

»Aber diesmal fahren wir nicht in Urlaub. Wir kommen nicht mehr zurück!«

»Hast du mir alles schon erklärt, Mama. Wir wandern aus. Ist doch cool!«

Benni saß eingekeilt zwischen Kisten, Bettwäsche und Gepäck auf dem Beifahrersitz meines in die Jahre gekommenen Familienkombis und presste Max an sich, den jungen Zwergschnauzer, den ich ihm nach dem Verlust seiner beiden Papas zum Trost gekauft hatte. Unser Wagen bog sich unter dem Dachgepäckträger und lag fast auf der Straße, so schwer beladen war er.

Wir würden Deutschland den Rücken kehren. Für immer.

Mein Leben hatte sich drastisch geändert: Im »Skyy« hatte ich gekündigt: Wie sich herausstellte, hatten dort alle von Thiago und Tanja gewusst. Und keiner hatte mir was gesagt!

Nachdem Benni sein drittes Schuljahr nicht gut gemeistert hatte und uns die Enttäuschungen der letzten Jahre noch in den Knochen saßen, hatte ich beschlossen, nach Spanien auszuwandern. Im Internet hatte ich eine Bar in Torremolinos entdeckt, die zu verkaufen war. Die Bilder und die Beschreibung sagten mir zu: Dieser etwas heruntergekommenen Bar würde ich neues Leben einhauchen. Mit den Ersparnissen aus dem »Skyy« würde ich es schaffen.

Und so fuhr ich in den frühen Morgenstunden von Bennis erstem Ferientag Richtung Aachen, mit dem Ziel belgische Grenze. Noch kam mir alles bekannt vor, und das Wetter machte mir den Abschied leicht: Es regnete mal wieder in Strömen. Schneller als achtzig Stundenkilometer konnte ich nicht fahren mit diesem überladenen Auto, und ich fragte mich, wie lange wir wohl brauchen würden, um ans Ziel meiner Träume zu kommen. Doch meine Sehnsucht, mit Benni ein neues Leben anzufangen, in einem Land, in dem meistens die Sonne scheint, war grenzenlos.

»Schau mal, kaum sind wir in Belgien, kommt auch schon die Sonne hinter den Wolken hervor!«

»Der Weg ist das Ziel, Benni. Warum halten wir nicht an dem Badesee da vorn und springen kurz rein?«

Ich breitete eine Decke auf der Wiese aus, um am See ein kleines Picknick mit dem gekauften Essen vom Kiosk zu veranstalten. Außer uns drei ungleichen Wesen war noch niemand um diese Zeit im Strandbad, und ich genoss das unbeschreibliche Gefühl der Freiheit schon jetzt.

Benni und Max tobten im Wasser herum, und ich fühlte mich auf einmal unendlich reich. Mit diesen beiden Zauberwesen würde ich es bis ans Ende der Welt schaffen!

Seit dem Schock mit Thiago und Tanja hatte ich bereits zehn Kilo abgenommen und fühlte mich ein gutes Stück leichter. Wie eine Zwiebel würde ich mich häuten und den seelischen Ballast für immer hinter mir lassen!

Später erreichten wir Paris, was in mir ein Hochgefühl auslöste: »Schau mal, Benni, der Eiffelturm!«

Benni erklärte Max den Eiffelturm, aber der wollte nichts davon wissen, sondern hielt seine feuchte schwarze Nase aus dem Fenster und ließ die Zunge im Fahrtwind flattern. Zur Feier des Augenblicks umrundete ich tollkühn gleich dreimal den Kreisverkehr. Na gut, ich kam einfach nicht raus bei diesem chaotischen Verkehr! Schwitzend drehte ich Runde um Runde.

»Mami, haben wir Zeit für Disneyland?«

»Leider nein, mein Großer. Sei mir nicht böse, aber wir haben noch einen verdammt langen Weg vor uns.«

Ich warf einen kurzen Seitenblick auf meinen Sohn, der sein Gesicht in Max' Fell vergrub.

»Geht klar, Mama.« In diesem Moment liebte ich ihn über alles! Er hätte auch quengeln, betteln, zetern oder beleidigt sein können wie andere Neunjährige. Nicht so mein wunderbarer Benni. Er war schon so vernünftig und ein echter Kamerad!

Langsam, aber sicher fraßen wir Kilometer um Kilometer. Zwischendurch schliefen Benni und Max eine Runde, während meine Augen zu brennen begannen.

»Wir schaffen das, wir schaffen das«, murmelte ich vor mich hin, wenn ich wieder mal hinter einem Laster festsaß und von hinten bereits der nächste Brummi dicht auffuhr. Doch ein Überholmanöver war beim besten Willen nicht drin.

Am Abend hatten wir endlich Südfrankreich erreicht, und ich folgte dem Hinweisschild eines Motels. Ich konnte die Augen nicht mehr offen halten, und mein Magen knurrte seit Stunden bedenklich. Glücklicherweise war das Motel nicht nur günstig, sondern wir durften auch Max mit hineinnehmen. Ich duschte, fiel ins Bett und schlief.

Schon am nächsten Morgen um sechs war ich hellwach:

»Benni, komm, lass uns weiterfahren!«

Tapfer sprang er auf. Und schon tuckerten wir weiter, unserem großen Ziel entgegen.

Diesmal vermied ich die Autobahn – in der Hoffnung, auf

der Landstraße nicht ständig von Lastwagen eingekeilt zu werden. Außerdem wollte ich mir die teure Maut sparen. Leider fehlten brauchbare Hinweisschilder, und so schlingerte ich mit meiner überladenen Kutsche stundenlang mehr oder weniger orientierungslos durch die Gegend. Benni wurde ungeduldig, was ich ihm nicht verübeln konnte. Ich durfte meinen Neunjährigen nicht überfordern!

Deshalb hielt ich am Nachmittag an einem Fluss, um mit Max einen langen Spaziergang zu machen. Benni blieb lieber im Auto und schlief.

Es wurde dunkel. Wir kurvten durch alte französische Dörfer, in denen ich nicht tot überm Zaun hängen wollte. Weit und breit kein Licht, kein Mensch, kein Lebenszeichen.

Nichts als verlassene Höfe, dunkle Steinhäuser, endlose unbeleuchtete Straßen.

Schon lange spürte ich einen Riesendruck auf der Blase.

»Mama, was tust du?«

»Ich halte jetzt einfach mal schnell an und mache Lulu ...«

»Was? Hier am Straßenrand?«

»Ja, ich finde einfach keine Tankstelle oder ein Restaurant, wo ich mal schnell verschwinden könnte.«

»Es ist voll dunkel, Mama!«

»Da vorne ist ein Baum. Bleib sitzen. Lass mir Max nicht raus, hörst du!«

Im Stockfinstern stolperte ich in ein Stoppelfeld und hockte mich hin. Ich hatte mich noch nicht ganz von meiner Jeans befreit, als ich hinter mir in der Schwärze der Nacht etwas in meine Richtung galoppieren hörte. Mit einem furchterregenden Schnaufen!

Ein Bulle? Ein Stier? Ein Hengst? Ein südfranzösischer Werwolf?

Mit einem Satz war ich wieder im Auto, die Jeans hing mir

um die Knöchel. Benni schaute mich erschrocken an, als das Schnauben und Galoppieren auch schon näher kam.

»Fahr los, Mama!«, schrie er ängstlich. Max heulte in Panik auf. Der wäre zu Brei gestampft worden, hätte Benni ihn rausgelassen. Gottlob tuckerte meine alte Mühle gehorsam los, sodass wir das Ungeheuer irgendwann abhängen konnten.

Mein Herz raste, meine Blase drückte jetzt nicht nur – sie schmerzte.

Endlich erreichten wir eine beleuchtete Kreuzung mit einer dauerblinkenden gelben Ampel.

»Und wieder kein Schild, wo es nach Spanien geht«, schimpfte ich genervt und hieb auf das Lenkrad ein. Wohin denn nun?

»Mama, willst du hier Wurzeln schlagen?«

»Nein, aber pinkeln!«

»Spinnst du, hier?«

»Kommt doch keiner!«

In dem Moment näherten sich von hinten Autoscheinwerfer.

»Okay, den lassen wir noch vorbei, und dann hock ich mich schnell vors Auto.«

Schließlich saß ich noch mit nacktem Hintern auf dem Fahrersitz.

Der Wagen überholte uns langsam, ein älterer Mann mit Baskenmütze sah fragend zu mir herüber. Ich winkte freundlich und zischte mit zusammengebissenen Zähnen: »Fahr weiter, Franzose, sonst mach ich in die Hose!«

Das tat er zwar zunächst, legte dann aber den Rückwärtsgang ein und kam neben mir zum Stehen. Er stieg umständlich aus und beugte sich vor zu meinem Fenster.

Was blieb mir anderes übrig, als es herunterzukurbeln?

Hastig zerrte ich mir Bennis Decke über die Beine.

»Bonsoir, puis-je vous aider?«

Ja, Sie könnten sich in Luft auflösen. Ich verdrehte die Augen, zupfte an der Decke und presste hervor: »Äh ... *Espagne?! Frontière espagnole?*«

Ich hoffte, er würde in eine Richtung zeigen und verschwinden. Aber nein. Die Baskenmütze war hilfsbereiter als erwünscht.

»Ah oui, c'est compliqué ... Attendez, Madame, comment puis-je expliquer ...«

Sein Blick huschte verwundert über die Wolldecke, der Nippel oben an seiner Baskenmütze flatterte im Nachtwind.

Benni begann zu kichern, und Max hechelte interessiert.

»Mist!«, fluchte ich und zerrte unter der Decke die Hose wieder hoch.

»Moment, ich habe eine Karte!« Der Mann kroch in sein Auto, was mir Gelegenheit gab, die verdammte Jeans endlich wieder zuzumachen.

Meine Blase schmerzte nicht mehr, sie stach!

»Kommen Sie, hier im Schein der Lampe zeige ich Ihnen auf der Karte den Weg.«

Mühsam quälte ich mich aus dem Auto. Wort- und gestenreich beschrieb der alte Franzose mit der Baskenmütze einen Schleichweg. Sein Finger fuhr über die zerknitterte Karte, während ich mich vor Schmerzen krümmte.

Benni konnte gar nicht mehr aufhören zu lachen.

»Votre fils?«

»Bien sur, mon fils.«

»Quel âge?«

»Ähm – neun. Wo, sagten Sie noch mal, ist die Grenze?«

»Ich bin schon Großvater, ich habe auch einen Enkel, der neun ist! Der Sohn meiner Tochter aus erster Ehe, wissen Sie!«

»Je ne comprends pas«, versuchte ich, die Dinge zu beschleunigen.

Daraufhin glaubte der Mann mir seine Familienverhältnisse detailliert schildern zu müssen, nur lauter. *»MA FILLE D'UN PREMIER MARIAGE!«*

Plötzlich klaubte er einen Zettel und einen Stift aus dem Handschuhfach und begann, auf seinem Autodach eine Zeichnung anzufertigen, wobei er unentwegt schrie: *»Comprenez-vous?«*

Je lauter er schrie, desto heftiger nickte ich.

»Ach was«, entschied er plötzlich. »Ich fahre vor Ihnen her. *Suivez-moi!«*

Ich wollte weinen. Meine Blase stach nicht, sie barst!

Wild gestikulierend stieg der Nippelbaskenmützenträger wieder in seinen Peugeot.

Mit zusammengekniffenen Beinen stieg ich in mein Auto. Zu meinem großen Entsetzen kam der Nippelträger jedoch wieder ans Fenster.

»Hier. Meine Adresse. Schreiben Sie mir eine Ansichtskarte, wenn Sie angekommen sind!«

Umständlich kritzelte er seine Adresse auf einen Zettel, der ihm zu allem Überfluss auch noch aus den Händen glitt. Er rannte hinterher, um ihn wieder einzufangen.

Ich versprach zu schreiben. Ich hätte ihm alles versprochen, damit er endlich losfuhr und ich eine Möglichkeit hatte, endlich Pipi zu machen!

Ich saß verkrümmt hinterm Lenkrad und versuchte, ihm zu folgen. Tatsächlich war der Weg recht kompliziert. Wir bogen rechts ab, links, dann wieder rechts um ein paar Kurven, wieder links, rechts ... Aber es ging unaufhaltsam bergauf. Wir waren auf der französischen Seite der Pyrenäen. Endlich hielt der Mann, stieg aus und erklärte gestenreich, dass wir jetzt eigentlich nur noch geradeaus fahren müssten, um zur spanischen Grenze zu kommen.

Mit verkrampftem Lächeln bedankte ich mich, wartete, bis die Heimsuchung in Form der quasselnden Baskenmütze endlich weg war, und hechtete in den Straßengraben.

Zum Glück war ich vorher noch so geistesgegenwärtig gewesen, die Handbremse anzuziehen. Denn ich wusste nicht, was schlimmer war: der schnaufende Stier, der quasselnde Mann oder die Vorstellung, der vollgestopfte Wagen könnte ohne mich rückwärts den Berg runterrollen.

Ich ließ es plätschern und genoss die Erleichterung. Irgendwann war alles still.

37

São Paulo, Brasilien, 10. Mai 2007

Irgendwann war alles still. Die Rebellen schienen müde geworden zu sein. Oder waren alle tot? Wie spät mochte es sein? Mit schmerzenden Gliedern krochen Jacqueline und ich unterm Bett hervor. Wir konnten uns kaum rühren. Trotzdem hatte ich zwischenzeitlich geschlafen, wie ich überrascht feststellte.

Ich humpelte zum Spülbecken.

»Scheiße. Wasser abgestellt.«

»Da in der Kanne ist noch was.«

»Ich mach uns lieber Kaffee, ja?«

»Mach mal das Radio an.«

»Moment.« Ich drückte auf den Knopf des batteriebetriebenen Transistorradios.

»Was sagen sie?« Jacqueline schlürfte an ihrem heißen Gebräu.

»Mega-Rebellion. Das hat es in der Geschichte São Paulos bisher erst zweimal gegeben. Aber noch nie kam es dabei zu so vielen Toten und Verletzten außerhalb der Gefängnisse. Terror pur!«

»Wie ist die Bilanz?«

Ich hob die Hand und mahnte zur Stille. »166 Morde, 293 Anschläge auf öffentliche Einrichtungen und Banken, 82 ausgebrannte Busse. Geschäfte, Schulen und Universitäten bleiben bis auf Weiteres geschlossen.«

»Achtung! Der Strom geht wieder! Mach den Fernseher an!«

»Die Motive der Rebellion kann ich sogar verstehen: Überfüllung, katastrophale Haftbedingungen ...«

»Nebenan, im ehemaligen Männergefängnis, das erst vor Kurzem zum Frauengefängnis umfunktioniert wurde, sind die armen Säue vierundzwanzig Stunden in den Zellen – ohne Hofgang, ohne Arbeit, ohne Schule!«

»Da haben wir es hier doch wie im Müttergenesungswerk.«

»Aber nicht mehr lange! Wieso haben die Idiotinnen auch bei uns alles zerstört?«

Mir war schlecht vor Angst. »Diese Weiber hier sind nicht resozialisierbar, Jacqueline. Da können sie sich noch so Mühe geben mit Schule, Werkstatt und Familienbesuchen. Wenn eine »Zerstörung« schreit, machen alle mit. In blinder Wut, egal gegen wen oder was.«

»Ich will hier raus«, schrie Jacqueline plötzlich los. »Ich wär schon fast draußen gewesen, ich hab schon ein bezahltes Flugticket, und meine Familie holt mich in Frankfurt am Flughafen ab!« Sie hämmerte mit den Fäusten gegen die Wand, schlug mit der Stirn dagegen.

»Jacqueline! Beruhige dich! Deine Wunde platzt wieder auf!«

»Ich soll mich beruhigen? Was, glaubst du, wird passieren, wenn die anderen erfahren, dass wir bei der Rebellion nicht mitgemacht haben? Wir stehen bestimmt auf der schwarzen Liste!«

»Choque!«, stöhnte ich. »Wir werden zwischen alle Fronten geraten – das ist so sicher wie das Amen in der Kirche!«

Wieder kletterte ich aufs Klo, um aus dem Fenster zu spähen.

Draußen herrschten unvorstellbare Spuren der Verwüstung. Es sah aus wie nach einem Erdbeben.

»Sie stellen das Wasser wieder an.«

»Ja, aber nur draußen am Hydranten. Aus allen Zellen strömen die Frauen mit Eimern herbei und stellen sich in die Schlange.«

»Achtundzwanzig Stunden ohne Wasser«, stöhnte Jacqueline. »Ich halte das keine Sekunde länger aus!«

»Schau! Nebenan ist bereits *choque!* Die Militärpolizei schlägt zurück!«

Wir verrenkten uns die Hälse, um aus dem schmalen Fenster sehen zu können.

Hunderte Frauen saßen ausgezogen bis auf die Unterwäsche frierend seit acht Stunden im Hof, die Arme hinterm Kopf verschränkt. Wer sich rührte oder umfiel, hatte den Gewehrkolben im Gesicht.

Mir wurde schwindelig, ich konnte das Elend da unten einfach nicht länger ansehen.

Die Tür wurde aufgerissen, und die anderen vier Zellengenossinnen stürmten herein.

»Wo warst du, du feige Sau? Warum hast du nicht mitgemacht?«

Jacqueline konnte sich gerade noch auf den Schrank retten, sonst wäre sie mit Fußtritten malträtiert worden.

Ich rollte mich im hintersten Winkel neben der Toilette zusammen und hielt meine Schaumstoffmatte schützend vor mich. Sie versuchten, auf mich einzutreten.

»Du miese Verräterin! Aber dir werden wir es noch zeigen!«

Denise, von der ich geglaubt hatte, sie säße immer noch im *castigo,* schüttete mir einen Becher Kaffee ins Gesicht.

Die anderen starrten inzwischen auf den Fernseher. Bei jedem Bild, das Tod, Verwüstung und Zerstörung zeigte, brachen sie in wieherndes Gelächter aus.

»Einschluss für die nächsten achtundzwanzig Tage!«, meldete Sandra. »Das Wasser wird nur noch eine Stunde am Tag angestellt, Strom gar nicht.«

Ich war nur noch ein Häuflein Elend: Ohne Werkstatt und Schule, ohne Julia und meine Schreibutensilien würde ich es hier nicht noch mal vier Wochen aushalten. Diese vier bösartigen Weiber würden mich fertigmachen. Das würde weitaus mehr sein als nur Mobbing: Sie würden mir kein Wasser geben, kein Essen, sie würden mich aushungern, und zwar nicht nur emotional. Sie würden mich töten.

38

Kurz hinter der spanischen Grenze, 23. Juni 2001

»Wir sind in Spanien!«

Mitten im dunklen Wald tauchte plötzlich ein kleines Schild mit der spanischen Flagge auf, das leicht zu übersehen war.

Es erwarteten mich steile Serpentinen auf einer einspurigen Straße. Ich betete, dass die alte Familienkutsche es schaffte! Ich quälte das Gaspedal, dass ich einen Krampf in der Wade bekam, und sprach mir Mut zu.

Die engen Kurven wollten kein Ende nehmen, und ich spürte die Müdigkeit in jedem meiner Glieder. Meine Augen brannten. Längst hätten wir eine Pause gebraucht, aber es gab keine Möglichkeit zu halten oder gar auszusteigen. Max winselte. Benni schwieg tapfer. Ich drehte die Musik lauter, um nicht einzuschlafen. Es wurde immer kälter, und plötzlich war die Straße mit Eis bedeckt, die Bergwelt um uns herum mit Schnee. Und das mitten im Hochsommer! Schroffe Felswände kesselten uns ein. Überall lagen Steinbrocken auf der Straße, die man umfahren musste. Trotz der eisigen Temperaturen standen mir die Schweißperlen auf der Stirn.

Ich merkte, dass der Morgen dämmerte. Zwanzig Stunden war ich nun ohne Unterbrechung unterwegs! Wir brauchten dringend eine Pause, doch es gab keine Gelegenheit anzuhalten, im Gegenteil! Jetzt mündete die Straße immer öfter in

Tunnel, von deren Wänden Eiszapfen hingen. Immerhin war die Straße darin wenigstens eisfrei. Mit einem besorgten Seitenblick stellte ich fest, dass Benni und Max zusammengekuschelt unter der Decke schliefen.

Als ich aus dem letzten Tunnel herauskam, bot sich mir ein märchenhafter Anblick: Die aufgehende Sonne verwandelte die schneebedeckten Berge in funkelnde Kristalle.

Lieber Gott, lass das ein echter Neubeginn sein! Lass Benni und mich in Spanien glücklich werden!

Einige Kilometer weiter fand ich endlich einen Rastplatz für LKWs, wo es blaue Toilettenhäuschen und einen Getränkeautomaten gab.

»Komm, Benni, wir müssen was trinken.«

Verschlafen rieb sich Benni die Augen, und Max huschte aus dem Auto, um seine Notdurft zu verrichten. Ich schälte mich aus meinem Sitz, doch als ich stand, knickten mir die Beine weg. Ich zitterte am ganzen Körper und musste mich an der Autotür festhalten, um nicht umzufallen.

»Mama!«, schrie Benni entsetzt.

»Es ist alles okay, ich brauche jetzt nur einen starken Kaffee.« Trotz des heißen Automatengebräus sah ich Sternchen vor Müdigkeit. »Benni, ich muss ein bisschen schlafen.«

In Bennis Decke gekuschelt legte ich mich auf den Rücksitz und schlief augenblicklich ein.

Doch nicht lange, da bald auch ein verfrorener Benni und ein nasskalter Hund zu mir unter die Decke wollten. Ein Gerangel um die Zudecke ging los, mit dem Ergebnis, dass ich fluchend wieder den Motor anließ.

Im Glauben, dass der Rest ein Kinderspiel sein würde, fuhr ich los.

Doch jetzt begann der ganze Horror mit den Serpentinen von vorn – nur diesmal bergab!

»Wie bescheuert bin ich eigentlich, Autobahngebühren sparen zu wollen!«

Gereizt fluchte ich vor mich hin. Wieder wurde es dunkel, aber mir blieb nichts anderes übrig, ich musste weiterfahren. Auch hier gab es keine Möglichkeit anzuhalten. Panisch bemerkte ich, dass der Tank schon auf Reserve stand.

Nur durch Rollen im Leerlauf schaffte ich es, trotzdem weiterzufahren. Ich kurbelte das Fenster herunter, um die kalte Luft reinzulassen.

Dies hier war ein Höllenritt. Und den mutete ich meinem armen Benni zu! »Du bist eine unverantwortliche Mutter!«, hörte ich meine Mutter auf mich einkeifen. »Dir gehört das Sorgerecht entzogen! Du bist nie erwachsen geworden, hast immer nur gehandelt, ohne nachzudenken!«

Das nützt mir jetzt auch nichts! Verbissen nahm ich die letzten Serpentinen, und irgendwann hatte ich es geschafft.

Die Sonne ging auf, und es wurde warm. Es gab eine Tankstelle und einen Rastplatz. Ich schüttete Energydrinks in mich hinein und fuhr wie von einem Magneten angezogen immer weiter nach Süden.

39

São Paulo, Brasilien, 14. Mai 2007

»Choque!«

Blitzschnell setzten sich die vier Mitbewohnerinnen auf den Fußboden und rissen die Arme hinter den Kopf.

»Los, *Gringa!* Du auch! Mach schon, Verräterin!«

Mühsam krabbelte ich aus meinem Winkel hervor. Die Zunge klebte mir am Gaumen, und ich war völlig geschwächt. Seit einer gefühlten Ewigkeit hatte ich nichts mehr getrunken und gegessen. Mein Herz raste zum Zerspringen. Weil es so eng in der Zelle war, konnte ich nur noch ans Ende der Menschenschlange rutschen, direkt vor die Tür. Mich würde der Gewehrkolben der Militärpolizei als Erstes treffen.

Vor Angst war ich wie erstarrt.

Draußen knallten Schüsse, Schreie gellten durch die Flure, schwere Stiefel traten gegen Türen, Befehle wurden geschrien. O Gott, was, wenn ich nicht sofort alles verstehen würde? Die anderen vier würden mir nicht zur Seite stehen!

Mit lautem Klirren wurden nun draußen Zellentüren geöffnet, Frauen gewaltsam an den Haaren aus den Zellen gezerrt. Männerstimmen brüllten:

»PCC? Sim? Bist du eine der Aufständischen gewesen?«

Hysterisches Kreischen war die Antwort.

Poltern auf der Treppe. Sie wurden einfach die Treppe hinuntergestoßen wie Säcke!

Das war die befürchtete Antwort der Militärpolizei. Würden sie mich auch rauszerren? Obwohl ich nicht mitgemacht hatte? Oder weil ich in ihren Augen doch mitrebelliert hatte? Wer wurde als »Schwester« der Mafia überführt? Wessen Name stand auf deren Listen? Ich konnte keinen klaren Gedanken mehr fassen.

Draußen gellendes Wehgeschrei, verzweifeltes Gestammel, Ohrfeigen, Tritte, Stöße, Stürze. Blechtassen schepperten über den Flur, Tische und Stühle fielen um, Splitter flogen, Fenster zerbarsten. Und immer wieder diese tierischen Schreie, dieses entsetzliche Wimmern und Flehen. Gleich werde ich totgeschlagen, dachte ich. Die fragen erst gar nicht. Die machen hier kurzen Prozess.

Die Angst fraß mich von innen auf. Die anderen fingen an, laut zu beten. Jeden Moment erwartete ich, dass unsere Tür aufgerissen würde, glaubte schon, den Gewehrkolben zu spüren, die brutalen Schläge und Tritte. Gleich würden sie mir das Rückgrat brechen. Ich schmeckte schon den Tod auf der Zunge.

Ein letztes Mal versuchte ich, mir Bennis Gesicht vorzustellen, mich an sein Lachen zu erinnern. An seinen Duft. Er würde es auch weiterhin ohne mich schaffen. Ich hoffte, dass er glücklich würde, schickte ihm einen allerletzten lieben Gedanken. Leb dein Leben, mein Schatz! Genieß jeden Tag. Vergiss mich nicht. Ich hab mein Bestes gegeben. Aber es war leider nicht gut genug.

Das Poltern und Schreien verebbte.

Plötzlich Totenstille.

»Sie sind weg«, flüsterte Denise.

Sandra kletterte auf die Toilette.

»Draußen werden die Rebellionsschwestern verprügelt! Vor aller Augen!«

Ihre Beine zitterten wie Espenlaub.

Ich saß als Einzige immer noch starr auf dem Boden. Die Hände hinter dem Kopf verschränkt. Längst hatte ich kein Gefühl mehr im Körper, war wie gelähmt.

Von unten hallten irre Schmerzensschreie zu uns herauf.

»An allen Gitterfenstern kleben Zelleninsassinnen und sehen sich die öffentliche Auspeitschung an!«

»Lass mich auch mal gucken!«

»Geh mal weg da, du warst lange genug da oben!«

In meinen Ohren sirrte ein schriller Dauerton, mir wurde schwarz vor Augen. Dann kippte ich zur Seite und verlor das Bewusstsein.

40

Torremolinos, Spanien, Juli 2001

Zitternd vor Erschöpfung, einer Ohnmacht nahe, aber voller Tatendrang schälte ich mich aus dem Auto.

»Benni, hier ist es.«

»Sind wir endlich da?«

»Ja, mein Schatz. Du warst unglaublich tapfer. Ich bin wahnsinnig stolz auf dich.«

Kind und Hund plumpsten in die spanische Abendluft.

»Das Meer, Benni, riech mal! Spür nur diese samtweiche Luft!«

»Ich hab Hunger, Mama.«

»Benni, du wirst sehen: Jetzt fängt ein neues Leben an.«

»Meinetwegen. Hauptsache, es gibt endlich was zu essen!«

Max pinkelte hocherfreut an einen Laternenpfahl und trippelte schwanzwedelnd hinter uns her.

»Ich würde sagen, das ist Liebe auf den ersten Blick!«

Irgendwie zog mich dieses frei stehende, gemütlich beleuchtete Häuschen auf der Strandpromenade von Torremolinos magisch an. Palmen wiegten sich im Wind, und es duftete schwach nach Knoblauch, Meeresrauschen wehte zu uns herüber.

Pepe loco stand in blau blinkenden Neonbuchstaben an der Hausmauer, die mit Lichterketten behängt war.

Schon die massiven Holztische und Stühle vor der Tür

waren etwas ganz anderes als diese hässlichen Plastikstühle, die vor den meisten spanischen Bars standen. Na gut, der Laden war ein wenig heruntergekommen und ein bisschen spießig deutsch, aber das würde ich ändern!

»Komm, Benni. Ich wette, da drin gibt's was zu essen.«

Die Wände des *Pepe loco* waren blau-gelb gestrichen, außerdem hingen verschiedene Fotos von Strand, Sonne und Meer daran. Muscheln waren mit Netzen etwas kitschig dekoriert. Das würde ich sofort ändern. Aus der Stereoanlage kam Schlagermusik, die natürlich auch verbesserungswürdig war. An den hinteren Wänden standen fünf recht veraltete Computer, die aber noch zu funktionieren schienen. Der Fußboden bestand aus bildschönen Bodenfliesen. Die Bar war entzückend! Aus der konnte man wirklich was machen!

»Benni, die nehmen wir.«

»Was heißt *Pepe loco?*«

»Verrückter Pepe!«

Der Besitzer, der im Internet inseriert hatte, kam hinter einem spanischen Vorhang hervor. Er war ein älterer Deutscher namens Günther, der einfach keine Lust mehr hatte zu arbeiten und sich wohlverdient zur Ruhe setzen wollte.

»Der Laden wirft eine Menge ab!«

»Das glaub ich Ihnen gerne, Günther.«

»Nenn mich Günni, schöne Frau.«

Netterweise lud Günni Benni gleich auf eine Portion Pommes ein, schob uns eine Cola hin und gab Max Wasser.

»Was soll der Laden noch mal kosten?« Ich turnte auf einem Barhocker herum und ließ meine weiblichen Reize spielen – zumindest das, was nach der langen Autofahrt noch davon übrig war.

Er legte seine Stirnglatze in Falten und rutschte in seinem über dem Bauch spannenden Hawaiihemd näher an mich heran. Eine Wolke aus Schweiß, Rauch und alkoholischen Ausdünstungen kam mir entgegen.

»Fünfzigtausend Euro, wie im Internet angegeben.«

»Und Sie würden sich wirklich nicht auf Verhandlungen einlassen – Günni?«

»Bei so einer schönen Frau natürlich immer – Rita.«

Ich nahm seine behaarten, krummen Beine wahr, das Gesicht mit den Tränensäcken, das nicht zum Küssen einlud.

Benni warf mir einen erstaunten Blick zu. Er wusste schließlich, wie mein Beuteschema aussah.

Keinesfalls wie Günni.

Der wies stolz auf die in die Jahre gekommenen PCs, die Kühlanlage für Getränke, die Küche und einen Lagerraum.

Während Benni seine Pommes stoisch in Mayonnaise tauchte, besah ich die Toiletten, die einen sauberen und gepflegten Eindruck machten. Und benutzte sie gleich, weil es wieder sehr dringend war.

»Ich habe einen großen Kundenstamm, der gut zu Ihnen passen würde, schöne Rita!«

Günther machte mir eindeutig schöne Augen – und das sogar durch die Klotür hindurch!

»Das glaube ich Ihnen sofort, schon allein wegen der fantastischen Lage mitten auf der Promenade von Torremolinos!«

»Sie könnten den Laden ordentlich in Schwung bringen!« Als ich mir die Hände wusch, machte er ein paar alberne Hüftbewegungen, schnipste mit den Fingern und schnalzte mit der Zunge.

Ach, warum stehe ich bloß nicht auf dicke, alte Deutsche in Hawaiihemden, schalt ich mein Spiegelbild. Warum müssen es immer gut gebaute, gar nicht peinliche Schwarze sein?

Günther schien meine Zweifel nicht nachvollziehen zu können.

»Mit einer schönen, jungen Frau an meiner Seite könnte ich mir natürlich noch ein paar Jahre in dieser Bar vorstellen!« Wieder rückte er mir viel zu nahe auf den Pelz. Ich konnte seine graue Brustbehaarung aus dem offenen Hemd quellen sehen.

»Viva España«, sang er zu den Klängen aus der Jukebox mit. Sein Gebiss war ziemlich schrecklich überkront.

»Wollten Sie sie nicht verkaufen?«, fragte ich bleich, während ich etwas auf Distanz ging.

»*Claro*. Für so eine schöne Frau wie Sie: vierzigtausend Euro. Mein letztes Wort.«

Er hielt mir die Hand hin. »Deal?«

Das hier war genau der Laden, den ich wollte. Nur ohne Günther.

»Ich überleg's mir«, sagte ich. »Zuerst müssen Benni und ich mal eine Runde schlafen.«

41

São Paulo, Brasilien, 18. Juli 2007

Als ich aufwachte, kniete Julia an meiner Seite.

»Wo bin ich?«

»Wir haben dich aus der Zelle rausgeholt, Rita.« Julia strich mir sanft übers Gesicht. »Komm, trink noch einen Schluck. So ist's brav.«

Verunsichert schaute ich mich um. Offensichtlich war ich auf einer Art Krankenstation. Zwei Pritschen standen in dem winzigen Raum mit dem vergitterten Fenster. Spülstein, Toilette, ein Medizinschrank. Auf der anderen Pritsche röchelte eine Brasilianerin vor sich hin.

»Du wärst uns fast gestorben, Liebes. Ich habe Meldung gemacht, dass die anderen dich verhungern und verdursten lassen.« Julia kämpfte mit den Tränen. »Wochenlang habe ich dich in meinem Unterricht vermisst. Da habe ich so lange Theater gemacht, bis sie nach dir geschaut haben.«

»Danke«, krächzte ich mit einer Stimme, die nicht mehr zu mir zu gehören schien.

»Wenn du wieder aufstehen kannst: Unten wartet dein neuer Anwalt, Nelson.«

»Echt?« Mit Julias Hilfe setzte ich mich auf.

»Komm. Er hat nicht alle Zeit der Welt.«

Geschwächt humpelte ich an Julias Arm in den Besucherraum. Wahrscheinlich wog ich kaum noch fünfunddreißig Kilo.

Nelson war ein kleiner, drahtiger Brasilianer mit pechschwarzem Haar, das ihm über den Hemdkragen fiel. Er musterte mich erstaunt, da ich mich kaum auf den Beinen halten konnte. Julia schob mir einen Plastikstuhl unter den Steiß.

»Behandle sie gut, Nelson. Und die Rechnung geht an mich, klar?«

Nelson schob mir wortlos eine Vollmacht hin, die ich hastig unterschrieb.

»Ich werde sehen, was ich für Sie tun kann. Halboffener Vollzug sollte auf jeden Fall machbar sein.«

»Was bedeutet das?« Mein Herz klopfte laut.

»Tagsüber draußen arbeiten, nachts Einschluss.«

»Das wäre … Das wäre einfach wunderbar.« Hoffnung flatterte unter meinem Zwerchfell wie ein gefangenes Vögelchen. »Ich könnte bei Julia wohnen …« Und Geld für mein Rückflugticket verdienen, schoss es mir durch den Kopf.

»Das sagte sie bereits.« Nelson stopfte die Vollmacht in seine Aktentasche.

»Sie hören von mir.«

Völlig perplex ließ ich mich von einer Wärterin in eine neue Zelle führen.

Benni!, wummerte es in meiner Herzgegend. Werde ich dich eines Tages doch noch wiedersehen? Benni. Benni. Benni. Noch lebe ich!

Meine neuen Mitbewohnerinnen waren Rosalie, Regina und Liliane. Regina arbeitete in der Küche, was den Vorteil ihrer Abwesenheit mit sich brachte – und den noch größeren, dass sie abends etwas zu essen mitbrachte. Rosalie war etwas schlicht, hatte aber einen Putzfimmel, was mich von allen Pflichten entband. Sie bot sogar an, meine Wäsche zu waschen. Liliane sollte demnächst in den halboffenen Vollzug verlegt werden, sodass wir bald nur noch zu dritt in dieser

Zelle sein würden. Bösartig schien mir keine von ihnen zu sein.

Wie in Trance ließ ich mich aufs Bett fallen, das mir alle drei sofort zugestanden.

»Du musst erst wieder zu Kräften kommen, *Gringa*. Wir passen auf dich auf.«

Und dann hielten sie mir einen Teller mit Reis und Bohnen unter die Nase.

»Gringa?! Advogado!«

Oh! Hatte Nelson noch etwas vergessen, oder war er etwa schon wieder hier?

Dann hatte Julia nicht zu viel versprochen, der Mann war wirklich auf Zack!

Während ich mir ausmalte, mit welch tollen Nachrichten mich Nelson im Besucherraum empfangen würde, ließ ich mich von der Wärterin nach unten führen und – prallte zurück. Da saß Frau Ellerbeck-Cooper!

»Oh. Mit Ihnen hätte ich jetzt – in der Form – gar nicht gerechnet!« Völlig perplex gab ich ihr die Hand.

»Sie sehen mager aus!« In Frau Ellerbeck-Coopers Augen stand der blanke Schreck. »Was ist passiert, Mädchen?«

Das wollte ich ihr nun alles gar nicht mehr auf die Nase binden. Tatsache war, dass sie mich monatelang im Stich gelassen, nichts mehr von sich hören lassen hatte. Und seit zwei Stunden hatte ich einen neuen Anwalt. Das sagte ich ihr aber lieber nicht, denn sie schockierte mich mit ungeheuren Neuigkeiten.

»Erstens ist es mir endlich gelungen, Ihre Bank in Spanien zu kontaktieren.« Sie entnahm ihrer cremefarbenen Handtasche einen Stapel Kontoauszüge und die Kopie einer Überweisung. »Tatsächlich hatten Sie über zehntausend Euro auf

Ihrem Konto in Torremolinos. Das ist sehr erfreulich. Leider wurden davon noch zwei Jahre lang die Miete für Ihr Apartment, Telefongrundgebühren, Strom, Wasser und Versicherungsgebühren für die Bar abgebucht. Das habe ich sofort gestoppt.«

Sie lehnte sich zurück, um mir Gelegenheit zu geben, sie dafür zu loben. Als ich es nicht tat, sondern mir nur auf die Fingerknöchel biss vor Verzweiflung und Wut, ergriff sie erneut das Wort.

»Dafür haben wir für die letzten zwei Jahre rückwirkend die dreihundertfünfzig Euro monatlich ans Jugendamt in Bad Driburg überwiesen. Ihr Sohn Benni bekommt zusätzlich hundertfünfzig Euro Taschengeld im Monat, sodass Ihr Konto nun schon um einiges … ähm … verschlankt wurde.«

Bei dem Wort »verschlankt« musste sie sich räuspern.

»Wie viel ist noch drauf?«, hörte ich mich krächzen.

»Noch etwas über viertausend. Ich habe mir erlaubt, meine viertausend Euro Honorar wie von Ihnen gewünscht abbuchen zu lassen, sodass wir jetzt endlich tätig werden können.«

Ich starrte sie mit offenem Mund an.

»Herr Sattmann hat noch die Kosten für die damaligen Einkäufe zurückbekommen, und so wurde dieses Konto jetzt aufgelöst.«

Das hieß, ich hatte keinen einzigen Cent mehr. Ich war komplett pleite. Ich würde mir kein Flugticket nach Hause leisten können.

Fassungslos starrte ich sie an.

Sie wertete das als Zeichen meiner fassungslosen Freude.

»Ja, meine Liebe, es gibt wirklich gute Nachrichten.« Sie strahlte mich an.

»Denn zweitens habe ich mich nun endlich mit Ihrem Fall befassen können und Einblick in Ihre Akte genommen.«

Wieder förderte sie einige Unterlagen zutage und ließ dann die Bombe aller Bomben platzen:

»Ihr Bekannter, also Ihr – ehemaliger Lebensgefährte, Herr Raymond Ngorongo, wurde inzwischen in Pakistan verhaftet. Mit sage und schreibe, und jetzt halten Sie sich fest …« Sie schaute mir verheißungsvoll ins Gesicht und weidete sich an meinen schreckgeweiteten Augen. »… zweiundsechzig Kilo Heroin. Darauf steht die Todesstrafe.«

Ich starrte sie an. Vor meinen Augen tanzten Sterne. Mein Herz schlug einen Salto rückwärts. Raymond. Verhaftet. Überführt. Pakistan. Todesstrafe. Todesstrafe?

»Das heißt, wenn wir in seine Gerichtsakten Einsicht bekommen, was natürlich noch ein Weilchen dauern kann, können wir Sie ein Stück weit entlasten. Vorausgesetzt, wir können beweisen, dass er Sie in eine Falle gelockt hat …«

»Nichts anderes versuche ich allen seit zwei Jahren klarzumachen …«

»Jetzt stehen die Chancen gut, dass man Ihnen auch glauben wird!« Sie ließ ihre Handtasche zuschnappen und lächelte triumphierend, als wäre ihr diese geniale Lösung soeben eingefallen. Wahrscheinlich erwartete sie, dass ich ihr die frisch manikürten Hände küsste!

»Und drittens habe ich inzwischen Ihr Urteil …« Sie klappte die Handtasche wieder auf, als hätte sie das beinahe vergessen.

»Wie?« Ich rutschte auf meinem Stuhl nach vorn. »Das sagen Sie mir erst jetzt?«

»Mein Besuch bei Ihnen soll sich ja lohnen.« Sie sah mich verheißungsvoll an.

»Sie haben fünf Jahre bekommen, liebe Frau Rosario.«

Das sagte sie einfach so! Ich war längst verurteilt! Ich hatte gerade erst – die Hälfte meiner qualvollen Zeit abgesessen!

Aber sie lächelte. Als wären wir hier auf einer Überraschungsparty! Meine Lippen zitterten. Ich faltete die knochigen Hände, weil ich nicht wusste, wie ich sie sonst am Zittern hindern sollte.

Ihr Lächeln wurde schmaler. »Das Urteil steht schon lange fest. Dem Gericht war damals noch nichts von der Verurteilung Ihres Lebensgefährten bekannt. Ich kann also nur noch Einspruch einlegen. Ja.« Sie fasste sich an den Hals und ordnete ihre Perlenkette. »Mit viel Glück können wir vielleicht eine Haftverkürzung erwirken. Aber wie gesagt, da brauche ich zuerst Akteneinsicht in Pakistan, das dürfte sich bei den Verhältnissen hüben und drüben etwas in die Länge ziehen. Finden Sie erst mal die Übersetzer, die den ganzen Sermon in drei oder vier Amtssprachen ... Dieser Raymond wird in einem Hochsicherheitsgefängnis sein – wenn er überhaupt noch lebt, seien wir doch mal ehrlich.«

Ich schluckte. Eigentlich wünschte ich mir nichts sehnlicher, als dass Raymond tot wäre.

Aber was half mir das hier?

»So gesehen kommen da natürlich noch einige Kosten auf uns zu. Möglicherweise muss ich rüberfliegen. Das müsste ich Ihnen dann in Rechnung stellen.«

Der schrille Ton in meinen Ohren begann, zu einer Alarmsirene anzuschwellen.

Ich hatte keinen einzigen Cent mehr!

Ich hatte gerade erst vor zwei Stunden das Mandat an Nelson übertragen! Schriftlich! Was wollte ich da überhaupt noch mit – Ellerbeck-Cooper?!

Oder sollte ich Nelson zurückpfeifen? Aber er arbeitete schon eine Strategie aus! War der Antrag auf halboffenen Vollzug nicht schon ein Zugeständnis der Justiz? Welche Strategie sollte ich denn jetzt ...

»Wie stehen meine Chancen auf *semi aberto?*« Ich fasste mir an den Hals und zwang mich, Nelsons Namen nicht preiszugeben.

»In meinen Augen können Sie das vergessen. Als Ausländerin besteht Fluchtgefahr.«

»Aber Nelson ...«, rutschte es mir doch heraus.

»Ja?«

»Ach, nichts.«

»Dann machen Sie es mal gut, Frau Rosario. Und tun Sie mir einen Gefallen ...«

»Ja?«

»Nehmen Sie sich keinen brasilianischen Anwalt. Das ist rausgeschmissenes Geld.«

42

Torremolinos, Spanien, 5. Juli 2001

»Du hast die Bar!«

Cristóbal, mein spanischer Anwalt, breitete die Arme aus. »Rita, ich hab den notgeilen alten Sack auf vierunddreißigtausend runtergehandelt. Aber dafür nimmt er die Möbel mit!«

Ich hätte vor Glück schreien können. Ich hätte sowieso renoviert! Er tat mir nur einen Gefallen, wenn er seine spießige Einrichtung mitnahm, der gute Günni! Und sich selbst auch, hurra!

Nicht nur, dass Benni und ich – ebenfalls mit Cristóbals Hilfe – ein entzückendes Ferienapartment unweit der Strandpromenade ergattert hatten! Jetzt hatte ich auch noch meine Traum-Bar! Mit einem Aufschrei fiel ich ihm in die Arme.

Cristóbal war ein sympathischer Spanier mit einer netten Familie, für mich ein väterlicher Freund. Wir hatten uns auf Anhieb prächtig verstanden.

Der hilfsbereite Cristóbal gab mir einen Zettel mit der Telefonnummer der größten Bierbrauerei Spaniens: »Hier kriegst du Sonderkonditionen. Wenn du mit denen Verträge abschließt, richten sie dir die ganze Bar ein.«

Ich war gerührt von so viel Hilfsbereitschaft und Anteilnahme.

»Sobald du den Kaufvertrag unterschrieben hast, fährst du

zum *ayuntamiento* in Torremolinos und meldest dich an. Das ist dann einfacher für die Lizenz.«

»Ach, danke, Cristóbal, wie kann ich mich nur dafür revanchieren?«

»Werd einfach glücklich bei uns in Spanien, kleine Rita!«

Nach unserem ersten Frühstück mit aufgebackenen Brötchen, die Benni heißhungrig mit Nutella bestrich, klingelte ich bei meinen neuen Nachbarn und stellte uns der netten Spanierin vor, die uns sogleich in ihre kleine Wohnung bat.

»Wir sind Rita und Benni aus Köln und leben jetzt hier!«

»*Hola*, ich bin Marta, und das ist mein Sohn Raúl!«

Was für ein Glück, was für ein Zufall! Der vor dem Fernseher sitzende kleine Spanier war genauso alt wie Benni! Kaum hatte mein Sohn seine erste Scheu überwunden, saß er schon mit Raúl vor der Kiste und starrte hinein.

»Auf diese Weise wird er am schnellsten Spanisch lernen«, freute sich Marta.

Sie lud mich auf einen Kaffee in ihre Küche ein.

»Ich arbeite als Zimmermädchen und muss gleich los. Leider ist Raúl *durante las vacaciones* ziemlich allein, aber das scheint sich ja jetzt zu ändern!«

Wenn das keine Win-win-Situation war!

Ich atmete tief durch. Unsere Mühen und Strapazen hatten sich also gelohnt.

Während ich später die kleine Wohnung einrichtete und ein paar Mal zu IKEA fuhr, um hübsche Kleinigkeiten wie Badezimmerzubehör, bunte Vorhangstoffe, Kissen und Blumentöpfe zu kaufen, tobten Raúl, Benni und Max bereits am Strand herum.

Erleichtert schaute ich aus dem Fenster. Genau so hatte ich mir mein kleines Glück immer vorgestellt. Genau so.

»Benni, ich muss noch mal weg! Alles okay mit Raúl?«

»Alles klar, Mama!«

»Geht nicht zu weit ins Wasser! Und crem dich ein, hörst du? Auch du kannst einen Sonnenbrand bekommen!«

Die Antwort war wieherndes Gelächter und ein fester Schuss mit dem Fußball gegen die Hausmauer.

Im Rathaus konnte ich Benni und mich problemlos anmelden. Cristóbal hatte mich schon telefonisch angekündigt. Benni und ich waren nun *Residentes españoles.* Auslandsdeutsche mit Erstwohnsitz in Spanien und spanische Steuerzahler.

»Und was wirst du jetzt machen, Rita?«, fragte mich Cristóbal am nächsten Morgen. »Hast du schon einen *novio?*«

Ich warf einen Blick in den Spiegel meiner Bar. Meine Figur war wieder normal, ich war nicht zu dünn, aber auch nicht mehr dick. Mein langes, blondes Haar fiel mir weich über die Schultern, und mein Gesicht war immer noch mädchenhaft und glatt. Mit meiner leichten Bräune fand ich mich schon wieder sehr attraktiv. Cristóbal offensichtlich auch.

»Ach, Cristóbal, ich hab mit Männern einfach immer Pech!«

Er lachte. »Ich auch, Rita! Die Guten sind vergeben, und die Schönen sind meistens Verbrecher!«

Wir machten Bestandsaufnahme.

Ein bisschen musste ich schlucken, als ich sah, wie radikal Günni seine Möbel und seine Einrichtung rausgerissen hatte, nur um sie mir nicht überlassen zu müssen.

»Das sieht nach einer Menge Arbeit aus.«

Tatendurstig ließ ich Wasser in Eimer laufen und kippte jede Menge Putzmittel rein.

»Arbeite nicht zu viel, Rita. Genieß auch den Strand und die Sonne! Dann wirst du schon einen *novio* finden, der zu dir passt!« Mit diesem freundschaftlichen Rat verließ er mich.

Auf den zweiten Blick war meine Bar dann doch kein Schnäppchen mehr.

Genervt stellte ich fest, dass sich in den unteren Schränken Kakerlaken angesiedelt hatten. War das etwa Günni zu verdanken? Was hatte er denn gedacht? Dass er mein Sugardaddy sein könnte? Ich schüttelte mich. *Never!* Mithilfe von viel Insektenspray vertrieb ich die Kakerlaken. Das Spülbecken war auch verstopft, hier half nur eine Chemiebombe.

Da in Torremolinos *feriado,* also ein Feiertag war, beschloss ich, Cristóbals Rat anzunehmen. *Mañana* war ein schönes Wort: Was du heut' nicht kannst besorgen, das verschieb getrost auf morgen!

Ich ging mit Max und Benni zum Strand. Übermütig tobten beide durch den Sand, und Max sprang sogar ins Meer, wenn ich Stöckchen warf. Er war allerdings total überrascht, dass man dieses Wasser nicht trinken konnte. Er schüttelte sich angewidert und bellte die Wellen an. Benni und ich lachten uns kaputt.

Ach, war ich glücklich! Alles andere würde sich weisen. Ich war im Land meiner Träume angekommen und würde hier mit Kind und Hund unbeschwert leben.

Noch etwas musste Max allerdings lernen: Strandtaschen sind nicht zum Dranpinkeln gedacht. *»No, Max! No!«* Ob er auf die Schnelle wohl noch Spanisch lernen würde?

Später bummelte ich mit Benni über die Strandpromenade und lud ihn zur Feier des Tages zum Essen ein. Die Kellner kannten ihn schon: *»Hola, Benni, cómo estás?«*

»Muy bien, y usted?« Stolz stellte ich fest, dass mein Benni schon sein erstes Spanisch gelernt hatte.

»Tu novia?«, scherzte ein schmucker Kellner mit einem begehrlichen Blick auf mich.

»Hä? Mama, der hat gefragt, ob du meine Freundin bist!«

»Su madre«, gab ich hoheitsvoll zurück. Leider war der Kell-

ner nicht mein Typ. Dennoch bestellten wir ein herrlich zartes, rosa gebratenes Steak mit Salat und *patatas fritas*.

»Ach, kann das Leben schön sein!« Seufzend lehnte ich mich mit meinem Glas Rotwein zufrieden zurück.

»Wie du meinst«, sagte Benni und schaufelte sein Essen in sich rein.

Meine Gastronomieeinrichtung wurde angeliefert und angeschlossen, und ich bekam von viel zu schnell auf mich einredenden Spaniern erklärt, wie die Kühlung und die Kaffeemaschine zu warten waren. Es hörte sich an wie Maschinengewehrsalven.

»Comprendes?«

Ich nickte unablässig wie ein Wackeldackel auf der Hutablage. *Sí, sí. Comprendo, comprendo.* Zum Glück hatte ich durch das »Skyy« jahrelange Erfahrung in der Gastronomie.

Noch am selben Tag lieferte die Brauerei Bier, Tische, Stühle, Spiegel für die Wände und neue Gläser. Ich hatte mich entschieden, dem angestaubten, urdeutschen Ambiente des *Pepe loco* den Garaus zu machen und meiner Bar ein ganz neues Gesicht zu geben.

Die vielen goldgerahmten Spiegel ließen das Lokal optisch größer erscheinen, außerdem konnten sich die Gäste auf diese Weise anflirten.

Ach, wenn ich doch auch eines Tages wieder mit jemandem flirten könnte!

Nach jahrelanger Abstinenz und der schweren Enttäuschung durch Thiago fühlte ich mich sexuell schon etwas ausgehungert. War es das etwa schon gewesen?

Die Nachricht, dass Tanja ein Kind von Thiago erwartete, machte mich auch nicht gerade froh. Sie war wieder zu unseren Eltern gezogen. Und die gaben allein mir die Schuld für die

Schande, die nun auch ihre zweite Tochter über die Familie brachte. Das wusste jedenfalls Benni, der ab und zu mit seiner Tante telefonierte.

Thiago war aus unserem Leben verschwunden. Wie er an seine Aufenthaltsgenehmigung kam, war mir inzwischen egal. Nach Robert schon der zweite Mann, der mich nur ausgenutzt und belogen hatte!

Wann würde es mir endlich vergönnt sein, noch einmal einer großen Liebe über den Weg zu laufen?

Es verging kein Tag, an dem ich nicht an Tony dachte. Was wohl aus ihm geworden war?

Hatte er meine Nachricht, dass es Benni gab, je erhalten?

Ich wandte meinen Blick vom Spiegel ab und machte mich wieder energisch an die Arbeit.

Ich ackerte wie ein Tier.

Tag und Nacht kalkulierte ich, nahm mehrere Kleinkredite auf und inserierte meine geplante Eröffnungsfeier am ersten September in Tageszeitungen und im Internet.

Die Bar nahm Formen an, und zwar höchst attraktive. Ein Weinlieferant beriet mich, was ich zwar nicht verstand, aber dankend annahm. Der Cola-Lieferant wollte mich übers Ohr hauen, was ich sehr wohl verstand, sodass ich Cristóbal ein Auge auf die Verträge werfen ließ und das Schlitzohr Mores lehrte. Der drohte dann eben, einen Vertrag mit Pepsi abzuschließen, und da knickte Mister Cola ein.

Cristóbal war ein treuer Freund geworden, doch die schwere Arbeit blieb allein an mir hängen.

Bei IKEA erstand ich Dutzende von sandfarbenen und ockergelben Kuschelkissen, mit denen ich Bänke und Stühle dekorierte. Von pflegeleichten Tischdecken bis hin zu Schwimmkerzen und Duftspendern für die Toilette hatte ich an alles gedacht. Sonnenschirme in Rot-Weiß, die vor dem blauen

Himmel leuchteten und Kundschaft anlocken sollten. Heizstrahler für kühle Abende.

Immer wieder wurde unsere alte Familienkutsche bis zum Rand gefüllt. Da Benni ständig mit Max bei Raúl abhing und die Sommerferien mit ihm verbrachte, was ich ihm von Herzen gönnte, war ich oft auf fremde Hilfe angewiesen. Aber die Spanier erwiesen sich als sehr hilfsbereit, sobald sie mich blonde Kindfrau auf dem Parkplatz mit sperrigem Gerät hantieren sahen. Irgendjemand sprang immer herbei. So manches Mal versuchten die Herren der Schöpfung einen Flirt und wollten sich mit mir verabreden. Doch erstens war mein Spanisch noch nicht gut genug, zweitens stand ich einfach nicht auf Weiße und drittens brauchte ich einfach noch Zeit für mich.

In der Metro verbrachte ich fast einen ganzen Tag. Ich erstand kiloweise Salzgebäck und Nüsse, riesige Gläser mit Oliven, Großpackungen Kekse, dekorative Aschenbecher, Tiefkühlsnacks, eine große Mikrowelle und einen Aufbackofen.

Am Ende schob ich wieder drei volle Einkaufswagen zur Kasse.

Die Rechnung trieb mir den Schweiß auf die Stirn: dreitausend Euro!

Aber ich biss tapfer die Zähne zusammen. Auch jetzt belud ich den alten Mercedes-Kombi wieder bis unters Dach und eierte im Schneckentempo auf der Autobahn herum.

Es war jedoch ein unbeschreibliches Glücksgefühl, meinen ersten eigenen *café con leche* in der Sonne vor meiner Bar zu genießen. Auch wenn mir jeder Knochen wehtat und ich vor Erschöpfung fast umfiel: Der Laden war perfekt geworden. Wie gesagt: Meine Traumfigur hatte ich auch wieder. Jetzt fehlte nur noch ein Traummann in meinem Leben!

»Aber Marta, du musst den Kaffee doch nicht bezahlen!«

»Geschäft ist Geschäft, du und Benni, ihr lebt davon, und ich bezahle den *café con leche* sehr wohl! Wenn ich zu dir nach Hause komme und du lädst mich auf einen Kaffee ein, bezahle ich selbstverständlich nicht.«

Wie süß war das denn! Meine neue Nachbarin war tatsächlich mein erster Gast! Stolz führte ich sie durch mein nagelneues Reich.

»Wow«, staunte Marta andächtig. »Du bist hoffentlich hoch versichert?«

»*Naturalmente.*« Ich nickte stolz. Cristóbal hatte an alles gedacht.

»Dir ist hoffentlich klar, dass die Versicherung bei Diebstahl keinen Cent bezahlt, wenn du keine Gitter vor Fenstern und Türen hast?!«

Mir schoss das Blut in den Kopf.

»Ähm … Nein?« Erst jetzt fiel mir auf, dass hier vor allen Bars und Restaurants Gitter angebracht waren. Nur vor meiner schnuckeligen Hütte nicht! Hatte der geizige Günni die etwa auch mitgenommen? Verwirrt wirbelte ich um meine eigene Achse und fasste mich an den Kopf.

»Das ist quasi eine Einladung an alle *bandidos*«, tadelte mich Marta.

»Wie lange dauert das, bis ich Gitter habe?«

»Oh, du kennst ja die spanische Mentalität: *Mañana!* Zumal gerade Sommerferien sind.«

»Oh, verdammt, Marta! Ich hab an alles gedacht, nur nicht an Gitter!«

»Schaff dir doch einen Wachhund an«, riet Marta stoisch.

»Du meinst aber jetzt nicht Max, oder?« Ich grinste schief.

Sie sah mich an, als ob ich nicht alle Tassen im Schrank

hätte. »*No, tonta!* Ein richtiger Wachhund! Es gibt jede Menge herrenlose Bestien im Tierheim!«

»Aber ich will nicht noch einen Hund«, jammerte ich. »Ich hab mit Benni und Max schon genug an der Backe!«

»Hol ihn nur für ein paar Tage, und wenn du Gitter hast, bringst du ihn wieder zurück.«

Ich sah sie erstaunt an: »Und du meinst, das geht?«

»In Spanien geht alles«, behauptete Marta und trank ihren *café con leche* aus.

Was ich im Tierheim zu sehen bekam, tat mir in der Seele weh: massenhaft herrenlose Hunde in schmutzigen, überfüllten Zwingern. Nie und nimmer würde ich es übers Herz bringen, den Hund, den ich hier herausholen würde, wieder in dieses Elend zurückzubringen.

»Wie kann ich Ihnen helfen?« Eine junge ehrenamtliche Mitarbeiterin in Latzhosen und Gummistiefeln stapfte mit irritiertem Blick auf Max auf uns zu. Wahrscheinlich dachte sie, ich wollte mich meines Lieblings entledigen.

»Ich suche einen Wachhund für meine Bar. Möglichst einen deutschen Schäferhund«.

Bedrückt sah ich mich um. Es stank fürchterlich, und die Hunde jaulten und bellten durcheinander. Max legte gleich die Ohren an und zwängte sich Schutz suchend zwischen Benni und mich.

»Schäferhund haben wir keinen, aber große Hunde umso mehr.« Wir liefen an den Zwingern vorbei und sahen in viele traurige Augen. Manche Hunde kläfften erfreut bei der Aussicht, hier vielleicht rauszukommen, andere bellten böse und aggressiv.

Max zitterte in meinen Armen.

»Was ist denn das für ein Tier?« Ich zeigte auf einen Einzelzwinger, in dem ein riesiges, weiß-graues Monster saß und uns mit Missachtung strafte.

»Das ist eine Malamuthündin, ein Schlittenhund aus Alaska. Sie heißt Sasha.«

»Hat die nur ein Auge, Mama?!«

»Ja, sie hatte wohl mal einen Zweikampf mit einer Katze«, erklärte die Pflegerin.

»Und mit dem anderen schaut sie durch uns hindurch … Ansonsten sehr respekteinflößend, was, Benni?«

»Das ist unser größtes Tier«, gab die Tierpflegerin ihren Senf dazu. »Ein nettes Ehepaar hat Sasha vor Kurzem hier abgegeben, weil sie ein Baby erwarten.«

Sehr nettes Ehepaar!, dachte ich. Plötzlich tat mir die einäugige Schönheit richtig leid.

»Hmpf.« Ich kratzte mich an der Nase. »Was meinst du, Benni?«

»Einen Rüden dürfen wir jedenfalls nicht nehmen, so wie Max alles wegbeißt, was Eier hat.«

»Benni!« Ich musste lachen.

»Wollen wir eine Proberunde mit Sasha drehen? Ich will wissen, ob sie mir gehorcht.«

Die Pflegerin holte ein Würgehalsband und legte es Sasha an.

Brav trottete das riesige Vieh neben mir her. Teilnahmslos machte es Platz und Sitz und ließ den neugierigen Max an sich schnuppern. Sie würdigte ihn keines Blickes.

»Ich würde sagen, die nehmen wir mit«, sagte ich forsch. »Mit diesem Hund in der Bar werden sich Banditen zweimal überlegen einzubrechen.«

»Lassen Sie Sasha in den ersten Tagen keinesfalls ohne Leine laufen«, wies mich die Pflegerin noch an. »Und geben Sie den Hunden erst mal getrennt ihr Fressen.«

»Kein Problem«, rief ich, als wir vier ungleichen Wesen von dannen stapften. Sasha sprang artig hinten in den Kombi und streckte sich gähnend in ihrem neuen Reich aus.

»Wo soll die schlafen?« Benni saß mit Max auf dem Arm auf dem Beifahrersitz und sah mich fragend an.

»In der Bar natürlich.«

Ich brachte Benni und Max nach Hause und spazierte mit Sasha in die Bar. Dort gab ich ihr Wasser und Fressen. Dann unternahm ich einen langen Spaziergang mit der Malamuthündin. Ich hatte ja keine Ahnung, wie so ein Vieh tickte. Weder bellte sie noch wedelte sie mit dem Schwanz oder zeigte andere Gemütsregungen. Ich sprach mit ihr, um sie an meine Stimme zu gewöhnen, und gab ihr kleine Befehle wie *»Sienta!«* oder *»Ven aquí!«* Sie gehorchte anstandslos, setzte sich und kam, sobald ich es ihr befahl.

»Na, dann wünsch ich dir mal gute Nacht.«

Ausdruckslos stand sie vor mir, als ich mich von ihr verabschiedete und sie allein in der Bar zurückließ.

Genauso ausdruckslos empfing sie uns am nächsten Morgen, als ich mit Max auf sie zukam. Langsam, fast arrogant, ließ sie sich von mir kraulen und guckte durch uns hindurch. Max zitterte vor Eifersucht, wurde aber von ihr gar nicht beachtet. Als ich ihr Futter in den Napf füllte und sich Max, verfressen wie er war, gierig darauf stürzte, zeigte sie zum ersten Mal menschliche, nein, tierische Regungen: Sie knurrte mit hochgezogenen Lefzen.

»Max, du hast heute schon gefrühstückt!« Ich zog meinen kleinen Liebling weg. Und sagte aufmunternd zu Sasha: »Klasse. Genauso knurrst du, wenn Einbrecher kommen, *entendido?*«

Ansonsten gab es keine Zwischenfälle mehr, außer dass ich nun über die schlafende Sasha hinwegsteigen musste, wenn ich um die Bar herumging.

Die ersten Gäste kamen – ein paar Spanier, die hier ihren Kaffee trinken und Karten spielen wollten. Und zwar drinnen. Bloß nicht draußen in der Sonne!

Ich bediente sie freundlich und stellte ihnen Kekse und Oliven auf den Tisch.

Später kamen auch mehrere ältere Deutsche, die Kaffee und Kuchen wollten. Bald floss das erste Bier. Die Damen wollten Rotwein.

Stolz flitzte ich zwischen meinen Gästen und der Bar hin und her.

Es funktionierte! Wunderbar!

Irgendwann musste ich mal auf die Toilette und band Sasha und Max draußen am Sonnenschirmständer fest.

Mit dem Befehl: *»Espera aquí«,* und zu Max: »Bleib!«, lief ich um meine Bar herum zum Klo.

Ich war noch nicht ganz fertig, als ich vor der Tür ein höllisches Scheppern vernahm. Es hörte sich an, als hätte jemand eine Bombe in die Bar geworfen. Mich traf fast der Schlag, als ich aus der Toilette trat: Sasha saß artig vor der Klotür und blockierte für Gäste und Passanten den Weg, da sie Max samt Sonnenschirmfuß gleich mitgebracht hatte. Der offene Schirm lag wie ein Fallschirm quer über der Promenade. Dass Max noch lebte und nicht platt war wie eine Flunder, grenzte an ein Wunder.

»Das ist kein Hund, das ist ein Wolf!«, lachten die Gäste, die mir halfen, den schweren Schirm zurück an seinen Platz zu ziehen.

»Oje, vielen Dank, das ist mir echt peinlich …« Ich richtete mich wieder auf, warf meine Haare nach hinten und brachte die Hose in Ordnung, die ich vor Schreck überhaupt noch nicht richtig zugemacht hatte, und blickte in das Gesicht eines pechschwarzen Mannes, der lässig an der Tür lehnte.

Augenblicklich schoss mir die Röte ins Gesicht. Mein Herz setzte einen Schlag aus. Der war ja – umwerfend. Ein fleischgewordener Rita-Traum. Bildete ich mir den jetzt ein oder war der – echt?

Ich schluckte und starrte den Schwarzafrikaner an. Unter einem breitkrempigen, weißen Hut quollen ungewöhnlich lange Haare hervor, die er mit einem Relaxer geglättet hatte. Seine Haut und sein Haar wirkten noch schwärzer, weil er einen schneeweißen Leinenanzug trug, mit dem er einfach nur beeindruckend aussah.

Der Mann durchbohrte mich mit seinen Blicken und stellte sich an die Bar. Alle Augen folgten ihm.

»Oh. Ja.« Ich schluckte schon wieder. Mir blieb buchstäblich die Spucke weg. »Was wollen Sie trinken?«

»Whiskey.«

»Natürlich. Sofort.«

Hoffentlich bemerkte der Wahnsinnstyp das Zittern meiner Hände nicht! Die Gläser und die Flasche klirrten wie bei einem Parkinson-Patienten!

Der Mann hatte mir bereits den Rücken zugedreht und lehnte lässig am Tresen, als ich ihm das Glas mit ein paar Oliven und Nüssen hinschob.

Okay. Dann eben nicht. Ich wollte gerade zu meinen anderen Gästen an die Tische eilen, als er sich in Zeitlupe umdrehte und mich um Feuer bat.

Als ich es ihm gab, nahm er meine Hand und führte sie ganz nah an seinen Mund. Dabei sah er mir tief und viel zu lange in die Augen.

O Gott, diese Augen, diese Hände, dieser Blick! Sofort spürte ich ein sehnsüchtiges Ziehen im Unterleib.

Er erinnerte mich so an Tony!

»Where are you from?«

»Nigeria«, kam es fast ein bisschen arrogant zurück.

»Ah. Ja.« Ich räusperte mich. »Na dann. Ich muss mal nach meinen anderen Gästen sehen.« Gott, kam ich mir plump und dämlich vor!

Ich schnappte mir überflüssigerweise irgendwelche Tassen und Zuckerwürfel und eierte nach draußen zu den Deutschen. Die lachten immer noch über den Vorfall mit dem Sonnenschirm: »Das wird in ganz Torremolinos die Runde machen, Rita, das ist der Knaller!«

Geschäftig wischte ich Tische ab, säuberte Aschenbecher, lachte und plauderte, ja, tat so, als wäre ich unendlich *busy* und hätte den geheimnisvollen Schönen an meiner Bar schon ganz vergessen.

Als ich schließlich mit einem Tablett leerer Gläser wieder hereinkam, bot sich mir ein seltsames Bild.

Sasha hatte sich auf die Hinterbeine gestellt und die Vorderpfoten auf die Schultern des Rätselhaften gelegt. Sie waren beide um die eins neunzig groß. Er kraulte ihr ohne Emotionen das Halsfell, und sie ließ es genauso gleichgültig über sich ergehen.

Er tat auch so, als hätte er mich vergessen. Dabei knisterte es zwischen uns, das war deutlich zu spüren.

»Noch einen Whiskey«, befahl er schließlich, nachdem Sasha sich wieder hingelegt hatte.

Ich schob ihn rüber. »Der kostet aber acht Euro fünfzig das Glas.«

Er warf mir lässig einen Fünfzigeuroschein hin und verließ grußlos die Bar.

Ich wusste nicht, wie lange ich ihm hinterherstarrte.

Ich wusste nur, dass dieser Mann in meinem Leben noch eine Rolle spielen würde.

Inzwischen waren die Gitter längst eingebaut. Ich brachte es einfach nicht fertig, Sasha ins Heim zurückzubringen. Irgendwie gehörte sie inzwischen fest zum Inventar.

Die Geschichte mit dem Sonnenschirm hatte sich herumgesprochen, und immer mehr Gäste kamen herein, um den riesigen Schlittenhund zu sehen.

Gut fürs Geschäft! Benni und Max beehrten mich ab und zu, rannten dann aber auch wieder weiter. Marta sorgte sogar für die ersten Tapas: *Tortilla española* und *ensaladilla rusa,* absolute Köstlichkeiten, in kleinen Häppchen appetitanregend angerichtet.

Leider bekam ich den rätselhaften Nigerianer vorerst nicht mehr zu Gesicht. Ich ertappte mich schon dabei, jedes Mal, wenn die Tür aufging, Herzklopfen zu bekommen. Dabei konnte ich mir einen *novio* zeitlich gar nicht leisten.

Bald würde die Schule losgehen! Noch hatte ich keinen Plan, wie ich Haushalt, Kind, Hunde und Bar unter einen Hut bringen sollte. Dabei sehnte ich mich so sehr nach einer aufregenden neuen Beziehung. Immer öfter träumte ich nachts von diesem Mann.

Doch egal, was passierte, ich würde mit Benni und Max in Spanien bleiben.

Dieses Land und die Menschen hier liebte ich. Viele meiner Gäste waren schon so etwas wie Freunde geworden. Jeden Nachmittag füllte sich die Terrasse. Der Sonnenuntergang war immer der Höhepunkt. Ich hatte Liegestühle aufgestellt, in denen die Leute das Schauspiel bei einem guten Glas Wein genießen konnten.

Es war inzwischen richtig angesagt, bei Rita im *Pepe loco* einen Sundowner zu genießen.

Dazu spielte ich jetzt grundsätzlich nur noch Black Music, was vom Publikum begeistert angenommen wurde. Wobei ich auf ein weiteres Erscheinen des Nigerianers hoffte!

Am letzten Nachmittag der Ferien lud ich Kind und Hunde während der Siesta ins Auto und fuhr zu einem etwas abgelegenen Strand. Es war herrliches Badewetter, und ich wollte Benni noch einmal richtig verwöhnen.

Der Strand war weniger gepflegt, dafür waren kaum Leute da.

Sasha tobte ein wenig mit Max herum, doch nach kurzer Zeit warf sie sich schnaubend neben mich in den Sand und frönte ihrer Lieblingsbeschäftigung: schlafen. Sie schloss ihr Zyklopenauge und war im Nirwana.

Diese Gelegenheit nutzte ich, um selbst mal ins kühle Nass zu springen. Ich schwamm mit kräftigen Zügen weit raus, genoss das Gefühl von Freiheit, die Gewissheit, es in Spanien fast geschafft zu haben. Dabei kreisten meine Gedanken wieder um den geheimnisvollen Schönen, der mir mit seiner arroganten Art einen Stachel der Sehnsucht ins Herz gepflanzt hatte.

Ich lag auf dem Rücken und paddelte friedlich vor mich hin, als ich einen kleinen Yorkshire-Terrier über den Strand flitzen sah. Sofort sprang Max auf und rannte ihm kläffend nach. Die Frau, der der kleine Hund gehörte, sah beiden beim Spielen zu, die Leine in der Hand. Mein Blick fiel auf Sasha, die nun aufrecht sitzend mit einem Auge die beiden kleinen Hunde beobachtete. Plötzlich schrillten bei mir sämtliche Alarmglocken los. Sie schlief nicht mehr! Sie hatte einen ausgeprägten Jagdinstinkt! Sie konnte nicht anders … Sie würde … Mit kräftigen Zügen kraulte ich an Land, kämpfte mich aus den Wellen und rannte über den Sand.

»Sasha, *no!*«

Was dann passierte, ging blitzschnell. Die kleine Spielgefährtin von Max raste gefährlich nahe an der königlich im Sand thronenden Sasha vorbei. Die schnappte zu, packte das Tier im Genick und begann, es kräftig zu schütteln.

Das kleine Tier schrie, die Frau schrie, Benni schrie und ich schrie am lautesten.

»Sasha! *No!*«

Ich rannte auf diese furchtbare Szene zu, als Sasha das kleine Tier in den Sand warf und sich in seine Kehle verbiss.

Von hinten warf ich mich auf die Hündin, riss ihren Kopf am Würgehalsband zurück, doch ihr Killerinstinkt war nicht zu stoppen.

»Nehmen Sie Ihren Hund weg«, schrie ich die panische Frau an. »Ich kann meinen nicht mehr lange halten!«

Die Frau zog hysterisch schreiend mit Bennis Hilfe das blutende Bündel weg. Der Sand war rot gefärbt, und mir wurde übel.

»Es tut mir so leid, es ist alles meine Schuld, es tut mir so leid«, stammelte ich weinend.

Mehrere Spaziergänger schimpften auf mich ein: »Wie können Sie so eine Bestie ohne Leine an den Strand lassen!«

»Sie gehören angezeigt!«

»Bitte, lassen Sie mich mit Ihnen zum Tierarzt fahren«, flehte ich die Frau an, die meinen Arm wütend wegschlug. Das Tierchen fiepte nur noch. Die Frau war fassungslos über ihrem sterbenden Liebling zusammengebrochen.

»Benni. Ich muss jetzt hierfür geradestehen. Diese Frau kann nicht mehr Auto fahren. Bitte bleib jetzt mit Max und Sasha hier. Schaffst du das?«

In meiner Verwirrung kam mir gar nicht in den Sinn, dass ich meinen neunjährigen Benni damit total überforderte! Aber wo sollte ich Sasha lassen? Anbinden konnte ich das Vieh ja nirgends! »Benni, schaffst du das? Dich kennt Sasha! Dir wird sie nichts tun!«

Benni nickte tapfer, weinte aber auch: »Bitte, Mama, komm bald zurück!« Er stand selbst total unter Schock.

Sasha dagegen saß stoisch im Sand und verstand gar nicht, warum sich alle so aufregten. Sie hatte einfach nur ihrem Instinkt gehorcht.

Mit der schluchzenden Frau, die immer noch auf Spanisch auf mich einschimpfte, und dem blutenden Hündchen raste ich ans andere Ende der Stadt ins Veterinärhospital.

»Es tut mir so leid, *lo siento mucho*«, stammelte ich immer wieder.

Beim Anblick des Tierchens musste ich selbst bitterlich weinen. Die Vorstellung, das wäre mein Max, brach mir schier das Herz.

Der Tierarzt verlor keine Zeit und legte den kleinen Yorki sofort auf den OP-Tisch, machte uns jedoch wenig Hoffnung. Der Hund habe zu viel Blut verloren. Wir warteten eine gefühlte Ewigkeit. Einerseits wollte ich die arme Frau nicht alleine lassen, andererseits wusste ich, dass Benni bei 40 Grad ohne Schatten auf mich wartete.

Verzweifelt schlug ich die Hände vors Gesicht. Die Frau redete nicht mit mir.

Die Tür flog auf und ihre Tochter stürzte herein. »Warum haben Sie Ihren Hund nicht angeleint?«, schrie sie hasserfüllt. »In Spanien herrscht Leinenpflicht!«

Ich traute mich nicht, ihr zu entgegnen, dass der kleine Yorki ja auch nicht angeleint gewesen war.

Sonst wäre er nie so nah an Sasha vorbeigerast!

Der Arzt kam kopfschüttelnd aus dem OP und teilte uns mit gesenkter Stimme mit, dass der Yorki den Kampf ums Überleben verloren hatte. Auch er musterte mich mit abschätzigem Blick.

»Sie müssen den Leuten Namen und Adresse hinterlassen. Ich hoffe, Sie sind versichert. Haben Sie ein Dokument dabei, um sich auszuweisen?«

Während ich ihm alles zeigte, entfuhr mir ein verzweifeltes Lachen. Sasha hatte ich angeschafft, weil die Versicherung im Falle eines Einbruchs nicht gezahlt hätte! Und ausgerechnet sie hatte mich in ein solches Unglück gestürzt! Und nein, für so einen Fall war ich nicht versichert!

Wieder und wieder entschuldigte ich mich unter Tränen, aber die Leute behandelten mich wie eine Mörderin.

Schließlich verließ ich fluchtartig die Klinik. Weinend fuhr ich zurück zum Strand. Und atmete erst mal erleichtert auf, als ich Benni mit beiden Hunden unversehrt an der Unglücksstelle vorfand.

»Benni! Es tut mir leid, dass es so lange gedauert hat, das Hündchen hat es nicht geschafft ...« Erst jetzt fiel mir auf, wie rot Benni geworden war. Er hatte sich einen Sonnenbrand eingefangen, wenn nicht sogar einen Sonnenstich!

»Deine Mama macht aber auch alles falsch«, schluchzte ich verzweifelt. »Benni, bitte verzeih mir!«

»Ich hab Kopfweh und muss mich übergeben.«

O Gott. Ich verging vor Schuldgefühl, als ich mein wimmerndes Kind in den Armen hielt.

Über Nacht ließ ich Sasha wieder in der Bar und kümmerte mich um Benni. Natürlich hatte ich mich selbst in diese Situation gebracht, und wieder hörte ich das vorwurfsvolle Keifen meiner Mutter: »Du wirst einfach nie erwachsen, Rita! Hast du denn gar kein Verantwortungsgefühl im Leib!«

Ich hielt mir die Ohren zu und weinte, bis ich keine Tränen mehr hatte.

Dabei wollte ich doch einfach nur glücklich sein! Wann würde ich endlich den richtigen Mann treffen? Dem ich vertrauen konnte, der für Benni und mich da war? Irgendwann fiel ich in einen unruhigen Schlaf.

Am Sonntag packte ich Sasha ins Auto und fuhr mit ihr zum Tierheim. Von der Belegschaft war niemand da, nur ein paar männliche Helfer, die die Zwinger reinigten.

»Ich muss das Tier zurückgeben. Es hat einen kleinen Hund totgebissen!«

Die Kerle machten keine Anstalten, mir den Hund abzunehmen. Entweder sie verstanden mich nicht, oder sie wollten mich nicht verstehen.

»Mañana!«, versuchten sie mich abzuwimmeln.

»Nix *mañana!*«, brüllte ich sie an. »Der Hund ist gefährlich, ich habe ein Lokal und muss an meine Gäste denken. Nicht auszudenken, wenn denen oder ihren Vierbeinern etwas passiert. Entweder ihr nehmt ihn jetzt, oder ich binde ihn vor dem Tor an!«

Widerwillig nahmen sie Sasha zurück. Die ließ sich genauso emotionslos in den Zwinger sperren wie an dem Tag, an dem wir sie abgeholt hatten. Kein Winseln, keine Trauer, kein Abschiedsschmerz. Und natürlich erst recht keine Reue. Sie ignorierte mich, als hätte es mich nie gegeben.

Schweren Herzens fuhr ich nach Hause zurück.

Als ich am nächsten Tag in die Bar kam, waren bereits fünf Anrufe auf dem Anrufbeantworter. Die Tierpflegerin, die mir Sasha angedreht hatte, bat um dringenden Rückruf. Verstimmt tat ich ihr den Gefallen. Anschließend redete sie wie ein Wasserfall auf mich ein.

Ich solle Sasha zurücknehmen.

»Hallo, hören Sie nicht richtig? Sie hat einen Hund getötet!«

»Wenn Sie Sasha nicht zurücknehmen, muss sie eingeschläfert werden. Durch den Vorfall ist sie nicht mehr vermittelbar«, versuchte mir die Pflegerin Schuldgefühle einzureden.

»Und wessen Schuld ist das?«, fiel ich ihr aufgebracht ins Wort.

Mein Benni hatte heute seinen ersten Schultag, litt noch immer unter den Folgen seines Sonnenstichs. »Sie wussten, dass ich einen Sohn habe, ein Lokal habe. Glauben Sie, dass ich sehenden Auges noch mal dieses gefährliche Vieh in mein Haus hole? Wissen Sie eigentlich, was mich der ganze Vorfall kostet?«

Nun versuchte sie mich auf eine andere Art zu ködern: »Wir werden für Sie eine Haftpflichtversicherung abschließen. Rückdatiert natürlich, dann brauchen Sie nicht selbst für den Schaden aufzukommen.«

Der Tierschutzverein übernahm letztlich den Betrag für die rückdatierte Haftpflichtversicherung, die dann auch prompt die Kosten für die Operation in Höhe von zweitausend Euro zahlte. Sowie den Schätzwert tausend Euro für den Yorkshire-Terrier. Ich selbst kassierte eine Anzeige für die Verletzung der Anleinpflicht und eine Geldbuße in Höhe von tausend Euro.

Als mein Benni aus der Schule kam, umarmte ich ihn erschöpft und gleichzeitig erleichtert.

»Wie ist es dir ergangen, mein Großer?«

»Prima. Ich kann schon richtig gut Spanisch. Ich hab vor der ganzen Klasse die Geschichte von Sasha erzählt, und alle haben mich verstanden.«

»Ach, mein Schatz, wie sehr ich dich liebe, und wie stolz ich auf dich bin!«

Ich reichte meinem verschwitzten Sohn ein Glas Wasser aus dem Kühlschrank, nahm ihn fest in den Arm und sah ihm tief in die Augen: »Wenn du so weitermachst, hast du in wenigen Jahren das spanische Abitur!«

43

São Paulo, Brasilien, August 2007

In der neuen Zelle konnte ich mein Ziel weiterverfolgen: *»Ensino Médio completo«,* das brasilianische Abitur. Julia hatte nicht lockergelassen und mich, nachdem ich wieder etwas zu Kräften gekommen war, zur Prüfung angemeldet.

»Du schaffst das, Rita. Ab jetzt heißt es für dich pauken, pauken, pauken.«

Sie drückte mir den Arm: »Ich habe schon mit deinen neuen Zellengenossinnen gesprochen: Wehe, eine dreht dir die Glühbirne raus oder macht den Fernseher zu laut! Sie haben mir versprochen, dich lernen zu lassen. Und darauf zu achten, dass du regelmäßig isst und trinkst!«

Nun blieb mir keine Zeit mehr zu grübeln. Mein Tagesablauf wurde von der achtstündigen Arbeit in der Werksfabrik, dem anschließenden vierstündigen Unterricht und dem nächtlichen Lernen bestimmt. Verbissen paukte ich, wo ich ging und stand, sogar in den Viertelstundenpausen während der Arbeit, die die anderen für eine Zigarette im Hof oder für ein Schwätzchen nutzten.

Português, Gramática, Matemática, História, Geografia, Física, Biología. Eines meiner Lehrbücher hatte ich immer dabei und steckte die Nase hinein.

Wann immer mich Einsamkeit und Verzweiflung überfielen, zwang ich mich, mich auf den Lernstoff zu konzentrieren, statt wieder in Depressionen zu verfallen. Julia hatte mir einen alten Kassettenrekorder und Kopfhörer gegeben: »Hier. Sprich alles auf Band und hör es dir immer wieder an, auch während der Arbeit. Wenn dich die anderen nerven, hör einfach deinen Lernstoff ab!«

Nelson hatte sich nach langer Zeit mal wieder angemeldet. Mit meinen Kopfhörern auf den Ohren betrat ich den Besucherraum.

»Hallo, Nelson.«

»Hallo, Rita. Wollt Ihnen nur schnell sagen, dass wir uns den *semi aberto* wieder abschminken können.« Er musterte mich verdutzt. »Hören Sie Musik?«

»Ich lerne.«

»Na, dann trifft es Sie ja nicht so doll.«

»Wie … Warum … Ich verstehe nicht – hat es was mit Fluchtgefahr bei Ausländern zu tun? Ich könnte ja gar nicht fliehen, ich habe keinen einzigen Cent mehr, wie soll ich mir da ein Flugticket kaufen?«

Er schüttelte den Kopf.

»*Semi aberto* ist erst nach zwei Dritteln der Haftstrafe möglich. Da Ihre Haftzeit sechzig Monate beträgt, würde das für Sie erst nach vierzig Monaten zutreffen. Wie lange sind Sie jetzt drin?«

»Neunundzwanzig Monate.«

»Also noch elf. Ein knappes Jahr, Rita. Dann stellen wir den Antrag auf halboffenen Vollzug.« Er wollte sich erheben. »Das war's auch schon für heute.«

»Moment!« Ich fasste ihn am Ärmel. »Frau Ellerbeck-Cooper hat mir erzählt, dass Raymond Ngorongo in Pakistan gefangen genommen wurde! Das müsste mich doch entlasten!«

»Davon weiß ich nichts.«

»Können Sie sich die Causa von Frau Ellerbeck-Cooper geben lassen?«

»Wie komme ich denn dazu! Sie müssen sich schon entscheiden!«

»Nelson, ich will keinen von Ihnen beiden verärgern! Ich will nur hier raus! Mein Sohn hat heute Geburtstag! Er wird fünfzehn! Der zweite Geburtstag ohne mich!« Meine Stimme schwankte bedenklich, und meine Augen füllten sich mit Tränen.

»Verschonen Sie mich mit Ihren Gefühlsduseleien, Rita. Ich tu, was ich kann.«

»Was tun Sie denn?«

»Ich habe zumindest eine Adresse, wo Sie nach Ihrer Entlassung hinkönnen.«

Nelson zückte ein Schreiben Julias an das Gericht: »Hier. Die Frau bürgt für Sie. Sie gibt an, dass es leicht sein wird, Sie beruflich zu integrieren, da Sie langjährige Berufserfahrung in der Gastronomie haben und vier Sprachen fließend sprechen!« Seine Miene hellte sich auf. »Und sie hat bereits mein Honorar für Ihre Verteidigung bezahlt. Da haben Sie ja wirklich eine echte Freundin gefunden. Also lassen Sie den Kopf nicht hängen!«

Kaum schlüpfte ich nach dieser kurzen Unterredung wieder aus dem Besucherzimmer, lief ich ausgerechnet Frau Ellerbeck-Cooper in die Arme. Ach je, wollte die etwa zu mir?

»Guten Tag, Frau Rosario. Ich wollte Ihnen nur kurz mitteilen … Gehen wir kurz rein?«

Sie wies auf den Raum, aus dem ich gerade kam, und wollte ihn mit dem Ellbogen öffnen, da sie mit Akten beladen war.

Natürlich prallten wir mit Nelson zusammen. Als er mich mit Frau Ellerbeck-Cooper sah, blaffte er mich an: »Wirklich, Rita. Sie müssen sich schon entscheiden.«

Frau Ellerbeck-Cooper stutzte. »Wie? Sie lassen sich von IHM vertreten?« Ihre Augen wurden schmal. »Aaaahhh, verstehe«, sagte sie gedehnt. »Sie fahren zweigleisig. Das können Sie gerne machen, Frau Rosario. Aber das dürfte kontraproduktiv sein!«

Sie warf Nelson einen vernichtenden Blick zu. »Wenn Sie dem Kollegen mit seinen berüchtigten Strategien vertrauen – bitte sehr. Es ist ja IHR Geld, das Sie zum Fenster rauswerfen.«

Sie machte auf dem Absatz kehrt und rauschte davon.

Ja. MEIN Geld. Das ich von Frau Ellerbeck-Cooper mit Sicherheit nicht wiederbekommen würde.

44

Torremolinos, Spanien, Oktober 2001

»Zieh dein Kleid aus!«

»Was? Spinnst du, ich hab noch zu tun …«

Der geheimnisvolle Nigerianer war ganz plötzlich in der Bar aufgetaucht, obwohl ich gerade zusperren wollte.

Er sah wieder umwerfend aus in seinem schneeweißen Hemd, seinen langen Haaren, die er diesmal zu einem Zopf geflochten hatte, seinen engen Jeans und den weißen Sneakers. Katzenhaft war er hereingeschlüpft, als ich mich gerade bückte, um den Fußboden zu wischen.

Bei der lauten Soul Music, die ich voll aufgedreht hatte, hatte ich ihn wohl nicht gehört.

Mein Herz raste, nicht nur vor Schreck über seinen Überfall, sondern auch, weil ich ihn heftig begehrte.

Der Nigerianer legte mir einen Arm um die Taille und machte ein paar Tanzschritte mit mir.

Seine muskulöse Haut schimmerte, seine Zähne und Augen blitzten.

»Endlich treffe ich dich mal allein!«

Er zog mich an sich, ich kehrte ihm den Rücken zu und spürte etwas sehr Festes, Großes, Zielstrebiges an meinem Po. Beide stöhnten wir auf.

Er hob mich hoch und setzte mich auf die Bar. »Du bist wunderschön, Rita …« Seine Hände glitten über mein Kleid, berührten meine Schlüsselbeine, meine Brüste und wanderten tiefer. Meine Brustwarzen erigierten, als stünde ich nackt in der Antarktis und würde zusätzlich mit Eiswasser übergossen. Gleichzeitig wurde mir kochend heiß.

Seine Lippen näherten sich meinem Mund, und ehe ich mich versah, spürte ich seine Zunge in meinem Mund. Fordernd.

Ich war wie hypnotisiert.

»Ich will dich, Rita. Jetzt. Lass uns Liebe machen.«

»Ähm … Ja, weiß ich. Ich meine, nein … Wie heißt du überhaupt?«

»Raymond. Raymond Ngorongo.«

Er hob mein Kinn, fuhr zärtlich über meine Lippen und steckte mir plötzlich seine Finger in den Mund. Ich schloss die Augen und saugte gehorsam daran, spürte, wie er langsam, aber sicher meinen Oberkörper zurückbog, bis ich rücklings auf der Theke lag.

O Gott, ich wollte ihn, ich wollte ihn so sehr!

Er streifte mir die Sandalen ab und begann, mir mit festen, kreisenden Bewegungen die Füße zu massieren. Er hatte mich im wahrsten Sinne des Wortes im Griff, komplett unter Kontrolle.

Langsam strich er mit der einen Hand über mein Bein, schob mein Kleid hoch und knetete meine Schenkel. Ich stöhnte vor Lust.

Ich wollte mich aufrichten, seinen Nacken umklammern, doch er drückte mich auf die Bar und zog mich in die richtige Position. Ich hörte, wie er seinen Gürtel öffnete und zwei Finger in meine feuchte, pulsierende Vagina gleiten ließ.

Ich stöhnte lauter.

»Willst du es, Rita?«

»Ja, ja, ja!«

»Willst du, dass ich dich von hinten nehme?«

»Ja!« Mein Keuchen wurde von der Soul Music verschluckt.

»Bitte darum!«

»Mach es, Raymond, ich will dich!«

Plötzlich riss er mir das Kleid vom Leib, warf es auf den Boden, schob mein Höschen zur Seite und drang von hinten in mich ein.

Ein unbeschreiblicher Schmerz durchzuckte mich, ich hatte nicht damit gerechnet, dass er so hart und brutal sein würde. Gleichzeitig schrie ich vor Lust. Er nahm mich so richtig ran.

Ich klammerte mich an die Bar, während er meinen Nacken küsste, mir seine Zunge ins Ohr steckte.

Dann spürte ich seine Hände auf meinen Brüsten, er knetete sie, kniff in meine Brustwarzen, bis ich nicht mehr zu bremsen war.

Ich war besessen, wollte von ihm besessen werden, wollte mich endlich einmal komplett fallen lassen.

»Bitte mich um mehr!«

»Bitte! Ja! Bitte, mach weiter!«

»Bitte lauter!«

»Ja, Raymond, ja, mach es, besorg es mir … Mehr, fester, härter!«

»Wie heißt das Zauberwort?!«

»BITTE!«

Er spuckte sich auf die Finger, was mich noch viel geiler machte.

»Bitte darum, dass ich dich damit benetzte.«

»Ja, bitte, BITTE!«

Seine Finger umkreisten meine Klitoris.

Noch während seiner heftigen Stöße kam ich laut schreiend und konnte gar nicht fassen, dass ich das war, die sich das alles gefallen ließ und es auch noch genoss!

Er sah mich an, wie Sasha mich angesehen hatte, völlig emotionslos, zog lässig ein Päckchen aus seiner Hemdbrusttasche und hielt mir einen Glimmstängel unter die Nase.

»Zigarette?«

45

São Paulo, Brasilien, 4. Oktober 2007

»Zigarette?«

»Ja, gern.« Nervös trat ich von einem Bein aufs andere. Mein Gehirn war plötzlich so leer wie die Wüste Gobi.

»Habt ihr gelernt?«

»Ja. Mehr ging nicht. Um halb eins geht's los!«

»Ich verkacke es bestimmt!«

»Quatsch, Rita! Du hast doch Tag und Nacht deinen Kopfhörer aufgehabt!«

»Ich glaub, ich muss noch mal.«

»Rita! Beruhige dich! Da kommt die Direktorin!«

»Guten Tag, Prüflinge. Sie werden jetzt auf zwei Klassenzimmer verteilt. Die Damen mit dem Buchstaben A auf der Prüfungsmappe schreiben zuerst den Aufsatz, die Damen mit B begeben sich zu den Mathematik-Prüfungen. Wie Sie sehen, haben diese unterschiedliche Farben, sodass Ihre Nachbarinnen andere Fragen zu beantworten haben. Wer noch mal austreten will, kann jetzt gehen, auch für eine letzte Zigarette ist noch Zeit. Aber dann geht es los!« Sie lächelte schmal.

»Uff«, entfuhr es mir, als ich den Prüfungsbogen aufschlug. Die Mathematik-Fragen waren in komplizierte Textaufgaben verpackt. Zuerst musste ich überhaupt mal verstehen, worum es ging, was mich viel Zeit kostete. Dennoch sauste mein Kugelschreiber bald nur so übers Papier.

»Sie haben vier Stunden Zeit für diese Aufgaben!« Die Direktorin spielte mit einem Lineal. »Danach wechseln Sie die Räume!«

Ich biss mir auf die Fingerknöchel. Vier Stunden waren gefühlt … Wieso hatten wir noch nicht mal heute eine Uhr zur Verfügung? Draußen vor unseren vergitterten Fenstern tummelten sich die Hofgeherinnen mit ihrem Besuch. Gut. Solange es draußen so laut war, war es noch nicht fünf.

Ich vertiefte mich in die Aufgaben. Wie in Trance warf ich Formeln, Gleichungen und Zahlen aufs Papier, strich wieder aus, verbesserte …

»Meine Damen, es ist siebzehn Uhr!«

»WAAAAS?!«

Entsetzt blickte ich auf. »Aber draußen lärmen sie doch immer noch …«

»Der Besuch ist längst weg. Draußen wird Fußballspiel gespielt!«

»Ach du Scheiße! Ich habe doch erst fünfzig von siebzig Aufgaben …«

»Geben Sie Ihr Prüfungsblatt JETZT ab«, schnarrte die Aufseherin. »Wechseln Sie die Räume! Oben bekommen Sie das Thema für Ihren Aufsatz!«

Entnervt ließ ich den Kugelschreiber fallen und begab mich mit den anderen nach oben.

»Das hab ich mit Sicherheit verkackt.«

»Jetzt warte mal ab, Rita. Toi, toi, toi für den Aufsatz!«

Das Thema hieß »Gleichheit«.

Na dann, prost Mahlzeit!

»Das ist alles gequirlter Mist, was ich da schreibe«, murmelte ich panisch. »Ich hab die Akzentsetzung total vergessen! Wie soll ich mich da auf den Inhalt konzentrieren …«

»Ruhe! Noch zwei Stunden!«

Diesmal verließ ich mich lieber nicht auf irgendeine Geräuschquelle. Auch hier oben gab es natürlich keine Uhr. Ich kaute auf meinem Kugelschreiber herum. Gleichheit zwischen den Geschlechtern, Gleichheit zwischen den Hautfarben, Gleichheit zwischen den Religionen. Ein weites Feld. Irgendwann hatte ich mühsam zwei Seiten zu Papier gebracht. Auf Deutsch hätte ich wesentlich mehr zu sagen gehabt! Unzufrieden versuchte ich, noch ein paar Akzente zu versetzen.

»Und jetzt die restlichen Fragen! Einfach nur ankreuzen!«

Schon wurde mir der Aufsatz entrissen und ein neuer Fragebogen hingelegt. »Noch fünfundvierzig Minuten!«

Ach, dachte ich resigniert, wenn unsere Haftzeit doch nur so schnell vergehen würde!

Mein Mund war schon ganz ausgetrocknet, und ich versuchte, die Panik wegzuatmen, während ich die Antworten ankreuzte.

Uff, das ging ganz gut! In den Fächern Geschichte, Erdkunde, Literatur und Ethik war ich gut vorbereitet. Diese Fachgebiete interessierten mich wirklich. Auch die Fremdsprachen Englisch und Spanisch waren für mich ein Kinderspiel. Ich könnte es vielleicht geschafft haben. Wenn die Matheaufgaben richtig waren …

»Noch fünf Minuten«, schnarrte die Aufseherin.

Triumphierend hielt ich ihr meine Fragebögen hin. »Hier. Fertig.«

Schon wollte ich erleichtert aufstehen, um unten im Hof eine zu rauchen, als mich ihr fragender Blick traf.

»Wo ist der Bogen mit den Antworten?«

»Na hier!«

»Das ist der Fragebogen! Die Antworten müssen auf das Beiblatt übertragen werden!«

»Oh nein!« Panisch schlug ich mir die Hände vor den Mund.

»Na dann mal los!«

Ich riss den Kugelschreiber wieder an mich, und ein Adrenalinschub jagte den nächsten! Meine Zungenspitze wollte unbedingt mitlesen, während ich jedes Kreuzchen sorgfältig auf den richtigen Bogen übertrug.

»Rosario?«

»Oh, bitte, nur noch fünf Minuten!«

»Die Zeit ist um.«

»Gleich … Bitte … Ich krieg's noch hin.«

»Okay, Rosario. Wir drücken ausnahmsweise ein Auge zu. Aber wirklich nur noch fünf Minuten!«

Dann war auch für mich Schluss.

Erschöpft ließ ich mir den Bogen aus der Hand reißen. Mein Kopf drohte zu explodieren. Als ich die Treppe hinuntertorkelte, riefen die anderen:

»Rita, du hast es echt bis zum Ende durchgehalten?!«

»Ja, ihr denn nicht?«

»Nein, zwei Drittel von uns hat schon vorher das Handtuch geworfen. Wir sind nicht durchgestiegen.«

»Das habt ihr einer *estrangeira* wohl nicht zugetraut, was?« Grinsend ließ ich mich unten auf eine steinerne Bank sinken.

Die Wärterinnen drückten auch jetzt wieder ein Auge zu und ließen mich erst mal in Ruhe eine rauchen.

»Lass dir gratulieren, Rita, du hast auf jeden Fall schon mal mehr als die Hälfte der Fragen richtig beantwortet!«

»Woher willst du das wissen?!«

»Sie haben schon die Ankreuzaufgaben ausgewertet. Mit großer Wahrscheinlichkeit hast du deine *prova* geschafft!«

»Ach Kinder, das wäre zu schön, um wahr zu sein. Aber lasst uns das Endergebnis abwarten!«

Völlig leer im Kopf, aber glücklich und stolz ging ich zurück in meine Zelle.

Einige Tage später erfuhr ich, dass ich das brasilianische Abitur, wenn auch knapp, bestanden hatte.

46

Torremolinos, Spanien, November 2004

Meine Beziehung zu Raymond war nach wie vor völlig unklar. Er war inzwischen bei uns eingezogen, und wie erwartet hatte Benni sofort einen guten Draht zu ihm.

Raymond, der neben allerlei anderen Jobs auch auf einem Schrottplatz arbeitete, nahm meinen Sohn öfter mit, ließ ihn an alten Autos herumbasteln, zeigte ihm, wie man Reifen wechselt, und erlaubte ihm sogar, auf einem alten Moped über das Gelände zu brettern. Benni war einfach nur selig, wieder einen Ersatzvater gefunden zu haben, und dann auch noch einen so coolen! Ich freute mich für meinen Sohn, dass er so glücklich war! Sein Selbstbewusstsein wuchs, in der Schule kam er dank Raúl gut mit, und inzwischen war er auch Mitglied im Fußballverein.

Ich kümmerte mich weiterhin um meine Bar, in der Raymond regelmäßig mit Freunden auftauchte und eine Runde nach der anderen schmiss. Ich war hin- und hergerissen: Wer war dieser Raymond? Er erinnerte mich an einen Panther. Geheimnisvoll, stets zum Sprung bereit, mal liebevoll, zärtlich, schnurrend, mal gefährlich, undurchschaubar, rätselhaft. Natürlich fand ich ihn auch sexuell dermaßen anziehend, dass ich allzu kritische Gedanken bald in den Wind schlug.

Hauptsache, Benni mochte ihn. Ja, er vergötterte ihn sogar!

Auf meine Frage, was Raymond denn sonst noch so beruflich mache, da er ja immer bestens gekleidet sei und seine

Whiskeyrunden in der Bar stets mit großen Scheinen zahle, erklärte er mir, dass er mit Stoffen handelte, die er aus Südamerika bezog. Außerdem besaß er ein Afro-Friseurgeschäft, in dem sich sämtliche Afrikaner Südspaniens ihre kunstvollen Rastafrisuren und Braids machen ließen. Auch Benni war dort inzwischen Stammkunde und allgemein erklärter Liebling.

Raymond war eine Art Alphatier, das mich einfach faszinierte. Der Sex mit ihm war wie eine Droge für mich. Ich liebte Raymond nicht, denn er war ein Egoist und Selbstdarsteller, aber ich konnte mich auch nicht von ihm trennen. Zumal wir anfangs in meinem kleinen Apartment wunderbar miteinander klarkamen.

Raymond machte sich sogar zeitweise im Haushalt nützlich und reparierte die Gastherme, an die ich mich nicht so richtig herantraute.

Er konnte entspannt mit uns vor dem Fernseher abhängen, und es kam fast so etwas wie Gemütlichkeit auf wie damals mit Thiago.

Heiratsabsichten hegte er keine. Nach außen hin gab er vor, eine innige Beziehung mit mir zu haben, indem er den Arm um mich legte und mich vor aller Augen küsste.

Doch wollte ich mit ihm schlafen, erfand er oft alle möglichen Ausreden – um dann wieder in einem dreiminütigen Gewaltakt über mich herzufallen. Dann konnte ich Lust und Schmerz nicht mehr auseinanderhalten und war mir selbst fremd, weil ich diese Demütigungen genoss.

Scherzte und flirtete ich mit männlichen Gästen an der Bar, konnte Raymond stinksauer werden. Oft stand er im Dunkeln vor dem Fenster und beobachtete mich heimlich. Wenn er dann mit seiner respekteinflößenden Größe plötzlich schweigend in der Tür stand, ließen meine Tanzpartner von sich aus erschrocken von mir ab.

Er war wie Sasha, meine ehemalige Malamuthündin: undurchschaubar.

Einer meiner Freunde, der gemütliche, dicke Jones, der fliegende Händler von der Promenade, nahm mich eines Tages beiseite: »Rita, lass die Finger von dem Typen! Oder willst du, dass der dein Leben zerstört?«

»Wieso denn, was ist denn los?«

»Trenn dich von dem, solange du noch kannst!«

»Aber wir sind ja irgendwie gar nicht richtig zusammen. Es ist nur wegen Benni«, redete ich mich heraus.

»Das ist es ja gerade!« Der dicke Jones schüttelte heftig den Kopf. »Wenn du schon nicht an dich denkst, dann wenigstens an deinen Sohn! Glaub mir, der Typ ist gefährlich – für euch beide!«

Ich sah nur die Vorteile: Raymond beteiligte sich zur Hälfte an der Miete, half in der Bar den Umsatz zu erhöhen, kümmerte sich hingebungsvoll um Benni und war auch mein Beschützer, was nicht von der Hand zu weisen war.

Über Einbrecher musste ich mir jedenfalls keine Gedanken mehr machen.

Im Dezember wurde es immer windiger und kälter. Tagelang regnete es in Strömen, und wir froren wie die Schneider, denn Winterklamotten hatte ich natürlich keine mitgebracht. Mit hochgezogenen Schultern stapfte ich mit Max den Strand entlang, eingehüllt in einen Kapuzenpulli und dicken Schal.

Benni wurde missmutig, weil er nicht mehr draußen spielen konnte und ich ihn immer wieder aufforderte, für die Schule zu lernen. Immer öfter telefonierte er mit Tanja, die inzwischen ein kleines Mädchen hatte. Charity. Ich schüttelte den Kopf. Charity Fuchs aus Höxter. Tja. Wer's mag!

»Hier ist es voll langweilig und kalt«, hörte ich Benni in

den Hörer maulen. »Mama hat nie Zeit für mich, und mein Fußballverein macht Winterpause.«

Ganz gegen meine Gewohnheit drückte ich mein Ohr an seine Zimmertür. Unwillig schüttelte ich den Kopf. Benni war hier im Paradies! Hatte er denn schon vergessen, wie kalt es um diese Jahreszeit in Deutschland war?

»Und das Fernsehprogramm kann ich auch nicht mehr frei bestimmen, seit Mama den Raymond hier wohnen hat.«

Das stimmte doch überhaupt nicht! Außerdem war Raymond seit Tagen unterwegs wegen seiner Stoffe, und Benni hatte die Fernbedienung ganz für sich allein!

»Ja, meinst du echt? Ginge das denn? Und was sagen Opa und Oma dazu?«

Mir sank das Herz in die Hose.

Das war jetzt aber nicht das, was ich befürchtete, oder?

Ich wollte nicht lauschen, aber jetzt fiel ich beinahe mit der Tür ins Zimmer.

»Und ihr schickt echt das Flugticket? Holst du mich dann ab?«

Ich schloss die Augen. Das war ja wohl der totale Verrat. Ich hatte alles, aber auch alles getan, damit Benni es hier schön hatte. Wie konnte er …

Ups! Fast hätte ich die Klinke im Gesicht gehabt.

»Mama? Hast du gelauscht?«

»Nein, ich – äh – habe hier nur meinen Ohrring gesucht …«

»Mama, lass den Scheiß. Dann weißt du es ja schon.«

»Benni, nicht in diesem Ton! Das ist kein Scheiß, das ist … Ein ganz mieser Verrat ist das! Wie kannst du Tanja erzählen, dass es hier scheiße ist?!«

So hatte ich noch nie mit meinem Augenstern geredet, und Benni begann bitterlich zu weinen.

Ich zog ihn aufs Sofa: »Willst du wirklich in den Weihnachtsferien nach Deutschland, Benni? Ist es dein innigster Wunsch?«

Er warf sich mir in die Arme und nickte heftig. »Ich hab die Tanja doch schon so lange nicht mehr gesehen und das Baby überhaupt noch nicht! Und Opa und Oma kenne ich eigentlich gar nicht. Du hast nicht das Recht, Mama, mir meine Familie vorzuenthalten ...«

Ich zuckte zusammen. So hatte ich das überhaupt noch nicht gesehen. Er vermisste seine Familie? Oder hatte Tanja ihm nur diesen Floh ins Ohr gesetzt?

»Ist das wirklich dein Wunsch, oder haben dir das andere eingeflüstert?«

»Ich hab Heimweh nach Deutschland«, heulte mein Großer mit zuckenden Schultern.

»Und du fürchtest dich nicht vor dem Flug?«

»Tanja hat gesagt, sie holt mich ab ...«

Ich tätschelte meinen frühpubertären Sohn. »Schade. Ich hatte mich so darauf gefreut, mit dir Weihnachten zu feiern.«

»Du hast ja sowieso keine Zeit für mich«, protestierte er selbstmitleidig. »Du kümmerst dich ja nur um deine Gäste!«

Sosehr ich auch das Gegenteil beteuerte, nämlich dass ich mit ihm über die Feiertage einen Abstecher nach Gibraltar und auf den afrikanischen Kontinent machen könnte – er ließ sich einfach nicht überreden.

Irgendwann war es beschlossene Sache: Mein geliebter Sohn würde zu »seiner Familie« nach Deutschland fliegen.

Mit Grauen sah ich Bennis Abreisetermin entgegen und brach in meiner Gereiztheit einen Streit mit Raymond vom Zaun.

»Wo warst du denn? Du kannst doch nicht einfach so abhauen! Ich hätte dich hier gebraucht, Benni hätte dich gebraucht!«

Doch das ließ Raymond völlig kalt.

»Du kannst machen, was du willst, aber wenn du mich kontrollieren und festbinden willst, siehst du mich nie wieder.«

»Ach, Raymond, so war das doch gar nicht gemeint!« Verzweifelt versuchte ich, ihn zu umarmen, aber er schüttelte mich ab wie ein lästiges Insekt. Jetzt hatte ich den auch noch gegen mich! Wollten mich denn hier alle im Stich lassen?!

Vor lauter Frust begann ich zu heulen.

Ungerührt ging Raymond ins Wohnzimmer, legte die Beine auf den Glastisch und fing an, in seiner Landessprache zu telefonieren. Es klang nicht so geschäftsmäßig wie sonst, ich meinte, Zärtlichkeit in seiner Stimme zu hören.

Sprach er etwa mit einer Frau? Ich hörte das Wort »Baby« heraus. Benni packte bereits voller Vorfreude seine Sachen, und ich stand hilflos im Flur und kam mir einfach nur überflüssig vor.

»Mit wem hast du telefoniert?«

»Hast du etwa gelauscht?« Wütend sprang Raymond vom Sofa auf.

»Nein, Raymond, bitte beruhige dich! Heute ist unser letzter Abend!«

Raymond legte sich ins Kinderzimmer, angeblich um Mutter und Sohn in ihrer letzten Nacht allein zu lassen. In Wirklichkeit hatte Raymond nur wieder mal keine Lust auf mich, dabei hätte ich ihn so sehr gebraucht!

Am nächsten Morgen bestellte Raymond ein Taxi für uns, kam jedoch selbst nicht mit nach Málaga zum Flughafen. Er trug Bennis Koffer zum Wagen, umarmte ihn und küsste ihn beherzt auf den Scheitel. Wie so oft vor anderen wollte er auch mir einen Kuss geben und so tun, als wären wir ein glückliches Paar.

In meiner Verzweiflung stieß ich ihn weg: »Wenn Benni nicht zurückkommt, ist das nur deine Schuld!«

Augenblicklich schlug ich mir die Hand vor den Mund. Was ich da gesagt hatte, durfte ich noch nicht mal denken!

Im Taxi beschwor ich Benni: »Du weißt ja, am siebten Januar geht die Schule wieder los!«

»Ja, ja, Mama. Mach dir keinen Kopf.«

»Und du weißt auch, dass ich die Tage zähle, bis du wiederkommst.«

»Ja, weiß ich.«

»Und du weißt, dass ich dich über alles liebe.«

»Ich hab dich auch lieb, Mama.«

Nach dem Check-in warteten wir in einem kleinen Raum auf die Flugbegleiterin, die während des Flugs auf Benni achten sollte. Benni wurde nun doch nervöser, als er zugeben wollte.

»Mama, nicht weinen. Ich komm doch wieder! Ist doch nur für drei Wochen!«

»Versprochen?«, wimmerte ich tränenblind.

»Großes Indianerehrenwort.«

»Zieh dich warm an, Benni, und ...« Ich schluckte und biss mir auf die Lippen. »... grüß Tanja und das Baby und Opa und Oma von mir«, rang ich mir schließlich ab.

Das hatte Benni allerdings bestimmt nicht mehr gehört. Er war aufgesprungen und lief der Flugbegleiterin tapfer entgegen.

»Frohe Weihnachten«, rief ich halblaut hinter ihm her. »Hab dich über alles lieb!«

Als ich in meine Bar zurückkam, wirkte alles trostlos. Raymond war wieder mal verschwunden, und auch die Wohnung war kalt und leer.

Ich musste mich schwer beherrschen, nicht ständig in Tränen auszubrechen, sobald ich Bennis leeres Zimmer sah. Jeden Morgen stapfte ich tapfer mit Max zwei Stunden am stürmischen Strand entlang. Das Meer war genauso grau und aufgewühlt wie meine Seele.

Am Nachmittag begann ich, meine Bar weihnachtlich zu schmücken. Ich kletterte auf die Leiter, hängte Tannengrün und rote Kugeln auf, schleppte einen Weihnachtsbaum herein und dekorierte die Tische mit Kerzen.

Später würden all die einsamen Herzen kommen, für die ich heute Abend eine Single-Party geben wollte. Mehrere Freunde aus der Nachbarschaft halfen mir, auch die treue Marta, die köstliche Tapas mitbrachte, sodass die Party ein voller Erfolg werden würde.

Immer wieder glitten meine Augen zur Tür, in der Hoffnung, Benni würde hereinspazieren und »Mama, ich hab's mir anders überlegt!« rufen. Auch Raymonds ersehnte Gestalt schob sich nicht herein.

Wir feierten trotz allem sehr fröhlich und gemütlich Weihnachten, ich schenkte Glühwein aus, und aus der Stereoanlage kam ausnahmsweise mal keine Black Music, sondern internationales Weihnachtsliedgut.

Am ersten Feiertag brummte noch mal die Hütte, ich hatte zu einem Brunch eingeladen, der bis in den späten Nachmittag hinein ging und sehr guten Umsatz brachte. Marta übertraf sich selbst, indem sie immer wieder mit neuen Tapas-Platten anrückte. Es tat mir im Herzen weh zu sehen, wie eifrig Raúl ihr half, während mein Benni durch Abwesenheit glänzte.

Am späten Abend schaute Cristóbal vorbei und freute sich für mich, dass der Laden so gut lief.

»Mädchen, ich hab immer an dich geglaubt! Wenn du

möchtest, nehme ich deine Einnahmen gleich mit und bringe sie noch bei der Bank vorbei!«

»Nicht nötig, Cristóbal!« Ich setzte mich zu ihm und schenkte nach. »Lieb von dir, aber du solltest jetzt nicht mehr fahren. Ich kann das morgen machen, dann schließe ich die Bar und hab endlich mal ein paar Tage frei.«

»Wie du willst, es war ja nur ein Angebot.«

Cristóbal stützte das Gesicht in die Hände und sah mich forschend an. »Was hast du vor, willst du verreisen?«

Mir schossen Tränen in die Augen. »Ja, ich dachte an ein paar Tage Afrika, aber ohne Benni ...« Ich zuckte mit den Schultern. »Ich werd einfach zu Hause bleiben und pennen.«

»Wo ist Raymond?«

»Der ist zurzeit verreist.« Ich räusperte mich. »Geschäftlich.«

»Mädel, sei mir nicht böse, aber der ist nichts für dich.«

»Wieso nicht?« Ärgerlich zog ich meine Hand zurück. »Warum glauben alle, sie müssten mich vor Raymond warnen?«

»Ich hab ihn kürzlich mit einer Marokkanerin gesehen. Sie schoben einen Kinderwagen.«

»Ach was, Cristóbal!« Ich machte eine wegwerfende Geste. »Er hat mir schon von der Frau seines Cousins erzählt. Sie ist alleinerziehend, und er hilft ihr.« Ich fuhr mit dem Finger durch eine Rotweinspur, die Cristóbals Glas auf dem Tisch hinterlassen hatte.

»Weißt du, die Afrikaner haben ein ganz anderes Zusammengehörigkeitsgefühl als wir.« Schluckend dachte ich an meine »Familie« in Höxter, die jetzt ohne mich feierte. »Die stehen zueinander und helfen sich aus. Ich weiß das, ich war in Ghana ...« Schon wieder kamen mir die Tränen.

Cristóbal zog vielsagend sein Unterlid herunter. »Frau seines Cousins! Ich geh dann mal. Frohe Weihnachten, Rita.«

Kaum war er weg, schlüpfte ich hinter die Theke und zählte meine Einnahmen. Ich hatte sage und schreibe zwölftausendsechshundert Euro über die Feiertage eingenommen! Das war doch großartig! Ich hatte es wirklich geschafft – mit Martas Hilfe, die ich natürlich für ihre Dienste entlohnen würde. Und zwar großzügig.

Aber jetzt würde ich nicht länger Trübsal blasen, sondern am besten erst mal den ganzen Laden hier aufräumen und putzen.

Ein Geräusch vor dem Fenster ließ mich hastig die Kasse schließen. Waren das Augen in einem schwarzen Gesicht, die mich da beobachteten?

»Raymond?«

War er nicht – verreist?

Entschlossen steckte ich den Kassenschlüssel in die Jeanstasche und ging zum Fenster, um die Jalousien runterzulassen.

Ich fuhr herum. Das Geräusch kam jetzt von der Tür.

Aber ich hatte doch hinter Cristóbal abgeschlossen?

Mein Herz raste. Nein? Hatte ich nicht?

Es klopfte.

Ich wich zurück und prallte an die Theke. War das jetzt ein Einbrecher? Das wäre der denkbar schlechteste Augenblick …

»Hallo?«, krächzte ich, während meine Beine den Dienst versagten. »Wer …?«

Es klopfte erneut. Jetzt schon fordernder.

»Wir haben schon geschlossen«, rief ich heiser. »Morgen auch! *Fiesta!*«

Die Tür schob sich auf, wie von Geisterhand. Eine schwarze Hand griff von innen an die Klinke.

Panisch tastete ich nach dem Pfefferspray und meinem Handy. Wo war denn nur mein Handy …

Plötzlich stand ein schwarzer Hüne im Raum.

Ein riesiger schwarzer Hüne.

Der Schrei, den ich ausstoßen wollte, blieb mir im Halse stecken.

Das war nicht Raymond!

Das war niemand, den ich kannte!

Oder doch?

Ich starrte den Mann an, der eine große, schwere Tasche dabeihatte. Mein Blick glitt über sein kurz geschnittenes Haar, sein weißes Hemd, seinen Anzug, seine blank geputzten Schuhe.

»Hi Baby«, sagte er mit rauer Stimme. *»Finally I found you.«*

Er breitete die Arme aus und strahlte übers ganze Gesicht.

Mit einem Jubelschrei ließ ich mich hineinfallen.

Es war Tony. Es war Weihnachten 2004. Und ich hatte meine große Liebe wieder.

47

São Paulo, Brasilien, Weihnachten 2007

Meine Hoffnung, Weihnachten 2007 bereits in Freiheit verbringen zu können, hatte sich nicht erfüllt. Die drei Weihnachtsfeiertage waren sang- und klanglos vergangen. Der einzige Unterschied zum normalen Haftalltag bestand darin, dass wir nicht zum Arbeiten in die Verpackungsfabrik mussten.

In meiner Zelle saßen nun Dona Edit, eine alte Frau, die sich einnässte und nicht mehr allein aus dem Bett kam, und Hilda, eine schwer Depressive, die nur die Wand anstarrte. Beide Zellengenossinnen machten es mir nicht gerade leicht, die Feiertage in der Zelle zu verbringen.

Ich schrieb wie besessen an meinem Buch – der einzige Weg, nicht auch verrückt zu werden. Inzwischen tat mir mein Arm vom Schreiben so weh, dass ich vor Schmerzen kaum noch schlafen konnte. Trotzdem verfolgte ich meine Buchidee weiter.

An meinem Geburtstag, Silvester 2008, wurde mir ein überraschendes Geschenk zuteil. Und zwar, als ich mit den anderen die Samba-Sendung im Fernsehen ansah. Plötzlich traten meine früheren Freunde dort auf! Jesús, Clara und die anderen hatten es doch tatsächlich geschafft! Sie nannten sich wirklich »Salsa Som«! Den Namen hatte ich mir damals in São Paulo für sie ausgedacht, während ich auf »Franks« Anruf wartete. Ich musste laut schluchzen. Ich freute mich aufrichtig für sie und sang ihre Lieder laut mit, tanzte auf dem Bett herum und lachte und weinte gleichzeitig.

Die Erinnerung an meine letzten Tage in Freiheit überrollte mich wie eine Dampfwalze. Die anderen schüttelten nur die Köpfe über die *louca alemã,* die verrückte Deutsche, die da so abging. Sie konnten ja nicht ahnen, was mich mit »Salsa Som« verband.

Am 28. April 2008 wurde ich erstmals wieder von Nelson in den Besprechungsraum gerufen. Er hatte nach wie vor keine guten Nachrichten.

»Ihr Antrag auf *semi aberto* liegt der Richterin seit Jahresbeginn vor.« Er zuckte missmutig die Achseln. »Aber sie hat abgelehnt!«

»Warum, um alles in der Welt? Ich habe die nötige Frist doch inzwischen abgesessen?«

»Sie lässt Julias Adresse nicht gelten.« Er reichte mir den Schrieb, in dem die Richterin mit Rotstift gewütet hatte. Unwillkürlich zuckte ich zusammen, als ich entzifferte, was Nelson da unter »Bürge« angegeben hatte: »Julia Silva de Sousa, eine Bekanntschaft aus dem Gefängnis.«

Dass Julia unschuldig eingesessen hatte und die Klage letztlich abgewiesen worden war, hatte Nelson nicht dazugeschrieben!

»Und warum schreiben Sie als Begründung für einen baldigen Entlassungsantrag: ›Hat einen minderjährigen Sohn‹?«

»Na, haben Sie doch! Sie jammern doch ständig darüber!«

»Sie sollten schreiben, dass dieser minderjährige Sohn in einem Kinderheim gelandet ist, aus dem er inzwischen abgehauen ist«, motzte ich Nelson entnervt an. »Er hat die Schule abgebrochen, ist nach Hamburg getrampt und treibt sich dort mit zwielichtigen Typen herum«, ereiferte ich mich. »Er hat mit seiner Freundin Schluss gemacht und ist jetzt völlig auf sich allein gestellt. Ich mache mir größte Sorgen um den Jungen!«

»Das ist doch nicht mein Problem«, kläffte Nelson zurück.

»Ja, haben Sie denn gar kein Herz und keinen Verstand? Sie sind mein Anwalt, Julia bezahlt Sie, und ich erwarte von Ihnen Sorgfalt und Einfühlungsvermögen!«

»Dann nehmen Sie sich doch einen anderen«, schmollte Nelson.

Das würde ich ja gern, dachte ich verzweifelt, biss mir aber gerade noch rechtzeitig auf die Unterlippe. Ich stand ohne einen Cent da, und wenn ich nicht in der Fabrik gearbeitet hätte, wo ich täglich ein paar Reais verdiente, hätte ich mir noch nicht mal Schreibpapier und Kugelschreiber leisten können!

Ich war also auf diesen Sturschädel Nelson angewiesen.

»Dann trete ich eben in den Hungerstreik!« Entschlossen verschränkte ich die Arme vor der Brust.

Nelson entrang sich ein müdes Achselzucken. »Und wen interessiert das, Rita?«

»Na, Sie als mein Anwalt werden das den Medien mitteilen! Und wenn nicht, werde ich es selbst tun. Geben Sie mir Ihr Telefon.«

Seufzend kratzte er sich im Nacken.

»Sie haben keinerlei Recht zu telefonieren. Weder mit dem Gericht noch mit der Presse.«

»Dann werde ich der Richterin eben einen Brief schreiben!« Entschlossen stapfte ich davon.

Noch am selben Abend schrieb ich der Richterin, aufgebracht, verzweifelt und wütend wie ich war: von Frau zu Frau, von Mutter zu Mutter. Ich erklärte ihr die Sache mit Raymond – dass er mich in eine Falle gelockt hatte.

Mit schmerzendem Handgelenk ließ ich meinen Kuli über

das Papier sausen. Ich schrieb, dass ich ein unschuldiges Opfer war.

Dass mein Sohn inzwischen sechzehn war und sich ohne Schulabschluss in Hamburg herumtrieb, dass er mich als Mutter dringend brauchte. Dass ich ja schon mit *semi aberto* zufrieden wäre, da ich ihn dann erstens anrufen und zweitens nach Brasilien holen könne. Wo ich bei einer rechtschaffenen Familie, nämlich bei Julia, die längst entlassen worden war, eine Unterkunft und – siehe bestandenes Abitur – auch bald eine Arbeit haben würde.

Während Dona Edit sich in die Hosen machte und Hilda jammerte, ihr Arm fühle sich taub an, schrieb ich an diese unbekannte Richterin, legte all mein Herzblut, all meine Diplomatie und noch verbliebene Höflichkeit in den Brief. Allerdings drohte ich ihr auch mit einem Hungerstreik. Plötzlich kippte die Stimmung, und meine Verzweiflung brach sich Bahn.

»Drei Jahre sitze ich nun schon hier, und mein Sohn geht vor die Hunde. Aber ein brasilianischer Vater, der vor Kurzem seine kleine Tochter erst sexuell missbraucht und dann aus dem siebten Stock geworfen hat, um das Ganze wie einen Unfall aussehen zu lassen, wurde nach zwei Tagen gegen Zahlung einer Kaution wieder freigelassen«, schrieb ich empört. »Wenn ich Sie mit hunderttausend Reais bestechen könnte – würden Sie mich dann endlich zu meinem Sohn lassen?«

Den letzten Satz schwärzte ich zwar wieder, war aber am Ende in Tränen aufgelöst.

»Rita, hilf mir, ich kann mich nicht aufrichten!«, krächzte es hinter mir.

Ich half der alten Dona Edit, ihre vollgepinkelte Hose auszuziehen, und wusch Frau und Hose, so gut ich konnte. Dann rief ich die Wachen, weil Hilda über Taubheitsgefühle im

Mund klagte. Sie röchelte nur noch und verdrehte die Augen. Sie wurde mitten in der Nacht mit Verdacht auf Schlaganfall ins Saúde, auf die Krankenstation, gebracht. Das war doch alles die reine Hölle! Wer konnte denn so was auf Dauer aushalten! Ich war am Ende meiner Nerven, meiner Kräfte, meiner Hoffnung!

Am nächsten Tag bekamen wir einen Neuzugang: eine junge Frau namens Linda, die brutal zusammengeschlagen worden war. Ihr ganzer Körper war von Blutergüssen übersät, die Fausthiebe und Fußtritte mit schweren Männerstiefeln hinterlassen hatten.

»Wer hat dir das angetan?«, flüsterte ich entsetzt.

»Er hieß Flavio Donetti«, hauchte das Mädchen. »Der Chef der Drogenpolizei DENARC. Er hat mich am Flughafen verhaftet und in einen Verhörraum gebracht. Dort hat er mich an die Heizung angekettet, viele, viele Stunden lang …« Sie krümmte sich vor Schmerzen.

Das konnte doch nicht wahr sein! Da hatte dieser brutale Schweinehund immer noch die Macht, arglose Mädchen, die von anderen als Drogenkurier benutzt wurden, fast zu Tode zu foltern!

Auch diesem Mädchen verhalf ich durch penetrantes Schlagen gegen die Tür zu einer Verlegung auf die Krankenstation.

Als Dona Edit wenige Tage später tot in ihrem Bett lag, schlug ich ein drittes Mal ans Gitter.

Jetzt hatte ich die Zelle für mich allein.

Allerdings nicht ganz, denn jetzt war für Kakerlaken Hochsaison. Aufgeschreckt krabbelten sie unter den feuchten Matratzen hervor, die ich angehoben hatte, um sie zu reinigen. Ich versuchte, sie mit Wasser zu vertreiben, was zur Folge hatte, dass ich meine Zelle komplett unter Wasser setzte. Ich bekam einen hysterischen Anfall. Die Wärter draußen lachten. Sie hatten mich schon oft Salsa tanzen sehen und zu Musik aus meinem Kopfhörer singen hören, jetzt bot ich ihnen auch noch einen Derwisch-Tanz.

Da ich inzwischen mit meinem Hungerstreik ernst gemacht hatte, lag ich nachts mit knurrendem Magen wach, umsurrt und umkrabbelt von Kakerlaken und anderem Ungeziefer. Ich war mal wieder komplett am Ende.

48

Torremolinos, Spanien, Silvester 2004/2005

Nach Tonys Erscheinen war die Bar drei Tage lang geschlossen.

Wir igelten uns zu Hause ein und konnten gar nicht aufhören, uns zu liebkosen, zu küssen und miteinander zu schlafen.

Die alt vertraute Zärtlichkeit zwischen uns war sofort wieder da gewesen. Tony konnte mich stundenlang streicheln, seinen Kopf in meinen Schoß betten, mir zuhören und selbst erzählen.

Das war ein himmelweiter Unterschied zu Raymond, und mir liefen immer wieder Tränen übers Gesicht, wenn ich daran dachte, wie hörig ich Raymond in meiner Einsamkeit gewesen war.

»Wie hast du mich gefunden?«, hatte eine meiner ersten Fragen gelautet.

»Du wirst es nicht glauben, aber dein Bild hing in Kumasi in einer Autowerkstatt. Ich dachte, ich traue meinen Augen nicht, und bin ganz nah rangegangen, aber das war eindeutig meine kleine Rita aus Germany.«

»Und dann …?«

»Da war eine junge Frau, die meinte, sie hätte dich persönlich kennengelernt.«

»Echt?« Ich setzte mich auf. »Dann war das die Frau, die keine Kinder bekommen konnte?«

»Oh, die hatte zwei kleine Kinder und war schon wieder

schwanger«, lachte Tony. »Sie meinte, du hättest ihr Glück gebracht. Ihr Mann stand neben ihr und wäre fast geplatzt vor Stolz! Er hat dann mein Auto repariert und wollte partout kein Geld dafür!«

Ungläubig schüttelte ich den Kopf. »Und – was hat sie dir noch erzählt?«

»Zwei sehr interessante Sachen«, meinte Tony, dessen nackte Brust ich streichelte. »Erstens, dass du einen Sohn hast. Und zweitens, dass du keinen Mann hast.« Tony sah mich fragend an. »Stimmt das?«

Ich grinste von einem Ohr zum anderen. »Stimmt!«

Tony rollte sich halb aus dem Bett, suchte etwas in seiner Brieftasche, was mir den Anblick seines Knackpos ermöglichte, und hielt mir schließlich ein Bild von Benni hin. »Ist er das?«

Ich strahlte ihn überglücklich an. »Ja, Tony. Das ist unser Sohn. Jetzt sieht er allerdings wesentlich älter aus. Er ist schon zwölf!«

»Und wo steckt er?« Spaßeshalber hob Tony die Bettdecke.

»Er ist in diesem Moment ausgerechnet bei meinen Eltern in Deutschland!« Ich verdrehte die Augen. *»Murphy's law!«*

»Haben deine Eltern ihn also doch akzeptiert?«

Ich schüttelte den Kopf. »Du wirst lachen! Sie haben ihn vorher noch nie gesehen. Sie haben nie nach ihm gefragt. Und ausgerechnet jetzt, wo du kommst, ist er zum ersten Mal ...« Ich seufzte. »Aber am 6. Januar kommt er wieder, Tony! Wir holen ihn zusammen in Málaga vom Flughafen ab. Der wird Augen machen! O Gott, dann wird er erstmals von seinem LEIBLICHEN Vater in die Schule gebracht werden!« Überwältigt schlug ich die Hände vors Gesicht.

»Hast du ihm nie von mir erzählt?«

»Nur so viel, dass du nach Ghana zurückmusstest. Aber

nicht, dass du ihn abtreiben lassen wolltest.« Ich schluckte. »Dass du mir bereits das Geld dafür gegeben hattest.«

»Oh, Baby, ich habe ja nicht geahnt, dass du ihn trotzdem bekommen hast.« Tony schloss mich fest in seine muskulösen Arme und strich mir zärtlich übers Haar – genau das, wonach ich mich bei Raymond immer vergeblich gesehnt hatte. »Wie stark du gewesen bist, Rita! Und, ist er glücklich?«

»In Deutschland war es schwierig, dafür aber umso mehr hier in Spanien! Er ist ein wunderbarer Junge, Tony. Er hat deine Intelligenz, deine Schönheit und deine Augen …«

Tony lachte zärtlich. »Baby, das hat er alles von dir!«

Ich hielt ihn auf Armeslänge von mir weg. »Und? Hast du jetzt Zeit? Willst du in Spanien bleiben? Willst du mit uns leben, Tony?«

Tony legte mir zwei Finger auf den Mund. »*Shh,* Rita! Eins nach dem anderen! Ich habe jetzt Zeit, und ja, ich will in Spanien bleiben. Ich habe immer nur dich geliebt. Als ich hörte, dass wir einen Sohn haben, dass du keinen Mann hast, hab ich sofort angefangen, im Internet nach dir zu suchen. In Deutschland fehlte jede Spur von dir.«

»Und wie hast du mich hier gefunden?«

»Facebook, meine Süße. Du geizt ja nicht mit Einträgen über deine Bar!«

Wir konnten es immer noch nicht fassen, dass wir uns nach dreizehn Jahren wiedergefunden hatten!

»Und du hast wirklich keinen Mann, Baby?«

»Ich hatte ein paar Liebhaber, aber nichts Ernstes.« Ich erzählte Tony natürlich von Raymond, dessen Sachen ja noch bei mir in der Wohnung herumlagen.

Auch Tony hatte eine lieblose Ehe hinter sich. Er hatte seine alten Eltern gepflegt, die inzwischen beide gestorben waren. Er hatte nie aufgehört, an mich zu denken.

»Ich will mir einen Job suchen, Baby, in Málaga. Und dann mit dir und Benni für immer zusammenbleiben!« Schluchzend vor Glück fielen wir einander in die Arme.

Wir lachten und weinten abwechselnd, liebten uns immer wieder, und ich zeigte Tony Bennis Zimmer und alle Fotos und Videos, die ich von ihm gemacht hatte. Wir redeten uns alles von der Seele, kochten gemeinsam in der Küche und wollten unser Liebesnest am liebsten nie mehr verlassen. So verbrachten wir auch meinen Geburtstag, Silvester 2004. Tony ließ mich eine Kerze auspusten und sang verliebt »Happy Birthday« für mich, versprach mir, mich nie mehr zu verlassen.

Eng aneinander gekuschelt schliefen wir ins Neue Jahr hinein.

Am ersten Januar 2005, gegen vier Uhr morgens, hörte ich den Schlüssel im Türschloss.

Wie von der Tarantel gestochen sprang ich aus dem Bett.

Tony saß auch schon senkrecht.

»Baby, ich würde sagen, du hast Besuch.«

Wir hatten beide gewusst, dass Raymond irgendwann wieder auftauchen würde.

49

São Paulo, Brasilien, Januar 2009

»Rosario, Sie haben Besuch!«

Mühsam erhob ich mich von meinem Fetzenlager. »Ist es Nelson?«

»Die Richterin höchstpersönlich! Sie ist mit vier Bodyguards hier aufgeschlagen!«

»Na, dann …«, murmelte ich perplex.

Senhora Doutora Matilda Busante Scrido ließ bei mir erst eine gründliche Leibesvisitation durchführen, bevor sie mich eintreten ließ.

»Was soll dieser unverschämte Brief, den Sie mir haben zukommen lassen?« Herablassend schaute sie an mir vorbei an die Wand.

»Darin ist jedes Wort ernst gemeint!« Scheiß drauf! Jetzt oder nie! Nun war es auch mit meiner Diplomatie vorbei.

»Ich lebe seit fast vier Jahren in einem Drecksloch. Mein ganzes Geld ist im Rachen gieriger Anwälte verschwunden, die noch nicht mal in der Lage sind, korrekte Anträge zu stellen. Mein Sohn verwahrlost ohne mich, und mir bleibt keine andere Möglichkeit als der Hungerstreik.«

Die Richterin wich angewidert vor mir zurück.

»Mäßigen Sie sich!« Sie schaute zu ihren vier Bodyguards hinüber, die gleich einen Schritt näher rückten.

»Senhora Richterin, ich habe nichts mehr zu verlieren«, sagte ich so sachlich wie möglich.

»Ihre Männer können mich nicht mehr einschüchtern. Ich weiß, dass ein berühmter Fernsehreporter mit zwei Kilo Kokain im Auto erwischt wurde. Nach zwei Tagen war er wieder frei – genau wie dieser Vater, der sein Kind aus dem Fenster geworfen hat. Sie wollen RECHT sprechen, das ist Ihr Beruf, oder? Dann tun Sie es! Auch wenn ich zurzeit nicht flüssig bin.« Ich rieb Daumen und Zeigefinger aneinander.

Die Richterin erbleichte. So viel Frechheit war ihr noch nie untergekommen. Die Leibwächter pumpten ihre durchtrainierten Oberkörper auf und brummten warnend. Fehlte nur noch, dass sie sich jetzt wie Gorillas auf die Brust trommelten. Lächerlich!

»Warum lehnen Sie meinen Antrag auf offenen Vollzug ab? Weil ich Ausländerin bin? Bei mir besteht keine Fluchtgefahr, weil ich gar kein Geld für einen Flug nach Deutschland habe«, sprudelte es nur so aus mir heraus. »Ich habe kein Zuhause und keine Familie mehr. Aber mit meinem Abitur und meinen Fremdsprachenkenntnissen kann ich in Brasilien Arbeit finden. Das steht alles in dem Brief. Ich bin keine gefährliche Hochkriminelle. Ich habe einfach nur dem falschen Mann vertraut!«

Sie zog eine gezupfte Augenbraue hoch.

»Warum sind Sie nach São Paulo gekommen?«, fragte sie kühl.

»Weil ich hier meinen – *namorado* wiederfinden wollte. Mit dieser Aussicht wurde ich in die Falle gelockt. Ich hatte gehofft, dass meine große Liebe noch lebt.«

»Und? Lebt er noch?«

Ich senkte den Kopf. Trauer erfasste mich. »Nein. Wie gesagt, es war eine Falle.«

»Nun, dann weisen Sie Ihren Anwalt an, einen zweiten Antrag auf *semi aberto* zu stellen.«

Sie erhob sich bereits und gab ihren Bodyguards das Zeichen zum Aufbruch.

»Hallo? Wie viel Geld soll ich meinem Anwalt denn noch bezahlen? Warum heben Sie Ihr eigenes Urteil nicht einfach auf?«

»Solange Sie mit Hungerstreik drohen, ist da nichts zu machen. Auf Erpressung lasse ich mich nicht ein.«

Sie warf mir einen vernichtenden Blick zu und stöckelte aus dem Raum.

Ich ließ erst mal Luft ab. Das hier war mit Sicherheit eine Besonderheit gewesen. Eine Richterin lässt sich bestimmt nicht oft dazu herab, einen Häftling im Gefängnis zu besuchen.

Sie hatte meinen Hungerstreik also ernst genommen. Immerhin!

Wenige Tage später besuchte mich Nelson.

»Ihr Prozess befindet sich in der Phase *›progressão de pena.‹*«

»Ja? Und was heißt das jetzt?«

»Dass die Richterin jederzeit entscheiden kann, die Strafe zu reduzieren.«

»Aha.« Ich drückte das Kreuz durch und sah Nelson abwartend an.

»In der zweiten Instanz darf sie, falls sie wieder ablehnt, nämlich nicht die gleichen Gründe angeben wie in der ersten.« Nelson fummelte mal wieder an seinem Hemdkragen herum. »Das bedeutet, dass sich die Richterin was Neues einfallen lassen muss.«

»Und – wird sie?«

»Ich glaube, dazu hat sie keine Lust mehr«, sagte Nelson.

50

Torremolinos, Spanien, Januar 2005

»Du willst also nicht mehr mit mir zusammenleben?«, fragte Raymond, der mitsamt einem fremden Typen, der mir auf Anhieb unsympathisch war, in meinem Haus aufgetaucht war.

»Ich glaube, dazu hat sie keine Lust mehr.« Tony kletterte aus dem Bett und schlüpfte in seine Hose.

Die beiden Männer starrten einander an wie zwei Kampfhähne.

Beiden schwoll der Kamm, und das Weiße in ihren Augen war blutunterlaufen. Eigentlich hätte Raymond mit unglaublicher Aggression und Eifersucht reagieren müssen, aber Tonys Größe und Ausstrahlung hielten ihn davon ab. Vielleicht lag es aber auch am rätselhaften Begleiter, dass Raymond sich im Griff behielt. Die beiden hatten offenbar wichtigere Ziele.

Max spürte die vergiftete Atmosphäre und knurrte in seinem Körbchen. Früher hatte er Raymond immer schwanzwedelnd begrüßt, jetzt rührte er sich nicht.

»Baby, wer ist das?«, fragte Raymond.

»Nenn mich nicht mehr ›Baby‹«, zischte ich. »Das ist Tony, meine große Liebe. Bennis Vater, ein Ingenieur aus Ghana. Wir werden von nun an zusammenbleiben.«

Ich wickelte die Decke fester um mich, in die ich mich auf die Schnelle gehüllt hatte.

»Und wer ist das?«, fragte ich zurück und wies mit dem Kinn auf den jungen Kerl, den er im Schlepptau hatte.

»Friday«, sagte Raymond knapp. »Mein Cousin. Ein Geschäftspartner von mir.«

Beide hatten schwere Reisetaschen dabei, die sie hastig in Bennis Zimmer verschwinden ließen.

»Und was soll jetzt werden?« Raymond zog die Nase hoch und steckte sich einen Joint an. »Wo soll ich jetzt hin mit der Ware?«

Friday räusperte sich und warf ihm einen warnenden Blick zu.

Ich holte schon Luft, um ihm zu sagen, dass das wirklich nicht mein Problem sei, als Tony den Arm um mich legte und mir ins Wort fiel:

»Was hältst du davon, wenn Rita und ich uns eine neue Bleibe suchen, und ihr behaltet die Wohnung?«

Ich sah ihn überrascht von der Seite an. Das war doch mein kleines Nest, das ich liebevoll eingerichtet hatte! Wie kam ich dazu, den beiden meine schnuckelige Wohnung zu überlassen?

Raymond nickte gnädig. »Ich zahle eh die halbe Miete.«

»Ja, aber, Tony …«

»Dann zahl doch jetzt einfach die ganze«, schlug Tony gelassen vor. Ich bewunderte, wie souverän er mit dieser Situation umging. »Vielleicht kannst du sie ja mit deinem Cousin teilen.« Seine lässige Souveränität verunsicherte die beiden anderen so sehr, dass es überhaupt nicht mehr zu hitzigen Eifersuchtsszenen kommen konnte.

»Für uns drei habe ich an etwas Größeres gedacht«, erklärte Tony mir später, als wir allein waren. »Bennis Kinderzimmer ist ja viel zu klein geworden, da kann doch dieser Cousin, dieser Friday rein.«

Obwohl ich immer noch überrumpelt war, machte sich große Freude in mir breit.

Egal – nur weg von Raymond und dem unsympathischen Typen mit dem verschlagenen Blick! Tony war jetzt da, Tony, meine große Liebe!

Wir würden eine größere Wohnung beziehen! In der Benni seine eigene Playstation und vielleicht sogar eine Tischtennisplatte haben könnte! Er würde Freunde über Nacht einladen können! Mein Herz machte einen Purzelbaum vor Vorfreude. Ich würde ihn sofort anrufen, um ihm diese wunderbare Neuigkeit zu erzählen! Er hatte einen Vater! Ich würde endlich viel mehr Zeit für ihn haben! Eine Welle der Dankbarkeit überflutete mich.

Für die nächsten Tage zogen Tony und ich ins Hotel, wo wir uns immer wieder zärtlich liebten, Musik von früher hörten und Pläne schmiedeten.

Über Cristóbal, der sich unendlich für mich freute und Tony auf Anhieb mochte, fanden wir schon in der ersten Januarwoche ein wunderschönes kleines Strandhaus – nur zwei Kilometer weiter für eine relativ günstige Miete. Tony bestand darauf, ganz dafür aufzukommen.

Ich liebte ihn in diesem Moment so sehr, dass es fast wehtat. Hätte er doch von Anfang an bei uns bleiben können! Wie viel Elend und Chaos wären uns erspart geblieben!

Das gelb gestrichene Haus mit den großen Fenstern nach Süden hin war komplett eingerichtet und verfügte über eine moderne Einbauküche und einen Garten. Die Veranda zeigte zum Strand, darauf stand ein Schaukelstuhl wie in alten amerikanischen Filmen. Von dort aus konnte man das Meer und den Sonnenuntergang sehen. An der Hauswand war ein Basketballkorb befestigt, in der Garage lagen Surfbretter, Schnorchel und Flossen herum. Benni würde begeistert sein!

In unserem neuen Haus war es warm und gemütlich, dank einer Zentralheizung. Ich konnte dort herrlich entspannen und ließ mich von Tony in jeder Beziehung verwöhnen. Er hatte ja so viel an mir gutzumachen! Schnurrend vor Wonne genoss ich jede seiner Aufmerksamkeiten. Jeden Morgen brachte er mir das Frühstück ans Bett, massierte mir den Rücken, arbeitete sich dann Zentimeter für Zentimeter nach unten, um mich anschließend mit aller Leidenschaft und Intensität zu lieben.

Während er mich zur Ekstase brachte, flüsterte er mir liebevolle Worte ins Ohr, bis er selbst laut stöhnend kam.

»*Call my name, Baby, call my name!*«

»Tony!« Ich krallte mich in seine Haare. »Tony, Tony, Tony!«

Es waren märchenhafte Tage. Unsere Zweisamkeit war etwas ganz Besonderes. Wir hatten so viel nachzuholen! Ich spürte, dass mir der Abstand zu Raymond sehr gut tat. Und auch wenn ich noch so manches Möbelstück aus der alten Wohnung vermisste, war ich einfach nur froh, seinem Bannkreis entronnen zu sein. Die Fotoalben, Tagebücher und persönlichen Gegenstände wie Bücher, CDs und Bilder würde ich mir bei Gelegenheit holen.

Wir waren viel zu sehr damit beschäftigt, unser neues Heim gemütlich zu machen. Anschließend hängten wir für Benni eine Willkommensgirlande über die Haustür und bliesen Luftballons auf. Der würde Augen machen!

Am sechsten Januar 2005 standen Tony und ich Hand in Hand in der Ankunftshalle des Flughafens Málaga und warteten auf die Maschine aus Köln. Ich hüpfte wie ein kleines Mädchen an der Hand meines baumlangen Geliebten auf und ab und war gespannt wie ein Flitzebogen auf die Augen, die Benni machen würde. Er hatte es so verdient, endlich glücklich zu sein! Würde er Tony erkennen? Würden die beiden gleich einen Draht zueinander haben?

Jetzt wurde alles gut! Bestimmt würde mir mein Sohn auch liebe Grüße von meinen Eltern überbringen. Vielleicht würden sie uns schon im Sommer besuchen?

Ich hatte ihn bewusst nicht mehr angerufen, weil ich ihn überraschen wollte.

Die Ankömmlinge tröpfelten jetzt schon spärlicher aus der Glastür, die sich automatisch öffnete und schloss. Immer weniger Abholer standen mit uns hinter der Absperrung. Am Ende waren Tony und ich ganz allein.

»Hallo? Können Sie ... Ist da noch jemand am Kofferband?«

Verzweifelt tippte ich einem Flughafenangestellten auf die Schulter.

»Nein«, sagte er bedauernd. »Da ist niemand mehr. Das war die letzte Maschine für heute.«

Benni war nicht gekommen!

Verzweifelt versuchte ich, ihn auf dem Handy zu erreichen, und als das nichts half, rief ich meine Eltern in Höxter an.

Die schneidende Stimme meiner Mutter meldete sich. »Ja bitte?!«

»Wo ist Benni?«, rief ich in den Hörer.

»Benni geht jetzt hier in Höxter zur Schule«, verkündete meine Mutter eisig. »Du kannst ihn gerne sprechen, wenn du willst.«

Sie gab den Hörer an Benni weiter. Kleinlaut krächzte er: »Mama, sei mir bitte nicht böse, aber ich möchte in Deutschland bleiben.«

»Benni!«, unterbrach ich ihn. »Wir sind umgezogen! Wir haben ein neues Haus! Dein Vater ist hier!«

»Genau das möchten wir Benni nicht weiter zumuten«, hörte ich die Stimme meines Vaters, dem meine Mutter wohl resolut den Hörer in die Hand gedrückt hatte: »Horst! Sag DU mal was!«

»Papa, hallo, Benni gehört zu mir …«

Ich warf Tony einen verzweifelten Blick zu und bedeutete ihm gestenreich, wie schief hier alles lief.

»Du hast den Jungen immer nur rumgeschubst«, flüsterte mein Vater kraftlos. »Jetzt hat Mutter mal ein Machtwort gesprochen.«

»Sein Vater ist hier!«, brüllte ich in den Hörer. »Er wird ihn lieben! Er hat ein Recht auf seinen Vater!«

»Wir können es langsam nicht mehr hören. Wie viele Väter willst du denn noch aus dem Hut zaubern?«

»Tony ist sein RICHTIGER Vater!«

»Das sagst du jedes Mal. Jetzt ist Schluss. Du bist nicht in der Lage …«

»Er ist schulpflichtig, er hat hier Freunde, er lebt hier, er ist in der Pubertät. Er braucht jetzt seine Mutter und ein stabiles Elternhaus«, unterbrach ich ihn schreiend.

»Dasselbe haben wir auch gesagt«, unterbrach mich mein Vater mit leidender Stimme.

»Damals. Als du uns Tanja weggenommen hast.«

Damit war die Verbindung unterbrochen. Tony legte den Arm um mich und schob mich durch menschenleere Gänge zum Ausgang. Die Angestellten knipsten schon das Licht aus.

51

São Paulo, Brasilien, Januar 2009

Langsam begann ich ernsthaft zu glauben, dass ich hier als Letzte das Licht ausknipsen würde. Noch einmal ging ich durchs Tal einer schweren Depression. Tagsüber verpackte ich medizinische Geräte, und zwar so besessen, dass die Produktion gar nicht mehr hinterherkam.

Abends saß ich allein in meiner Zelle und schrieb genauso besessen an meinem Buch, um nicht wahnsinnig zu werden. Und nachts weinte ich mir die Augen aus.

Benni. Wo war er? Wie ging es ihm? Mit welchen Menschen umgab er sich? Vermisste er mich? Dachte er überhaupt noch an mich? Würde ich ihn jemals wiedersehen? Die Einsamkeit fühlte sich an wie ein schwarzer Tunnel, aus dem es keinen Ausweg gab.

Alle meine früheren Leidensgenossinnen waren inzwischen entlassen worden. Nur ich nicht. Inzwischen war ich davon überzeugt, die Richterin als persönliche Feindin gegen mich zu haben. Ich hatte wieder alles falsch gemacht. Nelson ließ schon ewig nichts von sich hören.

Am 20. Januar verfolgte ich im Fernsehen den Amtsantritt des neuen amerikanischen Präsidenten. Ein Ereignis, das jetzt schon in die Weltgeschichte einging!

Obwohl ich noch nie in den USA gewesen war, rührte es mich sehr. Ob Tony sich auch darüber gefreut hätte? Der Sohn eines Afrikaners und einer weißen Amerikanerin war nun der mächtigste Mann der Welt!

Verstohlen wischte ich mir ein paar Tränen aus dem Gesicht. Es ging also DOCH, Tony!

Wir hätten es sehr wohl schaffen können, wenn du nur an uns geglaubt hättest!

52

Torremolinos, Spanien, März 2005

»Wir werden das schaffen, Baby, du musst nur ganz fest daran glauben!«

Tony strich mir zärtlich über das verweinte Gesicht. Ich vermisste Benni.

»Baby, lass ihm Zeit. Er wird ganz sicher wiederkommen!«

Tony war nun drei Monate bei mir und hatte inzwischen einen Job in Málaga, wo eine neue, moderne Bahnhofshalle gebaut werden sollte. Ein Traumjob für Tony. Längst sprachen wir von Heirat.

»Nicht ohne meinen Benni«, sagte ich, als Tony mir einen Ring ansteckte.

»Warte die Osterferien ab. Dann fliegen wir hin und holen ihn. Und im Sommer heiraten wir hier unter Palmen – deine Eltern werden auch dabei sein.« Er nahm jeden Finger meiner Hand und küsste ihn: »Und Tanja und Charity und Thorsten und Karsten ...«

Wie lieb er war! Wie großzügig! Wie cool! Rachegedanken, Engstirnigkeit, verletzte Eitelkeiten – all das war ihm völlig fremd. Wie hatte ich nur so einen Mann verdient!

»Ach, Tony, ich liebe dich so sehr! «

Das stimmte! Tony war immer für mich da und begleitete mich nach der Arbeit noch in die Bar, wo er mir tatkräftig half, bis der letzte Gast gegangen war. Tony war der Rückhalt, den ich so sehr brauchte. Aber auf diese Weise schlief er kaum mehr als drei Stunden pro Nacht.

»Aber *Darling*, das wirst du auf Dauer nicht durchhalten«, protestierte ich schwach.

Manchmal hatte ich das Gefühl, dass Raymond eifersüchtig draußen am Fenster stand und uns beobachtete. Sowohl in der Bar wie auch bei uns zu Hause. Aber das bildete ich mir bestimmt nur ein. Entschieden ließ ich die Jalousien herunter und begab mich zu meinem Mann, der schon frisch geduscht auf mich wartete.

Er bedeckte meinen Körper mit Küssen, bis er mit seiner Zunge zwischen meinen Schenkeln war. Dann ließ ich meinen Körper sinnlich über ihm kreisen, ihm die Haare ins Gesicht fallen, wobei ich mich an seinen Schultern festhielt.

Sollte Raymond doch draußen stehen und gucken! Er hätte mich damals haben können, hatte mich aber nie wirklich gewollt.

Laut schrie ich: »Nimm mich, Tony, *make love to me, take me, I love you …*«

Mit einem Satz war Tony über mir und drang in mich ein.

»Ich liebe dich, Baby, sag meinen Namen«, stöhnte er in völliger Ekstase und ich schrie:

»I love you, Tony, Tony, Tony!«

Er gab mir alles, was ich je vom Leben gewollt hatte, und machte mich so unglaublich glücklich, dass es schon fast beängstigend war. Gemeinsam kamen wir zum Höhepunkt. Wir könnten noch ein Baby haben!, schoss es mir durch den Kopf.

Das wäre die Vollendung unseres späten Glücks.

»Tony, ich bin verrückt nach dir«, seufzte ich schließlich, von Glückshormonen überflutet. »Du darfst mich nie mehr verlassen!«

»Nie, Baby, wir bleiben für immer zusammen«, flüsterte er mir heiser ins Ohr.

Wir waren beide schon wieder erregt, und er drang erneut in mich ein. Doch diesmal liebten wir uns sinnlich und langsam, mit der Gewissheit, alle Zeit der Welt zu haben.

Vielleicht ist es doch ganz gut, dass Benni noch nicht wieder da ist, dachte ich manchmal. Tony und ich haben so viel nachzuholen.

Es war fast schon wieder hell, als wir fest umschlungen einschliefen.

Als der Wecker eine Stunde später klingelte, hatte ich größte Mühe, Tony wach zu bekommen.

Müde lächelte er mich an. »Baby, ich bin total kaputt. Am liebsten würde ich heute nicht zur Arbeit gehen, aber ich bin noch in der Probezeit …«

Er zog mich zurück ins Bett, legte sich auf mich und küsste mich zärtlich. »Weißt du, der Sex mit dir ist einfach so gigantisch, das hatte ich schon ganz vergessen …«

Ich lachte. »Ich hoffe, ich hab inzwischen noch dazugelernt! Aber jetzt spricht die Stimme der Vernunft.« Ich schlüpfte unter ihm hindurch und warf mir den Morgenmantel über. »Liebster, du schaffst das. Ich mache dir einen starken Kaffee.«

Nach fünf Minuten stand Tony bereits in der Haustür und entriegelte sein Jaguar-Cabrio.

Schon öfter hatte ich über diesen Rennflitzer den Kopf geschüttelt, und Tony hatte mir versprochen, ihn gegen einen Mercedes-Kombi einzutauschen, sobald Benni zurück war.

»Liebster, bitte ras nicht so. Es ist zehn vor sechs, du bist sicher pünktlich in Málaga.«

»*I love you, Baby.* Ich habe mein Leben lang von dir geträumt.«

»I love you too, darling. Drive carefully.«

Das waren die letzten Worte, die wir miteinander wechselten.

Tony sollte seinen Sohn Benni niemals kennenlernen. Noch am selben Nachmittag kamen Polizisten in meine Bar und teilten mir mit, dass Tony sich mit seinem Wagen auf der Autobahn mehrfach überschlagen hatte.

53

São Paulo, Brasilien, 13. Februar 2009

Und dann überschlugen sich plötzlich die Ereignisse. Nelson ließ sich wieder blicken, entnahm seiner Aktentasche mit regloser Miene einen amtlichen Schrieb und wedelte damit vor meinem Gesicht herum.

»Die Richterin hat unterschrieben. Hätten Sie dieses Theater mit dem Hungerstreik nicht gemacht, wäre das schon viel früher passiert!«

Ich riss ihm das Blatt aus der Hand. »*Semi aberto* für Rita Rosario, sobald im Gefängnis Butantã ein Platz frei wird.« Fragend sah ich ihn an.

»Was heißt denn das schon wieder?«

»Butantã ist ein Gefängnis mit halboffenem Vollzug. Dort gibt es keine Zellen mehr, sondern *quartos,* also so etwas wie lockere Wohngemeinschaften.«

»Aber dieses Ferienparadies ist leider gerade ausgebucht?«

»Völlig überbelegt. Wer sich dort nichts zuschulden kommen lässt, kann ein paar Monate später mit Entlassung auf Bewährung rechnen. Aber keine Sorge, in fünf Wochen kriegen wir Sie da schon rein.« Er grinste feist und ließ wieder seine Finger in den Hemdkragen rucken. Ein echter Tick.

Wenn Nelson fünf Wochen sagte, konnte man gut mit dem Doppelten rechnen.

Noch zehn Wochen in dieser Kakerlakenhölle!

Wenn ich nicht bald hier rauskam, würde ich gar nicht mehr nach Butantã kommen, sondern gleich in die Klapsmühle!

»Verdrehen Sie nicht die Augen, Mädchen! Dafür hab ich Ihnen was anderes Schönes mitgebracht.« Nelson reichte mir sein Handy. »Sie haben die offizielle Erlaubnis, fünfzehn Minuten mit ihrem Sohn zu telefonieren.«

Perplex prallte ich zurück. »Jetzt?!«

»Ja. Jetzt. Ich geh dann so lange raus.«

Mein Herz machte einen hilflosen Hopser.

»Aber ... Ich hab gar keine Nummer. In seinem letzten Brief stand nur, dass er irgendwo in Hamburg ist.«

Nelson zuckte mit den Schultern. »Fünfzehn Minuten. Rufen Sie irgendjemanden an, der seine Nummer hat!« Schon griff er nach seinen Zigaretten und stiefelte hinaus.

Ich schluckte und dachte nach. Die einzige Nummer, die ich nach wie vor auswendig konnte, war die – meiner Eltern. Höxter. Efeuweg.

Hastig wählte ich. Meine Finger zitterten.

»Ja bitte?«

Oh. Oje. War das etwa die Stimme meiner Mutter? Sie hörte sich verwirrt an.

»Mutter? Ich bin's, Rita!«

»Welche Rita?«

»Deine Tochter, Mutter!«

»Tochtermutter? Kenne ich nicht.«

»Nicht auflegen, bitte nicht auflegen, kann ich ...«

Es rumpelte. »Gib mal her, Mama ... Hallo?«

»Tanja! Hier ist Rita. Ich will nur ganz schnell fragen, ob ihr Bennis Nummer habt.«

»He! Lange nichts gehört«, gab Tanja lässig zurück. »Wo steckst du denn inzwischen?«

»Ich bin immer noch in São Paulo.« Mein Herz polterte dumpf. Nach vier Jahren sprach ich zum ersten Mal wieder mit meiner »Familie«.

»Im Knast?« Sie war beeindruckt. »Das ist ja ein Ding. Vier verfickte Jahre?! Und – wie lange noch? – Mutter, hau ab jetzt hier! – Sie will immer den Hörer haben, die ist wie ein Kind. Mutter! Du schnallst das sowieso nicht …«

»Wer ist denn da?«, fragte meine Mutter genauso mechanisch wie vorhin.

»Mutter, ich bin's, Rita!«

»Wer ist Rita?«

»Mutter, gib mir … Rita? Ich bin's wieder, Tanja.« Ich hörte eine Tür zufallen.

»Wisst ihr was von Benni?«, fragte ich atemlos.

»Ja, neulich hat Raymond hier angerufen. Der meinte, Benni wär in Hamburg …«

»WER hat bei euch angerufen?«, schrie ich entsetzt. Welcher Raymond?, wollte ich schon genauso begriffsstutzig fragen wie Mutter.

»Na, DER Raymond!«

»Raymond wurde in Pakistan mit zweiundsechzig Kilo Heroin erwischt«, brüllte ich in den Hörer. »Dem blüht die Todesstrafe! Wenn er nicht längst tot ist! Der KANN dich gar nicht angerufen haben!«

»Also, der Raymond, von dem ich spreche, hat letzte Woche hier angerufen. Dein ehemaliger Typ, mit dem Benni und du zusammengewohnt habt. Er ist gesund und munter und wohnt nach wie vor in deiner Wohnung in Torremolinos.«

»Und wer ist dann in Pakistan verhaftet worden?« Ich lehnte mich an die Wand und ließ mich kraftlos zu Boden sinken.

»Keine Ahnung. Woher soll ich das wissen?«

Fassungslos starrte ich ins Leere. Raymond lebte munter weiter in meinem Paradies!

In unbändiger Wut drosch ich gegen die Wand.

»Rita, bist du noch dran?«

Ich schluckte. »Ja.«

»Also, dann geb ich dir jetzt Bennis Nummer. Aber er hat meist das Handy aus, weil er seine Telefonkarte nicht bezahlt hat. Willst du Mutter noch mal sprechen?«

»Nein.«

Blind vor Tränen und mit einem entsetzlichen Kloß im Hals rief ich Benni an.

Nachdem zweimal die Mailbox drangegangen war, hieb ich verzweifelt ein drittes Mal in die Tasten. Plötzlich nahm er ab.

»Ja?«

»Benni, ich bin's, Mama!« Das Herz klopfte mir bis zum Hals.

Schweigen. Ich schluckte. »Hallo?«

»Hallo, Mama.«

»Benni, ich darf nur ganz kurz telefonieren. Wie geht es dir?« Ich kniff die Augen zusammen und versuchte, mir Bennis Gesicht vorzustellen. Es gelang mir nicht.

»Ganz okay.«

Ich wartete. Kam da noch was? Seine Stimme war tief, irgendwie fremd.

»Benni?«

»Ja?

»Bitte rede mit mir. Sag was, lass mich nicht hängen«, bettelte ich.

»Wann kommst du zurück?«

»Benni, es kann sein, dass ich bald in den halboffenen Vollzug komme! Dann kann ich dich öfter anrufen!«

Pause. Dann, offensichtlich enttäuscht oder auch desinteressiert: »Meinetwegen.«

»Benni!«, rief ich aufgeregt, denn ich hörte Schritte und spürte Nelson nahen. »Bist du okay?«

»Ja, passt schon.«

»Stimmt es, dass du zu Raymond Kontakt hast?« Ich biss mir auf die Fingerknöchel. Ob es schlau war, das zu fragen? Aber ich musste einfach Bescheid wissen, ich MUSSTE … Tanja log ja gerne mal, und bestimmt hatte sie mir nur wehtun wollen, als sie das mit Raymond sagte …

»Wieso willst du das wissen?«, kam es schnodderig zurück.

»Sag mir nur, ob Raymond mit dir gesprochen hat!«

»Ja, hat er«, gab Benni widerwillig zurück. »Was dagegen?«

»Ich habe gehört, dass er in Pakistan verhaftet wurde«, flüsterte ich matt.

»Nö. Der lebt in unserer Wohnung und wollte wissen, was er mit deinen Sachen machen soll. Ich hab nicht gewusst, was ich darauf antworten soll, und da meinte er, er schmeißt sie weg.«

In dem Moment betrat Nelson den Raum und streckte fordernd die Hand nach seinem Handy aus.

»Benni …?«

»Ja, was kann ICH denn dafür?!«

»Benni, ich liebe dich«, konnte ich gerade noch rufen, als Nelson mir das Handy entriss und entschieden zuklappte.

Elf Tage später hieß es auf einmal:

»Rosario? Sachen packen für die *inclusão!*«

Ich sprang von meinem Bett. »Das heißt, ich – komme raus?«

»Mach schon, Rosario. Der Wagen wartet bereits.«

Hastig raffte ich mein Hab und Gut zusammen. Es hatte sich einiges angesammelt, meine Sachen füllten drei schwere Müllsäcke.

Andächtig nahm ich meine Aufzeichnungen in die Hand.

Sie bedeuteten mir alles. Fast tausend eng beschriebene Seiten, viele davon tränenverschmiert.

Das Buch hatte *blizz, choque* und die Rebellion überlebt sowie unzählige Umzüge von Zelle zu Zelle.

Es hatte meine verrückten, bösartigen und neidischen Zellengenossinnen überlebt.

Jetzt musste es nur noch die Gepäckkontrolle vor der *inclusão,* der Aufnahme in Butantã, überleben.

Ich verließ die Zelle, die ich zuletzt ganz allein bewohnt hatte.

»In Butantã kriegst du aber kein Einzelzimmer«, scherzte die Wärterin, die mir sogar freundlicherweise mit einem meiner Müllsäcke half.

»Willst du den Fernseher mitnehmen?«

»Wenn ich darf?«

»An mir soll's nicht liegen.«

Nach fast vier Jahren verließ ich dieses Gefängnis, ohne dass mir jemand nachwinkte.

»Na, dann mach's gut, Rosario.« Die Polizistin half mir, meine Säcke einzuladen. »Du wirst uns fehlen, kleine Deutsche. Keine hat so laut gesungen und so begeistert getanzt.«

Sie schlug einmal mit ihrem Gummiknüppel gegen den Kofferraum, und der Wagen setzte sich in Bewegung.

Ich schaute aus dem kleinen, vergitterten Heckfenster und sah das Frauengefängnis entschwinden.

In Butantã angekommen, ging das bekannte Prozedere wieder los.

Uniformierte Frauen standen im Hof und befahlen gelangweilt: »Aussteigen, Bodycheck, alte Uniform abgeben, neue Uniform entgegennehmen! Gepäckkontrolle!«

Anschließend durfte ich mich relativ frei auf dem Gelände bewegen. »Sie können sich eine Zelle aussuchen!«

Oh. Das war ja sehr erfreulich. Unternehmungslustig stiefelte ich hinter Iris her, einer ebenfalls neu aufgenommenen Spanierin, die hier alte Freunde wiedertreffen wollte.

»Im dritten Stock warten sie schon auf mich! Die sind cool! Komm mit! Für dich ist da bestimmt auch noch ein Plätzchen frei!«

Nun wusste ich ja schon von Nelson, dass Butantã überbelegt war, aber was mich in Zelle 7 erwartete, ließ mich doch entsetzt zurückprallen: sieben Frauen in einer Einzelzelle. Überall Hände, Arme, Füße, Beine.

Der Gestank, der mir entgegenschlug, brachte mich zum Würgen.

Dies hier war ganz offensichtlich ein Schweinestall, in dem kein Mensch Desinfektions- oder Spülmittel verwendete. Schon jetzt drehte sich mir der Magen um. Auf diese stinkenden Toiletten würde ich mich nie und nimmer setzen.

»He, Rita! Wir haben schon von dir gehört! Du bist die Fröhliche, die immer singt und tanzt!« Ein Dutzend Hände winkten mich ungeduldig herein.

»Ähm, das kommt ganz auf meine Verfassung an …«

»Und du sollst so lustige Geschichten erzählen können! Hab ich von Margarita gehört, die war letztens auch hier!«

»Oh, ja.« Ich kratzte mich am Kopf, weil ich jetzt schon Läuse auf mir fühlte. »Wie nett.«

»Komm rein, Rita, gleich ist Einschluss. Wir machen es uns gemütlich.«

»Es ist nicht so schlimm, wie es aussieht«, tröstete mich Carla, die Zellenälteste. »Außerdem haben wir alle die Freiheit vor Augen! Nur noch ein paar Wochen, *lindinha!*«

Ich schluckte. Alles in mir weigerte sich, dieses überfüllte Drecksloch zu betreten. Ein Herpesbläschen begann bereits auf meiner Lippe zu sprießen.

Hatte ich meine Kakerlaken-Einzelzelle überhaupt genügend zu schätzen gewusst? Plötzlich erfasste mich Wehmut. Da hätte ich doch relativ menschenwürdig den Rest meines Lebens verbringen können. Mit Toilette, Fernseher und Bett.

»*Lindinha,* kleine Schöne, tanz uns was vor!«

»Wir haben ein Radio, komm, wir spielen Salsa!«

Ehe ich mich versah, dröhnte mir schon die bekannte Musik von »Salsa Som« entgegen! Von meiner Band! Deren Namen ich erfunden hatte!

»Die sind geil, die hören wir hier immer …«

Schon begannen die anderen ausgelassen zu tanzen.

Und so kam ich nicht umhin, mit einem Lächeln auf den Lippen in mein neues Reich einzuziehen.

Drei Wochen später sprach ich bei der Anstaltsleitung vor.

»Entschuldigung, mein Fernseher und meine Aufzeichnungen sind immer noch in der Gepäckkontrolle. Seit drei Wochen schon. Dürfte ich meine privaten Dinge bald in meine Zelle holen? Die anderen haben auch nichts dagegen.«

Ich stand vor der Tür der Direktion und hatte ganz höflich angeklopft.

»Name?«

»Rosario.«

»Warten Sie hier.«

Die uniformierte Sekretärin stapfte zu einem Hinterzimmer, steckte den Kopf durch den Türspalt und sprach mit ihrer Vorgesetzten.

Hoffentlich hatten sie mein Buch nicht konfisziert! Oder gar … Ich traute mich nicht, den Gedanken zu Ende zu denken. Wenn Raymond alle meine privaten Dokumente, Fotos, Erinnerungen und frühere Tagebuchaufzeichnungen vernichtet hatte, konnten die Uniformierten das hier auch tun. Klar hoben die nicht irgendwelche Andenken von Häftlingen sorgfältig auf, nicht bei dem Platzmangel. Vielleicht hatte es längst als Brennstoff hergehalten? Ich zwang mich, ruhig weiterzuatmen.

Die Sekretärin kam zurück. Mein Herz raste. Sie hatte meine Aufzeichnungen nicht dabei!

»Rosario?!«

»Hier.«

»Sie können gehen.«

»Aber mein Tageb…«

»Sie sind frei.«

»Ich bin … Wie bitte?«

»Sie sind auf Bewährung entlassen.«

Mein Blick fiel auf den Kalender, der hinter der Sekretärin an der Wand hing.

Mein Blick saugte sich am heutigen Datum fest: Es war der 23. März 2009.

Bevor es sich die Frau da drin anders überlegen konnte, machte ich auf dem Absatz kehrt und stürmte die Treppen hinauf in den dritten Stock, wo ich inzwischen mit zwanzig anderen Mädels hauste.

»Iris«, keuchte ich überglücklich. »Hilf mir packen! Ich bin frei!«

Allgemeines freudiges Kreischen war die Antwort. »Unsere kleine *lindinha* ist frei!«

Plötzlich wurde ich von allen Seiten beglückwünscht und umarmt.

Jemand drehte »Salsa Som« in voller Lautstärke auf.

»Abschiedsparty!«

Fleißige Hände halfen mir beim Packen.

»Meine Lebensmittel schenke ich euch …«

Keine fünf Minuten später schleppten wir drei prall gefüllte Müllsäcke die Treppe hinunter, und als wir bei der Gepäckkontrolle vorbeikamen, traute ich meinen Augen nicht: Da stand mein Fernseher!

Und darauf lag mein Buch!

»Hier, das auch noch!« Hilfreiche Hände schleppten meinen größten Schatz bis vors große Tor.

»Ich weiß gar nicht, wo ich hin soll … Wie soll ich mit dem ganzen Krempel …«

Eine hilfreiche Wärterin nahm meine Entlassungspapiere entgegen und schob das Tor auf. »Sehen Sie die Kreuzung da hinten?«

Ich schirmte meine Augen gegen die gleißende Mittagssonne ab.

»Dort gehen Sie nach rechts. Nach vierhundert Metern finden Sie eine Bushaltestelle.«

Ich blickte ins unbekannte Nirgendwo. Das Tor fiel hinter mir zu.

Ich brauchte erst mal einen Moment, um mich zu sammeln. Vor zwanzig Minuten hatte ich an das Büro der Direktorin geklopft, um nach meinen Aufzeichnungen zu fragen. Und jetzt war ich … FREI?!

Wäre ich auch ohne mein Buch gegangen?

Ich wusste es nicht. Ich wusste nur eins: Ich hatte nicht einen einzigen *centavo* in der Tasche.

Niemals würde ich das Zeug allein zur Bushaltestelle schleppen können. Um dann vom Busfahrer gar nicht erst mitgenommen zu werden.

Entschlossen hämmerte ich erneut gegen das Tor.

Das Guckloch öffnete sich. »Nanu, Rosario, wollen Sie gar nicht weg von hier?«

»Bestellen Sie mir bitte ein Taxi?«, sprudelte es aus mir heraus. »Ich kann das Telefonat jetzt nicht bezahlen. Aber ich schwöre, ich bringe das Geld später.«

»Da wollen wir mal nicht so sein.«

Mit klopfendem Herzen saß ich kurz darauf im Taxi. Vom Rückspiegel baumelte eine Heiligenfigur. Ich erinnerte mich an meine Ankunft in dieser Stadt, damals, vor fast vier Jahren. Benni bei Raymond, und Tony – vielleicht noch am Leben. Dabei war er längst tot gewesen. Ich war drauf reingefallen. Meine Strafe hatte ich abgesessen. Ich war eine andere geworden. Eine einsame, verbitterte Frau.

Was, wenn Julia nicht zu Hause war?

Was, wenn mir niemand das Taxi bezahlte?

Dann wäre ich schneller wieder im Gefängnis, als mir lieb war!

Der Fahrer kurvte inzwischen durch eine recht hübsche Wohngegend. In der Mittagshitze duckten sich kleine Einfamilienhäuser hinter Strohzäunen und Holunderhecken. Diese Farben! Dieser Blütenduft! Ich kurbelte das Fenster runter und hielt mein Gesicht in den Fahrtwind. Laue, duftende, warme Luft. Ich schloss die Augen. Freiheit. Unsagbar kostbare Freiheit.

»Da wären wir, kleines Fräulein.«

»Warten Sie bitte einen Moment.« Verschämt glitt ich aus dem Auto und öffnete das Gartentor. Ein netter kleiner Vorgarten empfing mich. Zikaden gaben mir ein Willkommensständchen. Ein kleiner, bunter Vogel stob auf und flog davon.

Nachdem ich an Julias hellblau gestrichener Tür geläutet hatte, flehte ich innerlich: Bitte sei zu Hause, bitte sei da, bitte sei da …

Schritte.

Gott sei Dank.

Die Tür flog auf.

Julia breitete die Arme aus.

»Bem-vinda, querida!« Sie weinte vor Freude. »Du hast es geschafft, Rita, Mädchen! Komm herein!«

Und bevor ich zu weiteren Erklärungen ansetzen konnte, griff sie in ihre Handtasche, lief zum Gartentor hinaus und bezahlte das Taxi.

Vier Monate lang durfte ich bei Julia, ihrem Mann Pedro und den beiden Söhnen Leo und Luis wohnen. Sie nahmen mich so liebevoll auf wie ein Familienmitglied, umsorgten mich und gaben sogar ein Fest zu meinen Ehren. Pedro fuhr auch noch mal mit mir zum Gefängnis, wo ich stolz beim Pförtner das Telefonat zahlte und meinen noch ausstehenden Arbeitslohn abholte; knapp tausend Reais, umgerechnet dreihundert Euro. Ein echter Batzen Geld!

Die wenigsten Ausländerinnen taten das. Sie bekamen von ihrer Familie meist ein Flugticket in die Heimat und machten, dass sie wegkamen.

Meine »Familie« hatte mir keines geschickt. So konnte ich meinen Arbeitslohn wenigstens Pedro und Julia übergeben, als kleines Dankeschön.

Täglich saß ich stundenlang in Leos Zimmer vor dem PC und übertrug meine Tagebuchnotizen. Erneut durchlebte ich die Höllenqualen der letzten Jahre, und wieder flossen viele Tränen.

Julia und Pedro ließen mich mit Benni telefonieren, sooft ich wollte.

Dass ich auf Bewährung frei war und nur noch ein Jahr hier arbeiten musste, um das Flugticket und meine Schulden abzubezahlen, schien ihn zu stabilisieren. Er hatte sich in Hamburg bei einer Abendschule angemeldet, um seinen Hauptschulabschluss nachzuholen, jobbte bei einem Handwerker und hatte auch wieder eine liebe Freundin.

»Ich hab dich lieb, Mama. Ich freue mich riesig, dass du bald zurückkommst!«

Seufzend lehnte ich mich zurück. Mein Benni war ein tapferer Kämpfer. Was hatte ich ihm alles zugemutet! Ich konnte kaum atmen vor Schuldgefühlen. Aber jetzt sah ich wieder Licht am Ende des Tunnels. Ich konnte an Benni noch so viel gutmachen!

Mit neuem Elan durchforstete ich sämtliche Jobangebote in São Paulo, und auch hier halfen mir Julia und Pedro wieder, wo sie konnten. Julia ging mit mir zum Friseur, stattete mich mit bezahlbaren Businessklamotten aus und schenkte mir eine Make-up-Grundausstattung.

Pedro fuhr mich zu verschiedenen Vorstellungsgesprächen, doch nichts klappte. Obwohl ich meinen Gefängnisaufenthalt verschwieg, fand ich keinen Job, weil ich keine offizielle Arbeitserlaubnis bekam. Die Zeit arbeitete gegen mich. Ein halbes Jahr lebte ich jetzt schon bei der reizenden brasilianischen Familie!

Nun stand ich schon ziemlich tief in ihrer Schuld – schließlich hatte Julia auch alle meine Anwaltskosten vorgestreckt!

Das Nichtstun zermürbte mich, auch wenn ich wie besessen an meinem Buch arbeitete.

Ob das jemals ein Erfolg werden würde? Ob es mich rehabilitieren würde? Ob sich überhaupt jemand für meine Geschichte interessieren würde? Ich träumte davon, eines Tages das gebundene Buch in Händen zu halten, es in einer Buchhandlung im Fenster liegen zu sehen, Menschen zu treffen, die es gelesen hatten, Zuschriften zu bekommen: mit einem Wort, meine Würde wiederzuerlangen.

Als ich nach drei Monaten damit fertig war, übersetzte ich das ganze Buch auch noch ins Englische. Dabei hörte ich immer die Musik von »Salsa Som«, was die beiden Jungs sehr cool fanden.

»Ich möchte so wahnsinnig gern in ein Konzert von denen«,

schwärmte ich eines Abends beim Essen. »Sie treten regelmäßig abends auf!«

Die Jungs waren sofort bereit, mich mitzunehmen. »Wir sind ganz große Fans, unser Freundeskreis geht regelmäßig abtanzen! Wir nehmen die coole Rita mit!«

»Wisst ihr eigentlich, dass ich die persönlich kenne?«, konnte ich mir nicht verkneifen, ein bisschen anzugeben. »Ich hätte die fast mal nach Europa gebracht! Und den Namen habe ICH erfunden! ›Salsa Som‹!«

»WAAAS? ECHT? Wie saugeil ist DAS denn! Meinst du, wir können mal backstage zu denen?«

»Ein Selfie mit denen wär schon voll der Hammer!«

»Ja klar«, sagte ich stolz. »Ich will die wahnsinnig gern wiedersehen!«

Damit hätte ich mich bei dieser gastfreundlichen Familie wenigstens etwas revanchieren können.

Aber Julia, meine Ersatzmutter und strenge Lehrerin, wusste genau, was in den Bewährungsunterlagen stand: »Nach zweiundzwanzig Uhr kein Ausgang!«

»Du bringst mich in Teufels Küche, wenn du dich nachts draußen rumtreibst! Nur ein winziger Zwischenfall, und wir landen beide wieder im Knast!«

»Tut mir leid«, murmelte ich betroffen. »Daran habe ich gar nicht gedacht.«

Die Jungs wechselten peinlich berührte Blicke.

Eigentlich saß ich bei Julia auf einem Pulverfass. So lieb und hilfsbereit sie waren: Auf Dauer konnte ich hier nicht bleiben.

Nach sechs Monaten hielt ich auch außerhalb von São Paulo nach Jobangeboten Ausschau.

Schließlich fand ich etwas, das genau zu mir passte: In Salvador de Bahia wurde eine mehrsprachige Rezeptionistin für ein Strandhotel gesucht. Das Gehalt war nicht üppig, aber okay. Wohnen und essen konnte ich im Hotel. Direkt am Strand!

Das wäre ja fast wie früher – und ich könnte endlich auf mein Flugticket nach Deutschland sparen! Zu Benni!

»Das mache ich!«, verkündete ich begeistert.

»Rita, du hast überhaupt keinen Pass mehr! Du darfst nicht reisen!«, bremste Pedro mich ein.

»Aber wie soll das denn gehen? Die wollen, dass ich arbeite, mich bewähre, mich wieder in die Gesellschaft eingliedere! Dass ich meine Schulden bezahle! Nichts anderes hab ich vor!«

»Was ist mit der deutschen Botschaft?«, regte Pedro an. »Wenn du willst, fahr ich dich dorthin. Vielleicht bekommst du von denen einen Pass!«

»Hahaha«, unkte ich. »Herr Sattmann und ich sind seit jeher beste Freunde! Der Mann glänzt nur so durch Hilfsbereitschaft, Tatendrang und unbürokratisches Handeln!«

Julia war ebenfalls skeptisch. Sie kannte meine Tränenausbrüche, wenn ich von unerfreulichen Sattmann-Besuchen zurück in die Zelle gekommen war.

»Rita, du musst alles versuchen. Morgen früh fahre ich dich dahin«, beschied Pedro.

»Jetzt werden die Karten neu gemischt. Der Mann ist nicht Gott«, sprach ich mir Mut zu.

Tatsächlich tauchte ich zu Herrn Sattmanns grenzenloser Überraschung leibhaftig in der deutschen Botschaft auf. In Begleitung eines distinguierten brasilianischen Herrn, der mir beim Aussteigen die Autotür aufhielt. Dass er Julias Mann war und nicht meiner, ging Herrn Sattmann ja nichts an. Der alte Konsul staunte nicht schlecht, als ich mit neuer Frisur, geschminkt und im Businesskostüm in sein Büro rauschte.

»Ja, sind Sie es wirklich, Frau Rosario? Gut sehen Sie aus, jung, frisch, erholt!«

»Ja, das zweite Gefängnis war schon ein Kurhotel gegen das erste, das war ja eher eine schlichtere Gemeinschaftsunterkunft. Das dritte war dann eine Fünfsterne-Wellnessoase«, gab ich schlagfertig zurück. »Da hab ich nur noch Ayurveda gemacht.«

Herrn Sattmann blieb das Lachen im Halse stecken.

»Wie kann ich Ihnen behilflich sein?«

Ich zeigte ihm das vom Gefängnis ausgestellte Dokument, einschließlich des Vermerks »auf Bewährung«.

»Mit dem Schrieb hier kann ich leider nicht reisen und mich somit auch nicht um einen Job bewerben.«

Wir versetzten uns gegenseitig in Staunen, Herr Sattmann und ich. Es war überhaupt kein Problem, einen neuen Pass bei ihm zu beantragen.

Mit einem respektvollen Seitenblick auf Pedro wies er seine Sekretärin Sylvia Heller an, den Antrag für mich auszufüllen. Noch an Ort und Stelle wurden Passfotos gemacht.

Sylvia Heller, dachte ich, während ich freundlich in die Kamera blickte. Woher kenne ich nur diesen Namen?

O Gott!, schoss es mir durch den Kopf. Sie war die Frau gewesen, die ich damals am Telefon unter Tränen um Hilfe angefleht hatte! Die mich so kalt abserviert hatte!

»Der Konsul ist nicht im Hause!«

Sie erkannte mich nicht. Nein. Woher auch.

Drei Tage später hatte ich meinen Pass in Händen, der allerdings auf ein Jahr beschränkt war. Damit ging ich zum Busbahnhof und erkundigte mich nach den Reiseverbindungen nach Salvador de Bahia. Julia und Pedro wollten mir zwar auch noch einen Flug buchen, aber das lehnte ich dankend ab. Sie hatten genug für mich getan.

Erstens würde ich ihnen dann noch mehr Geld schulden, und zweitens hatte ich immer noch panische Angst vor dem Flughafen São Paulo. Nicht dass ich am Ende noch Flavio begegnete!

So stieg ich eines Abends unter großem Winken meiner lieben Ersatzfamilie in São Paulo in den Nachtbus, meinen kostbaren Pass und eine kleine Reisetasche an mich geklammert.

Nach siebenunddreißig Stunden Fahrt kam ich am übernächsten Morgen in Salvador de Bahia an.

Der Busbahnhof war schmuddelig, und zweifelhafte Typen trieben sich dort herum.

Aber wenn ich eines nicht dabeihatte, dann Wertsachen. Meine kleine Reisetasche fest an mich gepresst, suchte ich hastig das Weite.

Und stand am Strand von Salvador de Bahia!

Es war noch zu früh für das Vorstellungsgespräch, die Sonne ging gerade erst über den Häusern der Stadt auf und verwandelte das Meer in ein rot glitzerndes Wunderwerk. Ich hielt den Atem an und genoss das fantastische Naturschauspiel.

Und plötzlich konnte ich mich nicht mehr bremsen: In Windeseile zog ich mich bis auf die Unterwäsche aus und rannte laut jauchzend mit ausgebreiteten Armen in die Wellen.

Mein erstes Bad im Meer seit viereinhalb Jahren!

Ich schloss die Augen und ließ mich treiben, spürte eine viel stärkere Strömung als im spanischen Mittelmeer und musste höllisch aufpassen, nicht zu weit von meiner Tasche fortgetragen zu werden. Denn das wäre mal wieder typisch Rita gewesen!

In nasser Unterwäsche und ärmer als ein Bettelmönch zum Vorstellungsgespräch zu erscheinen! Bei dieser grotesken Vorstellung musste ich laut lachen.

Ich kämpfte mich zurück an den Strand, ließ mich in den schon warmen Sand fallen und in der Morgensonne trocknen.

Dann zog ich mich an, suchte das nächste McDonald's auf, genehmigte mir einen Billigkaffee und schminkte mich auf der Toilette.

Meine blonden Haare warf ich einfach luftgetrocknet über die Schulter zurück. Ein Blick in den Spiegel sagte mir: Herr Sattmann hatte recht gehabt. Ich sah aus wie das blühende Leben.

Um kurz vor zehn stapfte ich erfrischt und gestärkt über die Strandpromenade zum Hotel. Meine Tasche hatte ich mir über die Schulter gehängt. Leise summte ich Musik von »Salsa Som« vor mich hin.

Dabei stieg ich über so manchen Müllhaufen. Das war leider kein Vergleich zur sauberen Strandpromenade von Torremolinos.

Während ich in der Ferne bereits den Schriftzug des Hotels sah, stieß ich mit dem Fuß wieder gegen so ein Bündel, das mitten auf dem Gehweg lag.

»Mist, verdammter …« Ich sah näher hin und erschrak: Das war gar kein Müllhaufen. Das war ein kleiner Mensch! Ich bückte mich und starrte auf einen dunkelhäutigen Jungen, der höchstens zehn oder elf Jahre alt war! Er hatte geschlafen, war aber durch meinen Fußtritt aufgewacht. Verstört rieb er sich die Augen. Mein Herz setzte einen Schlag aus, so groß war die Ähnlichkeit mit Benni. Mein kleiner Benni von damals lag da zusammengekrümmt in der Gosse! Samtweiche, braune Haut, halblange, verfilzte Haare, zerlumpte Klamotten, barfuß. Dunkelbraune, fast schwarze Augen, die mich verstört anblickten.

»Oh, entschuldige!« Ich wollte ihn berühren, doch er zuckte verängstigt zurück.

»Hast du dir wehgetan?« Ich reichte ihm die Hand, um ihm aufzuhelfen.

Wie von der Tarantel gestochen, sprang er auf.

»He, beruhige dich, ich will dir doch nichts tun!«

Er starrte mich an wie ein scheues Tier, stets fluchtbereit.

Mein Herz zog sich schmerzhaft zusammen. Dies hier war Benni, verlassen, verschreckt, verhungert.

Ein mutterloser Junge, der nicht mehr wusste, wohin.

Mir blutete das Herz. Ich machte mich ganz klein, fasste ihm vorsichtig an die Schulter.

»Ich bin Rita! Und du?«

»Raffael«, kam es heiser zurück.

»Wo ist deine Mama?«

Er zuckte mit den Schultern, wischte sich mit dem Handrücken über die Nase. Der ganze Junge starrte vor Dreck.

»Und dein Papa?« Jetzt machte er einen Satz nach hinten. »Mein Stiefpapa hat mich fast totgeschlagen! Da bin ich weggelaufen!«

»Und deine Mama?«, wiederholte ich ahnungsvoll.

»Tot.« Tränen schossen ihm in die Augen, und wütend wischte er sie weg.

»Sie musste für meinen Stiefvater arbeiten. Auf der Straße. Als sie nicht genug Geld brachte, hat er sie …« Er sprach nicht weiter. Sein Blick ging ins Leere.

Ich schluckte. Vom nahe gelegenen Kirchturm schlug es acht.

»Raffael«, sagte ich entschlossen. »Ich hab jetzt einen wichtigen Termin. Den darf ich auf keinen Fall verpassen. Aber ich komme wieder. Wartest du hier auf mich?«

Er nickte stumm.

»Versprochen?«

Er nickte erneut.

»Ich verspreche dir, dass ich wiederkomme. Und dir was zu essen bringe.«

54

Langeoog, Deutschland, Sommer 2012

»He, Mom! Was gibt's zu essen?!«

»He, Benni, seid ihr schon da?«

Gespannt wie ein Flitzebogen richtete ich mich im Gemüsebeet auf. Benni hatte seine Freundin dabei!

Aber wo war sie denn?

»Jessica kommt gleich nach. Sie wollte noch in die Apotheke, keine Ahnung, warum. Aber ich dachte, ich schau schon mal bei dir vorbei.«

»Das freut mich, mein Sohn. Ich hab einen Gemüseeintopf gemacht. Mit Huhn.«

Hinten an der Backsteinmauer stand bereits ein großer Topf mit allerlei Gemüse, das Oma Lotte und ich bereits geerntet und fein geschnitten hatten. Darin schwamm ein frisches Suppenhuhn mit Kräutern.

Oma Lotte war schon über neunzig, aber noch fit wie ein Turnschuh.

Die Zähigkeit hatte ich wohl von ihr geerbt.

Benni hob den Deckel und schnupperte erfreut. »Riecht geil!« Er rieb sich die Hände.

»Dauert aber noch ein Weilchen. Oma Lotte und ich müssen noch Kartoffeln schälen.«

In ihrem geblümten Kittel stand sie am Küchenfenster. Klein und zierlich wie sie war, wirkte sie in ihrem geblümten

Kittel selbst wie eine ihrer bunten Blumenstauden. Es roch nach Sommer, Sand und Dünengras. Das flache, rote Backsteinhaus mit dem Strohdach, auf dem im Sommer die Störche nisteten, gehörte jetzt mir.

»Willst du Oma schnell Hallo sagen?«

»Mach ich glatt. Hallo, Oma!«

»Benni, mein Langer! Wo ist deine Freundin?«

»Kommt gleich nach! Muss noch was erledigen!«

Ich musste die Augen schließen, dieses Glück tief in mich hineinsaugen.

Von der kopfsteingepflasterten Straße her hörte ich das Trappeln mächtiger Kaltblüter, die den Müllwagen zogen. Ob das Fiete war? Oder sein Sohn?

»Dann geh ich noch mal in die Werkstatt.« Benni steckte die Hände in die Hosentaschen und schlenderte pfeifend zum Schuppen.

»Mach das«, rief ich hinter ihm her. »Opa Fuchs kann bestimmt Hilfe gebrauchen!«

»Er hat sich großartig gemacht, findest du nicht?«, sagte Oma Lotte mit zärtlichem Blick.

»Ja. Er ist jetzt fertiger Anstreicher und Tapezierer, hat eine Wohnung in Hamburg und ich hab so das Gefühl, dass …«

»Du meinst, er und Jessica …?«

Ich nickte beglückt. »Eine Mutter spürt so was.«

»Na, das ist doch wunderbar!« Oma Lotte klatschte in die Hände. »Dann wird hier wieder junges Leben sein!« Sie umarmte mich: »Rita, seit du wieder hier bist, gibt es jeden Tag Grund zur Freude!«

»Das Kompliment kann ich nur zurückgeben«, murmelte ich verlegen.

Ich hatte ja nicht ahnen können, dass sie noch lebte, und Opa Fuchs auch! Ich wusste ja gar nichts, als ich in Deutschland wieder ankam! Meine Mutter dement, mein Vater tot, meine Geschwister weigerten sich, mit mir zu reden … Da war ich einfach an die Nordsee gefahren, mit meinem Raffael – der jetzt so alt war wie Benni damals.

»Bleib du bei deinem anderen Sohn, ich geh inzwischen Kartoffeln schälen.« Oma Lotte zeigte auf die Hängematte und wehrte meine Hilfe ab. Flink eilte sie davon.

Raffael lag in der Hängematte und schaute verträumt in den hellblauen Himmel, über den Schäfchenwolken zogen.

»Raffi, ich möchte dir was zeigen!« Einladend streckte ich die Hand aus.

»Ich bin gerade faul«, gab mein dreizehnjähriger Adoptivsohn gähnend zurück.

»Das darfst du auch, Raffi. Schließlich hast du Ferien.«

Zeit genug, den Kirschbaum zu versorgen, dachte ich.

Summend verschwand ich im Dickicht der blühenden Bäume und Büsche.

Ich hatte den grünen Daumen meiner Oma geerbt. Seit ich wieder in Deutschland war, kümmerte ich mich um das Haus und den Garten, plante, irgendwann eine Fremdenpension hier aufzumachen.

Die alte Kate hatte den Stürmen der letzten Jahre standgehalten.

Es war nicht einfach gewesen, Brasilien, das Land meiner Träume und meines größten Albtraums, zu verlassen. Nach einem Jahr harter Arbeit in dem Hotel in Salvador de Bahia hatte ich genügend Geld gespart, um meine Schulden bei Julia und Pedro zurückzahlen zu können. Außerdem konnte ich die ganze Familie für eine Woche ins Hotel einladen.

Dann gelang es mir, das Hotel auf Wunsch des Besitzers im Internet zu verkaufen und eine anständige Provision einzustreichen.

Vom ersten Arbeitstag an hatte ich mich täglich um Raffi, das Straßenkind, gekümmert. Wir hatten uns gesucht und gefunden. Ohne mich wäre Raffi bestimmt kriminell geworden, denn schon kleine Kinder wurden von Dealern als Botenjungen missbraucht. Ich schloss die Augen. Nicht auszudenken, was dann aus ihm geworden wäre. Bestimmt wäre er inzwischen selbst drogensüchtig.

Als ich damals, am ersten Tag meines neuen Lebens, regelrecht über ihn gestolpert war, hatte ich auf Anhieb gespürt, dass dieser Junge meine zweite Chance war. Den hatte mir der liebe Gott geschickt, damit ich an ihm all das gutmachen konnte, was ich bei meinem Benni versäumt hatte. Mein Herz quoll über vor Mutterliebe!

Ich kümmerte mich um ihn, päppelte ihn auf, brachte ihm Umgangsformen bei, und da mein Chef mir vertraute und mit meiner Arbeit hochzufrieden war, durfte ich meinen »Sohn« in mein hübsches Zimmer mitbringen, wo er sich waschen und richtig ausschlafen konnte.

Ich brachte ihm Lesen und Schreiben bei. Obwohl Kinderarbeit in Brasilien offiziell verboten ist, durfte Raffi mir beim Frühstückmachen helfen, mittags im Strandcafé bedienen und abends die Tische abräumen. Das brachte ihm nicht nur Trinkgeld ein, sondern auch Selbstbewusstsein.

Nachdem sich wirklich niemand um ihn kümmerte und keiner Rechte auf ihn anmeldete, begab ich mich ein letztes Mal in einen langen Behördenkrieg, unterschrieb eine Bürgschaft, beantragte einen Pass für ihn und nahm ihn schließlich nach Deutschland mit.

Und hier war ich nun. In meinem neuen Zuhause. Ich sah mich um und nahm alles in mich auf: Hinter dem Tümpel, neben der Teppichstange und der Wäscheleine stand auf einer grünen, von Maulwurfshügeln zerpflügten Wiese eine

Reihe von Obstbäumen, die im Frühling ganz wunderbar blühten. Im Herbst hingen dicke, schwere Birnen daran, rotbackige Äpfel und dunkle Pflaumen. Dann kletterte ich auf eine knarzende Holzleiter, die Oma Lotte und Opa Fuchs hielten, und erntete die reifen Früchte. Oma Lotte hatte mir inzwischen mit ihren nimmermüden Händen beigebracht, wie man Marmelade einkocht. In dem großen, dunkelbraunen Bottich, in den ich immer noch so gern die Arme bis zu den Ellbogen steckte.

Meine Großeltern hatten mir tatsächlich das Haus überschrieben, genau wie damals versprochen.

»Wir haben dir so oft geschrieben, Rita! Aber unsere Post ist wohl nie angekommen!«

»An wen habt ihr sie denn adressiert?«

»Na, an Tanja! Wir haben sie gebeten, dir die Briefe weiterzuleiten!«

Da musste ich einmal harsch auflachen. Durch die brasilianische Gefängniskontrolle wären die Briefe eher gekommen als durch Tanjas schwesterliche Hände!

Das gleichmäßige Hämmern aus dem Schuppen, das Vogelgezwitscher und Rauschen der Nordseewellen holten mich zurück ins Hier und Jetzt. Raffi kam träge auf mich zu. Er dribbelte einen Fußball vor sich her. Seine schwarzen Rastalocken hüpften ihm um den Kopf, und im Sonnenlicht sah sein Profil genauso aus wie damals das von Benni.

»Die anderen kommen«, meldete er. »Benni und Jessica! Soll ich den Tisch decken?«

»Warte noch eine Sekunde.« Ich lächelte meinen zweiten Sohn liebevoll an.

Benni und Jessica kamen Hand in Hand auf uns zu. Sie lachten glücklich, und Jessica hatte diese ganz besondere Aura um sich, die nur werdende Mütter haben.

»Werde ich Oma?«, rief ich Benni zu.

»Ja!«, brüllte Benni übermütig zurück. Er packte Jessica und schwenkte sie übermütig im Kreis. Sie quietschte glücklich und strampelte mit den Beinen.

»Sind die durchgedreht?!«, krächzte Raffael peinlich berührt. Seine Stimme kippte, als wäre er gerade in den Stimmbruch geraten.

Ich nickte. Nachdenklich drückte ich eine Zwiebel in die schwere, braune Erde neben dem Komposthaufen.

»Aus dieser Zwiebel wird bald wieder eine neue wachsen, Raffi. Ist das nicht ein Wunder?«

Nachwort der Protagonistin

Tatsächlich hat mich das Aufschreiben meiner Geschichte (im Original zwei Bücher mit insgesamt ca. 1000 Seiten!) im Gefängnis am Leben erhalten und mir geholfen, die schlimmste Zeit meines Lebens zu verarbeiten.

Leider musste ich nach meiner Freilassung und nachdem ich meine handschriftlichen Notizen am Computer erfasst hatte, feststellen, dass das Schreiben einfacher ist als das Veröffentlichen. Noch von Brasilien aus kontaktierte ich unzählige Verlage. Viele waren interessiert, jedoch wurde stets ein Ausdruck des gesamten Manuskripts verlangt – ein unmögliches Unterfangen für mich, allein schon finanziell. Zurück in Deutschland konnte ich die beiden Bücher bei einem »Selfpublishing-Verlag« einstellen und auf Abruf drucken lassen.

Als großer Fan von Hera Lind begann ich nach langer Abwesenheit, wieder Bücher von ihr zu lesen und warf ganz nebenbei einen Blick auf ihre Homepage. Hier bat Frau Lind um Zusendung von ungewöhnlichen Lebensgeschichten. Ich zögerte nicht lange und schrieb Frau Lind eine E-Mail, versprach ihr eine Geschichte, die sie so bestimmt noch nicht gelesen hat. Es dauerte nicht lange, und der Diana Verlag forderte das komplette Manuskript an. Wir einigten uns zunächst auf einige Kapitel. Kurz darauf kam Hera Linds Antwort, die sehr positiv ausfiel. Nun war es tatsächlich an der Zeit, ihr ein schweres Paket zu schicken. Die Resonanz war überwältigend. Wie mir Frau Lind sagte, habe sie angefangen zu lesen und nicht mehr damit aufhören können. Sie war bereit, diese Geschichte umzuschreiben – allerdings nur mit extremen Kürzungen.

Über zahlreiche E-Mails lernten wir uns besser kennen, und kurz vor Weihnachten 2015 kam die Einladung vom Diana Verlag, Frau Lind und die Cheflektorin persönlich in München kennenzulernen. Ich machte innerlich Luftsprünge vor Freude! Die Begegnung mit Frau Lind war sehr beeindruckend für mich. Sie ist eine äußerst sympathische, intelligente und vertrauenswürdige Person. Die Chemie stimmte sofort zwischen uns, und somit sprach nichts mehr dagegen, aus meiner Geschichte eine etwas andere zu machen – sprich Namen, Orte, zeitliche Abfolge der Ereignisse usw. zu ändern. Denn inzwischen sah ich ein, dass sich meine Originalversion ohnehin nicht veröffentlichen ließ. Ich vertraute Frau Lind voll und ganz, das Beste aus meiner Geschichte zu machen, und wurde nicht enttäuscht. Im Gegenteil!

Auch mit meinem Sohn, seiner Lebensgefährtin und ihrer kleinen Tochter traf sich Frau Lind, um zu klären, ob diese Einwände gegen eine Veröffentlichung hätten – schließlich ist mein Sohn einer der Hauptprotagonisten des Buches! Doch auch er und seine Partnerin waren sehr angetan von Frau Lind und dem angenehmen Gespräch. Ihre kleine Tochter eroberte auf Anhieb das Herz der Autorin. Nach Vertragsabschluss begann die Zusammenarbeit, die für mich nicht gerade einfach war. Lange hatte ich meine Vergangenheit verdrängt, sodass mir bei der Bearbeitung immer wieder Tränen über die Wangen liefen. Obwohl es »Benni« mit seiner kleinen Familie hier sehr gut geht, merkte ich schnell, dass man an alte Zeiten nicht nahtlos anknüpfen kann. Da es mir auch nicht gelang, beruflich in Deutschland wieder Fuß zu fassen, ging ich nach einem Jahr nach Irland. Dort habe ich eine gute Stelle im Kundenservicebereich, bei der ich meine Sprachkenntnisse einbringen kann. Mit meinem Schäferhund, den ich dort adoptiert habe, lebe ich recht zurückgezogen in einem Cottage in einem kleinen Dorf, umringt von Farmen. Zum Rest meiner Familie habe ich keinen Kontakt mehr. Aber »Benni« und seine Familie besuche ich regelmäßig und kann so am Aufwachsen meiner beiden süßen Enkelinnen teilhaben. An dieser Stelle möchte ich unbedingt noch meine beste Freundin Julia erwähnen, ohne die ich es nie geschafft hätte, meine Aufzeichnungen zu beenden – geschweige denn die schwere Zeit im Gefängnis zu überstehen. Es war für mich sehr bestürzend und unendlich traurig, dass sie letztes Jahr nach schwerer Krankheit gestorben ist.

Te amo para sempre, minha amiga Julia. Descance em paz.

Rita Rosario, Sommer 2016

Nachwort der Autorin

Die Geschichte von Rita Rosario erreichte mich zuerst in Form zweier kleiner Leseproben. Ich las sie im Zug, vergaß fast, an der richtigen Station auszusteigen, und war richtig sauer, als ich begriff, dass es da noch mehr geben musste.

»Schreiben Sie der Dame, sie soll alles schicken«, bat ich unsere Diana-Assistentin, die sowieso schon alles tut, was in ihrer Macht steht, um die vielen Zusendungen mit Lebensgeschichten zu sortieren und mir mundgerecht zu servieren.

»Bitte ausgedruckt, mit vollständiger Adresse und möglichst mit Foto. Mindestens fünfzig Seiten, damit wir uns ein Bild machen können.«

Kurz darauf lagen zwei dicke Manuskripte mit mehr als tausend Seiten vor meiner Tür.

Ich begann zu lesen und konnte nicht mehr aufhören.

Das war zum ersten Mal eine Geschichte, die teilweise in einem halbkriminellen Milieu spielte. Deren Protagonistin nicht immer nur tapfer, perfekt und vorbildlich war. Sondern auch ziemlich spontan, chaotisch und manchmal verantwortungslos.

Diese Frau hatte sich Dinge getraut, die ich mich nie im Leben trauen würde.

Ich war fasziniert von ihrem Mut, ihrem Querdenken und Anderssein, und auch ein bisschen von ihren Grenzüberschreitungen.

Selten hat mich eine Geschichte so in ihren Bann gezogen, fasziniert und manchmal auch abgestoßen. Aber ich wusste, dass ich hier etwas ganz Besonderes in den Händen hielt. Es dauerte Wochen, bis ich die tausend Seiten zweimal gelesen hatte. Ich machte mir die Entscheidung wirklich nicht leicht. Es gab sehr viel Hässliches darin, und hässlich kommt von Hass. Aber auch unglaublich Tapferes, Kämpferisches, Unkonventionelles. Genau das, was Rita ausmacht.

So war ich mehr als gespannt auf die Protagonistin, die ich schließlich gemeinsam mit meiner Lektorin Britta Hansen in München traf. Rita Rosario kam aus Irland eingeflogen, wo sie seit ihrer Rückkehr nach Europa lebt. In Deutschland konnte sie nicht mehr Fuß fassen.

Sie wirkte ein wenig verschlossen und verletzlich, war aber auch voller Hoffnung, dass ihre Lebensgeschichte doch noch veröffentlicht würde. Es ging ihr körperlich und seelisch nicht gut. Sie war in keiner sehr stabilen Verfassung.

Ich hatte beschlossen, ihre Geschichte nur in einer entschärften und stark gekürzten Version zu erzählen, was ich ihr auch mitteilte. Damit war sie sofort einverstanden.

Ihr Buch hatte sie beim ersten Mal aus dem Gefängnis geschmuggelt und über Pastor Seeländer einer Freundin geschickt, die versuchen sollte, es zu veröffentlichen. Diese Freundin verlangte sogar Geld für ihre Mühe, ließ aber nie wieder von sich hören.

Daraufhin schrieb Rita die tausend Seiten im Gefängnis ein zweites Mal, und als sie rauskam, tippte sie sie auf dem Computer – sowohl auf Englisch als auch auf Deutsch.

Der »Verleger«, den sie daraufhin fand, ein Einmannbetrieb, konnte oder wollte das ungekürzte und unbearbeitete Manuskript nicht veröffentlichen, was ich als Profi auch verstehe. Es hätte zehn Bände gefüllt, und nicht alles darin war vermittelbar.

Aber allein die unglaubliche Arbeit, die Disziplin und Zähigkeit Rita Rosarios imponierten mir mehr, als ich ausdrücken kann. Ihr Schicksal raubt einem fast den Atem, es ließ mich nächtelang nicht los. Dennoch zögerte ich, ob diese Geschichte in meine Reihe mit Tatsachenromanen passt. Ich wollte Benni kennenlernen. Und danach eine endgültige Entscheidung fällen.

Ich traf Benni, einen aufgeschlossenen, hübschen jungen Mann von dreiundzwanzig Jahren, seine entzückende Lebensgefährtin Jessica, eine Erzieherin, und ihr hinreißendes Töchterchen Marley in einem Hamburger Hotel. Ich war wahnsinnig gespannt, ob die Chemie stimmen würde, auf beiden Seiten. Aber in dem Moment, in dem Benni eine Tupperdose öffnete und das zahnlose Baby zufrieden auf einer Gurkenscheibe herumkaute, in dem Moment, in dem ich in die strahlenden Augen der jungen Eltern schaute und spürte, dass Benni glücklich geworden ist, wusste ich: Ich will die Geschichte machen.

Hera Lind, Sommer 2016